有人称他的话叫做"毛氏口才"！
如何能用简练的话把问题讲得恰当得体、条理清晰；
如何让语言变得"有味儿"、"有魅力"；如何在潜移默化中循循善诱地说服他人……
这些都能在毛氏口才中获得启示、得到教益。

魅力口才
毛泽东

MeiliKoucai
MAOZEDONG

"卓越口才彰显雄才伟略!"

魅力口才书系
——Meili Koucai——

01

良 石 崔 瑶◎编著

台海出版社

图书在版编目（CIP）数据

魅力口才毛泽东／良石，崔瑶编著.－北京：台
海出版社，2017.9

ISBN 978-7-5168-1551-9

Ⅰ.①魅… Ⅱ.①良… ②崔… Ⅲ.①毛泽东（
1893-1976）-语言艺术-研究 Ⅳ.①A841.68

中国版本图书馆CIP数据核字（2017）第 212735号

魅力口才毛泽东

著　者：良　石　崔　瑶			
责任编辑：戴　晨		装帧设计：纸衣裳书装	
版式设计：水晶方		责任印制：蔡　旭	

出版发行：台海出版社

地　　址：北京市景山东街20号， 邮政编码：100009

电　　话：010-64041652（发行，邮购）

传　　真：010-84045799（总编室）

网　　址：http://www.taimeng.org.cn/thcbs/default.htm

E-mail：thcbs@126.com

经　　销：全国各地新华书店

印　　刷：北京富达印务有限公司

本书如有破损、缺页、装订错误，请与本社联系调换

开　　本：710×1000 mm　1/16

字　　数：228 千字　　　　　　　印　　张：16.5

版　　次：2017 年 10 月第 1 版　　印　　次：2019 年 4 月第 2 次印刷

书　　号：ISBN 978-7-5168-1551-9

定　　价：39.80元

开国领袖毛泽东

——卓越口才彰显雄才伟略

"人事有代谢，往来成古今。"中华民族是一个有着五千年悠久历史和灿烂文化的古国。当我们翻开历史的画卷，一个个鲜活的史诗人物便会跃然纸上，他们如同镶嵌于历史长河中的一枚枚珍珠，恒久璀璨；如同高擎于历史长道中的一把把火炬，生生不息。

1893年12月26日，一位农家孩子在湖南韶山诞生，他姓毛，学名叫泽东，寓意"润泽东方"。这位离家走向广阔世界时写下"孩儿立志出乡关，学不成名誓不还。埋骨何须桑梓地，人生无处不青山"的有志少年，经过了苦学励志、五四洗礼、参加革命，领导抗战……成为中国共产党、中国人民解放军、中华人民共和国的缔造者。

毛泽东作为新中国的开国领袖，不仅有着超凡的胆识、恢弘的气魄、卓越的人格魅力与激昂的英雄气概，更在政治、军事、文学、书法等诸多方面造诣颇深。他一生指点江山、激扬文字，所留下的演讲、谈话、文稿不计其数，而这些宝贵的财富至今仍熠熠发光。而这其中所展现的语言魅力无处不在，有理性十足、蕴含哲理的讲话，有鞭辟入里、锋芒毕露的反击，有鼓舞人心、激情万丈的演说，有瑰丽磅礴、浪漫豪放的诗句，有诙谐幽默、朴实亲切的谈话，还有通俗易懂、生动形象的妙谈，无处不闪烁着智慧的光芒，让人深深折服。

古人云："一言以兴邦，一言以误国"，"一言而造无穷之福，一言而去无穷之害"，历史无时无刻不在向我们证明着语言的伟大力量。毛泽东一生倾注中国革命建设事业，在波澜壮阔、艰巨复杂的革命道路上。为了能准确恰当地与各类人群沟通交流、表情达意，他以伟人的大智慧不断彰显着自身高超的人际交往水平和永恒的口才艺术魅力。

毛泽东纯熟自如地运用语言已经达到了炉火纯青的程度，甚至有人称他的口才做"毛氏口才"。我们今天很多耳熟能详的话语或词句都是来自他的交谈或演讲中。由于毛泽东交流对象的广泛和文学造诣的高深，因此他的口才大有借鉴与学习的价值。如何能用简练的话把问题讲得恰当得体、条理清晰；如何让语言变得"有味儿"、"有魅力"；如何在潜移默化中循循善诱地说服他人……这些都能在毛氏口才中获得启示、得到教益。

我们应该从哪些方面学习毛泽东的口才艺术？这是一个重要而又实际的问题。目前，市面上已有不少关于毛泽东口才的书籍，但是它们要么过于专业，针对语言的方方面面给予理论上精细的分析；要么过于笼统，只是简单地罗列出了毛泽东口才的特点。本书在收集了大量毛泽东在沟通、说辩、演讲、交谈等能够展现口才方面的详实资料基础上，结合了历史背景和特定时空，揣摩口才意境，分析出可以为自身所借鉴的技巧与方法。本书从开国领袖毛泽东的沟通技巧、说辩才能、演讲功力、交谈艺术、幽默天赋及魅力风采六个方面，分为二十四个章节，对领袖口才进行了全方位、多角度、广视角、大范围地剖析。本书引文丰富，分析精当，不仅可供读者在领袖的口才故事中了解和领会毛泽东的口才魅力，同时还可借鉴，具有实用性。

作者对领袖口才的评述与分析定有不少缺漏之处，未能把毛泽东的口才魅力充分而深刻地展现出来。但作者希望通过自己浅近的分析与评述，能够引起更多的学者、专家的注意与兴趣，更深入、更全面、更系统地研究毛泽东的口才艺术，从而使领袖的口才魅力永放光芒。

◀◀ 目录 CONTENTS

◎第二章　深入浅出——毛泽东的沟通技巧

◎第三章　气魄恢弘——毛泽东的说辩才能

◎第四章　豪迈奔放——毛泽东的演讲功力

◎第五章　亦庄亦谐——毛泽东的幽默天赋

◎第六章　独领风骚——毛泽东的魅力风采

第一章

卓尔不凡
——毛泽东的交谈艺术

　　毛泽东的交谈语言通俗却不失生动，平易却意味深远。对于陌生人，毛泽东总能很轻松地打开话题，戳破交谈者与自己之间的隔膜，一两句话便能探进对方内心深处；而面对着外国领导人，他又能在随心所欲的交谈里处处掌控"主动权"，并能随机应变地冒出一两句寓意丰富的"妙语"；面对着曾经的"矛盾"，他最善于运用智慧，化解怨怼，使人心悦诚服；而面对着自己的"错误"，他又能勇敢地自我批评，融洽感情，让人一心追随。

　　美国记者哈里森·福尔曼这样描述与毛泽东交谈后的感悟："毛泽东很会分析问题，说话很有分量，很幽默，生活朴素，性格活泼。"有力，更有趣；有理，更有情，这就是毛泽东与任何人都能真诚地如老朋友般交谈的魅力。

第一节　避尴尬：轻松打开话匣

巧妙衍名，打开话题
——毛泽东趣谈姓名，活跃气氛

毛泽东对姓氏有特殊的爱好，初次见面，他总有一个习惯先谈对方的姓名，就此逗趣一番，打开话匣，再进入正题。据统计，在日常交谈之中，毛泽东在名字上所做的文章就不下一百例。由于毛泽东深厚的文学功底与广博的知识积淀，使得他在谈论姓名时能够挥洒自如地谈古论今，娴熟自如地引经据典，在漫不经心中就能轻松地开启交流，避免尴尬，化解了交谈者的紧张与不安，拉近了人与人之间的距离。而毛泽东的"衍名"艺术最大的特点就是充满幽默且联想丰富，不仅能引起欢悦，同时也含义深远。这种有声有色、绚丽多彩的"衍名"艺术，是毛泽东交际语言的最大特点，也是魅力所在。

"世友世友，世界之友"

1935年8月，在松潘县沙窝的毛儿盖会议上，许世友因战绩辉煌而受到毛泽东的接见。

许世友第一次见到毛泽东，心情十分激动，站着连声说道："毛泽东同志，您好，我是一名普通的红军战士，今天能参加革命，都是党的培养……俺……"

毛泽东走过去紧紧握着许世友的手，点上烟，让他与自己同坐在一条板凳上，笑吟吟地说道："士友啊，参加革命，参加红军，如今你已经是一名名声四扬的勇将了。我可是常常看到你打胜仗的捷报啊。可是，关于你的名字，有些人写作'仕友'，我想问问你本人，究竟是仕友，还是士友啊？"

许世友立刻站起身回答："报告！是士兵的士，朋友的友。"

毛泽东一边示意许世友坐下来慢慢谈，一边称赞道："士兵之友，好啊！"

"我原来的名字叫仕友，带立人的仕。俺爹娘取的，希望我将来做官，光宗耀祖。家里不再受地主老财剥削，能过上好日子。"许世友补充道。

"喔，原来是'学而优则仕'啊。"毛泽东又风趣地说道。

得到主席赞扬的许世友，不再紧张，谈起了自己的经历，说自己投身革命后，便将名字改作"士友"，自述完又问主席："您看，我这个士改得中不中？"

"哎呦，都说你是和尚出身，看不出你肚子里还喝了不少墨水嘛！"毛泽东打趣道。

许世友在毛泽东的打趣中也不再拘谨，辩解道："我可不是和尚，当年不过是少林寺里的一个小杂役……"

毛泽东听着笑起来："来来来，士友，喝点开水，我们是革命队伍的同志，也是朋友嘛。讲错了也没关系，你说是不是？"

毛泽东接着又询问起许世友的童年："士友啊，那你在少林寺学了几年功？"

"我16岁打出少林，不算在家自己学的，光跟师傅学艺一共8年。"

毛泽东听完爽朗地笑起来："都赶上景阳冈那个打虎英雄的武松了，怪不得那个少数民族的寨主都打不过你。"毛泽东把许世友比作武松，说他同武松的童年经历一样，自小习武，武艺高强，同时也为下面的谈话做了铺垫，说许世友以十八罗汉拳打败少数民族寨主，与寨主拼酒三大碗面不改色的辉煌事迹。

"怎么，主席，你连这件事儿都知道？"许世友一脸惊讶与自豪。又将故事讲述了一遍。红军长征时路过一个少数民族村寨，那寨主摆下擂台夸下海口说："红军要能打下擂台，我就让路！"几位会武的战士先后被寨主三拳两脚打败，许世友便亲自出马，以一套十八罗汉拳使寨主俯首认输。许世友便和寨主"不打不相识"，结下友情，寨主在寨里大摆酒席宴请许世友。席间，寨主又提出与许世友斗酒，许世友竟连喝三大碗面不改色，使得寨主佩服得五体投地。

毛泽东认真地看着许世友讲，朗声笑起来："士友呀，你做得对！我们是共产党领导下的中国工农红军，是穷苦百姓的子弟兵，不是军阀、土匪，也不是行侠仗义的草莽英雄、绿林好汉。我们讲话办事都要想一想，注重政策和策略。为各族人民谋取幸福，人民就会真正拥护我们。士友同志，你现在不仅是我们红军的士兵之友，而且还是我们少数民族之友呢！《水浒传》里，人道是三碗酒不过景阳冈，你士友打擂台，显身手，施礼仪，三碗酒过村寨啊！"

随后，在轻松愉快的交谈中，毛泽东又说起许世友的传奇故事，一件件如数家珍："听说在万源城下，你那一把鬼头大刀，削铁如泥，威震敌胆。真不愧是打虎英雄啊！"

说到这儿，许世友取下鬼头大刀拿给毛泽东看，毛泽东抚摸着刀说道："真是一把好刀，真是宝刀配英雄！"

突然，毛泽东吸了一口烟，话锋一转："士友啊，你现在已是军长了，我觉得你这个'士'字还显得标准低了点。我看，你这个'士'字还可以再加上几笔，改为'世'字，怎么样？这样意义就更广泛了。"

许世友看着毛泽东，没有吱声，似乎还不太明白为何要这样改。

毛泽东接着说："我们这次北上抗日，是打日本侵略者，我们红军战士，不光要为中国革命流血牺牲，更要为世界无产阶级解放贡献力量！你看，现在把'士'改为'世'，这样，你不仅是士兵之友，是少数民族之友，更是全世界劳动人民之友吗？"说罢，毛泽东爽朗地笑起来。

许世友这才恍然大悟，领悟到主席的高瞻远瞩，世友世友，世界之友，中国抗日是世界反法西斯战争的一部分，作为一名红军将领要站在全中国，放眼全世界。他起身"刷"地敬个礼，说道："谢谢主席！从此我就叫许世友了。"

毛泽东深知许世友虽是一位老粗人，但却武艺高超、颇有才干。便从姓名入手、小事谈起，一步一步地为他讲解革命的道理，让这位有潜力的军长明白要放眼世界，更加忠于自己的革命事业。虽然只是小小的易名，将"士"改作了"世"，但许世友却对毛泽东的博大心胸彻底拜服，从此出生入死，身经百战，成为了毛泽东手下的一名心腹猛将。

（参考资料：王守柱、李保华，《毛泽东的魅力 说与写卷》，中央文献出版社，2003年10月版，27—30页）

"宋高宗的哥哥来了"

1957年3月，毛泽东不同意《新民晚报》主编赵超构提出的"软些，再软些"的办报方针，并在全国宣传工作会议上严厉批评："软些、软些，软到哪里去呢？报纸文章，对读者要亲切些，平等待人，不摆架子，这是对的，但要软中有硬。"

1958年9月17日，毛泽东在上海又提出要接见赵超构。因为之前犯过错，还写过检查，赵超构此时心里打着小鼓，不知道这一趟去是不是又要挨批评，心情沉重、忐忑不安，一路都想着说话做事一定要谨小慎微。

然而，当赵超构小心翼翼地走进接待室，毛泽东立刻起身，笑呵呵地给在座的人介绍说："大家看，宋高宗（宋高宗名为赵构）的哥哥来了。""宋高宗的哥哥"，是早年毛泽东给赵超构起的外号，因为宋高宗名字叫赵构，赵超构中间多了个超字，毛泽东就打趣说："你的名字叫超构，你比你们那个宋高宗（赵构）高明多了。"这一句诙谐的打趣，让赵超构的心情瞬间放松了许多。

毛泽东让赵超构坐下来，笑着问："你写了两篇检查，我看过了，写检查的心理怎样啊？"

赵超构仍然有些拘谨地答道："很紧张，两个星期没睡好觉。"

毛泽东呵呵笑起来："紧张一下好，睡不好觉是好事。没有吃过狗肉的人，都怕吃狗肉，吃过了狗肉，才知道狗肉香。不习惯于自我批评的人，总觉得自我批评可怕。习惯了，就会感到自我批评的好处了，应当养成自我批评的习惯啊！"毛泽东并没有批评赵超构，而是通过写检查告诉赵超构，人别怕犯错误，犯了错就开展自我批评，这样才能不断进步。

接着毛泽东又拍拍赵超构的肩膀："你还是要多写，可不要怕哦。"这一句对赵超构的鼓励，充分表明了毛泽东对他不放弃的决心，也给了他无限信心，使赵超构彻底放下了来前沉重的心理包袱。

赵超构被毛泽东的一席话彻底感动与折服，紧紧握着主席的手，表示一定努力工作。最终，赵超构成为了中国新闻界泰斗。

（参考资料：王永盛、张伟，《毛泽东的语言艺术》，山东大学出版社，1991年6月版，79—80页）

"白玉兮为镇"，将军任大使

新中国成立后的一天，毛泽东和周恩来在中南海勤政殿接见了部分军转的干部，准备将他们委任为新中国第一批"将军大使"，送上外交岗位。

在与他们一一握手后，毛泽东走到黄镇的面前，突然问道："黄镇，你原来那个名字黄土元不是很好吗，改它做什么？"

黄镇答道："我的脾气不好，改个'镇'字是要提醒自己镇静。"

毛泽东听了点点头，饶有兴趣的说道："黄镇这个名字也不错。《楚辞》中说：'白玉兮为镇。玉可碎而不改其白，金可销而不可易其刚。竹可黄而不可毁其节。'派你出国，是要完璧归赵哦。你也做个蔺相如吧。"

随后，毛泽东又转头向周恩来道："这些同志是将军，将军当大使，好！"

听到这话，黄镇和几位将军都皱起了眉头，口中喃喃着："我们连外国话都听不懂，怎么搞外交啊？"

毛泽东看着这些在战场上威武无比，此刻却踌躇不前的将军们，呵呵笑起来。摇了摇头，引经据典地说道："班超、张骞不也不懂外文嘛，出使西域而不辱使命。你们不会外文，但是，还是要你们去干外交，因为首先你们跑不了。你们出使，可以学学沈括的办法，他每到一地，都把那里的大山河流，险要关口，画成地图，还把当地的风俗人情调查得清清楚楚，并叫随员背得滚瓜烂熟。所以和辽国边界谈判，他对答如流，有凭有据，辽国没有空子好钻哪……"

黄镇和其他将军们听到毛泽东这么一说，古人语言不通，也能够不辱使命干好外交，也都纷纷有了信心，点头称是。

毛泽东是由黄镇的名字联想到《楚辞》的"白玉兮为镇"，进而引出蔺相如完璧归赵的故事，来教导这些即将走上外交岗位的干部们，要像蔺相如一样大智大勇，外交出使，不辱使命。

（参考资料：孙雷、孙宝义，《毛泽东的衍名艺术》，辽宁人民出版社，1996年8月版，46页）

▌▌▌▌ 魅力感悟 ▌▌

毛泽东喜欢谈论姓名，目的有二。第一：陌生人之间初次见面或者下级见到上级，都或多或少有些紧张与拘谨，生怕自己说错话、办错事。像是许世友和赵超构，许世友是第一次见到毛泽东，心情难免激动与紧张。赵超构则是之前犯过错、挨过骂，再被领导接见自然是心情忐忑。毛泽东都用一种亲切的举动，微笑、握手，风趣的寻名问姓来打开话匣、活跃气氛、避免尴尬，让他们感到领导的平易近人，轻松地放下了心中的负担与包袱，打开心扉、畅所欲言。第二：巧说姓名能起到隐性的教育作用。像是"世友"的"世界之友"是在教导将领们干革命要眼光长远，黄镇的"白玉兮为镇"是教导这些即将走上外交岗位的干部们要"完璧归赵"，通过姓名解读毛泽东不知不觉地就将思想教育融入其中，也让人记忆深刻。

除了缓解交谈的紧张气氛，毛泽东运用衍名最大的特点就是联想丰富、幽默风趣，他可以轻易地将小小的姓名与历史与文学交融，让历史人物与美妙诗词给一个人的名字添彩。中国人非常重视姓名，每个人都愿意被"赐予嘉名"，毛泽东恰恰就是借助中国传统文化的知识宝库赋予了一些名字独特的韵味。他曾把负责统战工作的同志"寒光"的姓名解读为"寒光照铁衣"，用《木兰词》赋予了一个战士的英雄气概；给为他读书的北京大学中文系讲师芦荻的姓名解读为"故垒萧萧芦荻秋"，用唐诗赐予了一个女性姓名绝美的意境。在这里，他又把即将走入外交岗位的黄镇的姓名解读为"白玉兮为镇"，用《楚辞》来告诫这些同志既要做一个如玉般刚柔并济的外交官，又要做一个如蔺相如一样能"完璧归赵"、大智大勇的外交官。而借用历史中的重要人物来阐释现代的名字，毛泽东多是幽默风趣的，像这里，称呼赵超构为"宋高宗的哥哥"，还有曾经称呼翻译齐宗华为"齐桓公的后代"，称呼霍士廉是"霍去病的后裔"，这种略带调侃又包含智慧的幽默瞬间便能与沟通者拉近距离，因为只有亲密的朋友才会如此跟自己打趣，在愉快与欢笑中，毛泽东便不知不觉地进入到了交谈者的内心。毛泽东也就是运用这种衍名艺术，在交谈中如鱼得水，轻易地便能与任何人谈笑风生。

平易近人，情趣生活
——毛泽东教"恋爱"，当"红娘"

作为开国领袖、一代伟人，毛泽东有铮铮铁骨、豪气干云的一面，但同时也有着柔情似水、体贴入微的一面。他感情丰富，浪漫情怀，喜欢"成人之美"，乐意做"月老"，当"红娘"。面对着很多人腼腆害羞、难以言辞的感情问题，他却能与当事人侃侃而谈，大方地打开话匣。他能通过平日细致的观察，巧妙地运用自己的才智，以自己超凡的"口才"为身边的战友和工作人员"牵线搭桥"，排忧解难，促成一对对美满的姻缘，留下许多传奇的佳话。

"谈恋爱，速胜论不行"

毛泽东身边的卫士封耀松认识了文工团漂亮的女演员，谈起了恋爱，可是没过多久，女演员嫌弃他工资低、工作忙、自由少与他分了手。已经20多岁的封耀松情绪低落，毛泽东得知了此事，特意来安慰封耀松。

他像父亲一样轻轻地拍着封耀松的头："我的卫士不发愁，要有信心嘛。"

"不发愁也不是什么高兴的事情。"封耀松沮丧地说道。

毛泽东接着说道："这老婆不是花瓶，不是为了摆着看。讨老婆可不能光挑长相，还是要找温柔贤惠的好。自己进步，又能支持丈夫进步，那多好啊！家里和和睦睦，出去干工作也有劲，你说呢？"

说完，毛泽东笑了，话锋一转："当然了，挺精神的小伙子，硬塞给你个麻子当老婆，也是不行的。总要自己看着舒服才好。而且，彼此都要看着舒服。"

封耀松一听一下子笑出声来，毛泽东也呵呵笑起来。毛泽东收住笑容又说道："不过，一定要先看思想、看性格，其次才是看长相。思想一致，性格相合，婚后才会幸福，要不然，唉，是要背政治包袱的啊。"

之后，在合肥省委组织的舞会上，封耀松又认识了一位姑娘，还很快谈了起来。毛泽东靠在沙发上，点上烟，又问封耀松："这个人怎么样啊？人好不好啊？她的情况你了解吗？可不要一时头脑发热，要多了解了解啊。"

果不其然，不久毛泽东通过询问，得知这位姑娘是个话剧演员，年龄比封耀松大三岁，还是离过婚，生过孩子的。他把情况告诉给了封耀松，封耀松立刻尴尬地垂下了头，很自然两个人不合适。毛泽东用指头戳了一下封耀松说道："速胜论不行吧，也不要有失败主义，看来还得搞点持久战。"

之后，毛泽东上庐山，特意询问江西省委书记杨尚奎的爱人，给封耀松介绍了从省医院选来上庐山服务的护士郑义修。介绍完，毛泽东就像是办了一件大事，靠在沙发上，伸了伸腿，长舒一口气道："小封，接触接触看。"

在庐山会议完后，两人已经打得火热了。回来后，每逢陪毛泽东散步，他总要问封耀松："小郑来信了吗？"

封耀松每回都把信拿给毛泽东，还把回信拿给毛泽东修改。毛泽东边改边说："要加强学习，写了错别字，人家可要看不起的。这回改的，下回你要记住，不能再写错了。"

有一次，毛泽东在看完信后，哈哈笑起来，说道："小郑发信号了，你也该向前迈进一步，升升值，这种事情还是男的主动些好，姑娘还是比小伙子顾些面子。"

再之后，毛泽东看到封耀松不好意思掏出的小郑的信，看了两句，就哈哈大笑起来，摇了摇手说道："不看了，不看了，大局已定，我等着吃你们的喜糖。"

1961年，封耀松与郑义修结婚，毛泽东祝福他们："你们结婚后要互相多关心，多爱护，和和睦睦，白头到老。"

毛泽东在封耀松恋爱失败的时候在思想上给他开导，将只重视外表的封耀松领上正途，告诉他"讨老婆不能光看长相"，谈恋爱"速胜论不行"，婚姻只有两人"思想一致，性格相合，婚后才会幸福"，这些道理都让封耀松受益匪浅。而在他找到合适的对象时，毛泽东又给予他行动上的指导，让他"向前迈进一步，升升值"，勇敢的去争取自己的幸福。

（参考资料：王守柱、李保华，《毛泽东的魅力 说与写卷》，中央文献出版社，2003年10月版，80—83页）

几句话语探真心，妙解"一妻二夫"

在艰苦的长征途中，林月琴被告知，丈夫在西路军西征战斗中牺牲。林月琴十分悲痛，辗转来到延安后，在众多人的劝解下才逐渐从悲伤的阴影中走出来。后来，她与时任军委后方政治部主任的罗荣桓相识并相爱。经组织批准，两人结成了夫妻。

然而就在林月琴婚后不久，便传来消息，说她"牺牲"的丈夫被国民党俘虏后经中共营救已经回到了延安。这个消息让林月琴陷入了两段婚姻的尴尬境地。毛泽东打算探明林月琴的想法，以便妥善处理此事，不要在部队中引起矛盾。经过慎重考虑后，他决定把林月琴请来谈一谈。

林月琴怀着忐忑的心情来到毛泽东的住处，毛泽东亲切地招呼她坐下，给她递上茶水，不知道林月琴的情绪怎样，便先婉转地说道："你们才结婚几天，我就将罗荣桓派赴了前线，你不会怨我吧？"

几句贴心话让林月琴心暖，她说道："主席，哪能怨你呢。抗战是全民族的大事，怎能顾男女私情。"

见到林月琴语气平和、心情平静。毛泽东便将话转入正题，问道："月琴同志，你前夫已回延安了，你准备与他和好吗？这是你个人的事，中央想让你自己拿主意。"

林月琴陷入沉思，面对着自己尴尬的境地，不知道该如何回答，想起罗荣桓临走时说的话："如果你前夫回来后，请代我向他道歉，希望他能把你接回去。这完全是由于战争特殊环境造成的，各方都应该相互理解和支持。"

过了良久，林月琴终于鼓足勇气对毛泽东说："我听说他是因为战败被俘的，在酷刑面前很坚强，是个好同志。可我……"林月琴突然刹住话。

毛泽东赶紧说道："我听你的意见，是去是留，完全由你决定，可一定要把实话告诉我。"此时，毛泽东已经明白了林月琴"可我"一句没说完，是想留下的。但是毛泽东知道一个女同志对于感情的问题难免不好开口，便很快接过话，一方面免去了林月琴的尴尬。一方面再次表明自己的态度，是支持林月琴的选择的，让她不要有所顾虑。

毛泽东点起一根香烟，重重地吸了两口，小声地说："我批准你去见前夫，罗荣桓如果有意见，由我解释。你同前夫商量后把结果告诉我，这样对你们三个人都公平，也算仁至义尽。"

听了毛泽东这番话，林月琴明白毛泽东是真心为身处尴尬中的自己着想，很是感激，便诚恳地说道："主席，我本想去找他，说明自己的情况和想法。可是他在知道真实情况后托人带口信给我，他不怪任何人，祝我和罗荣桓恩恩爱爱、永远幸福。你说，我还去找他吗？"

毛泽东听了林月琴的话，说道："好哇，拿得起，放得下，这样的同志好啊！"他也终于肯定了林月琴是想留下，与罗荣桓一起生活，转念又说："口说无凭，信以为实。是否要他将心里话写出来？白纸黑字为凭，永不反悔呢。"林月琴明白毛泽东的意思，频频点头。她按毛泽东的指点，同前夫商谈后十分友好地分了手。前夫将"心里话"写出，托林月琴转交给了毛泽东，林月琴也从这桩因为战争导致尴尬的"一妻二夫"事情中圆满地解脱出来。

（参考资料：陈冠任，《建国录：毛泽东别传1921—1949》，华夏出版社，2012年7月版，670页）

▌▌▌▌ 魅力感悟 ▍▍▍▍▍▍▍▍▍▍▍▍▍▍▍▍▍▍▍▍▍▍▍▍▍▍▍▍▍▍▍▍

对于封耀松，毛泽东从他第一次失恋就敏锐地察觉出来他的问题是恋爱中"只注重外表"，但是毛泽东却没有直接地批评他的不好，而是首先给失恋的人以安慰以信心，其次又用花瓶来作比喻，隐晦地指出封耀松谈恋爱就好像买花瓶，这样是不对的。一定要注重思想与性格。在封耀松第二次恋爱后，毛泽东发现他仍然没有改正自身只注重外表的坏毛病，不等他自己去了解情况，他就已经帮封耀松询问了钟情的女孩的情况，以事实来告诉封耀松他的"速战"、"只重外表"是万万不行的，当然尽管是二次失败，毛泽东仍然不忘鼓励小伙子"也不要失败主义"，来给他足够的信心。第三次，当看着步入正轨的封耀松，毛泽东不再说"速战"而是给予了他极大的鼓励，"向前迈一步，升升值"，让他勇敢地去争取真正属于自己的爱情。

对于林月琴，毛泽东知道女同志对于这样尴尬的双重婚姻难以启齿也不敢表达。便主动搭话，先从暖心的话语开始，慢慢地进入主题。首先表明了组织不给个人压力，婚姻完全自由，由个人做主的态度。然后再一步步了解林月琴的真实想法，用"我批准你去见前夫，罗荣桓如果有意见，由我解释"更加表明了自己不偏不倚的态度。使得林月琴真正打开了心扉，随后又为林月琴出招，让"白纸黑字"彻底解决了她这桩"一妻二夫"的尴尬婚事，也化解了部队中的矛盾。有人还为此写下打油诗："风烟滚滚来天半，恩爱夫妻自分散。信息不通寻常事，死而复生出畸绊。事关大局无小事，英明领袖来裁判。以人为本重己愿，三方表态是当然。不咎既往向前看，都是革命英雄汉。"称赞毛泽东无论多么复杂的人事关系，都能运用智慧得心应手地解决。

不管是对封耀松所说的"你也该向前迈一步，升升值，这种事情还是男的主动些好，姑娘还是比小伙子顾些面子"，还是向林月琴说的"是去是留，完全由你决定，可一定要把实话告诉我"，都表现出了毛泽东在爱情里主张自由，主张大胆勇敢地去追求自己真爱的态度，这也正是毛泽东自身敢爱敢恨、至情至性的性格所赋予的独特的人格魅力。

第二节 攻心计：变消极为积极

攻心为上，以柔克刚
——毛泽东与美国总统尼克松的会谈

尼克松曾在其所著的《领袖们》一书中谈到1972访华后对毛泽东的印象："谈吐随便，言简意赅，常常省去不必要的字眼……即使在谈论严肃的问题时，毛泽东也喜欢发出令人骇异的话语。"基辛格也将1972年尼克松与毛泽东的会晤谈话比喻成"瓦格纳歌剧的序曲"，意为"需要加以发展才能显示出它们的含义"。在这一场中美"破冰"的历史性会晤中，短短的一个小时时间，毛泽东用幽默而风趣的语言营造了轻松而欢乐的谈话气氛，用随意又深邃的诙谐，时而表明国家的外交立场，时而又给予对方隐晦的讥讽，在整个会晤中将主动权牢牢地握在自己手中，运用着自己高超的"口才"轻松地驾驭了整个谈话，处处散发出让人敬畏的领袖风范与强大魄力。

"还是世界改变了他"

1972年2月21日，毛泽东提出在住所丰泽园与当天抵达中国的美国总统尼克松和国务卿基辛格会见，两个隶属两极世界、不同阵营的两个大国终于要结束长达20多年的互不来往、对抗敌视的"冰期"。

当尼克松走进书房里，大病初愈的毛泽东在护士搀扶下站起身来，眼光锐利，微笑着向尼克松伸出手，两个人的双手相叠，都笑了。

大家寒暄了一番，毛泽东便很随便地与他们谈起话来。他对尼克松说："你认为我是可以同你谈哲学的人么？哲学可是个难题呀。"随后，他把脸转向基辛格，"对这个话题，我没有什么有意思的话可讲，可能应该请基辛格博士谈一谈。"

基辛格说："我在哈佛大学教书时，要求班上的学生研读您的著作。"

毛泽东则谦虚地回应："我写的这些东西算不了什么，没有什么可学的。"

尼克松恭维道："主席的著作推动了整个民族，改变了整个世界。"

毛泽东摆摆手，幽默地说："我没有能够改变世界，只有改变了北京郊区的几个地方。"

随后，尼克松便开始列举一些国家和地区的国际问题。

然而，毛泽东听了却摆了摆手，指着周恩来说："这些问题不是在我这里谈的问题。这些问题应该同周总理去谈。我只谈哲学问题。"

毛泽东话锋一转，望着尼克松说："我们共同的老朋友蒋委员长可不喜欢这个。"他边说边挥动了一下手，"他叫我们'共匪'。最近他有一个讲话，你看过没有？"毛泽东用极其幽默的话语提出尼克松关心的"台湾"问题。

"蒋介石称主席为'匪'，不知道主席叫他什么？"尼克松问道。

毛泽东笑了。一旁的周恩来说："一般称'蒋帮'，有时候在报上我们叫他'匪'，他反过来也叫我们'匪'。总之，我们互相叫骂。"

"其实，我们同他的交情比你们同他的交情长得多。"毛泽东看似漫不经心的一句话，既是事实，也是在隐含着表达国家对台湾的主权问题。

毛泽东在谈到基辛格巧妙严守第一次北京之行的事时说："他不像一个特工人员，但只有他能够在行动不自由的情况下去巴黎十二次，来北京一次，而没有人知道——除非可能有两三个漂亮的姑娘。"

"她们不知道，"基辛格赶紧插嘴辩解说，"我是利用她们作掩护的。"

"在巴黎吗？"毛泽东假装问道。

"凡是用漂亮的姑娘作掩护的，一定是有史以来最伟大的外交家。"尼克松也帮着基辛格打圆场。

"这么说，你们常常利用你们的姑娘喽？"毛泽东微笑地望着尼克松。

"他的姑娘，不是我的，"这回轮到了尼克松辩解，"如果我用姑娘作掩护，麻烦可就大了。"

"特别是在大选的时候。"周恩来补充说，说完，大家一起哈哈大笑起来。

尼克松决定要试探下毛泽东对中国所面临的威胁的看法，说道：例如我们必须自问——只限在座的人，为何苏联在与贵国的边界集结的兵力多于在与西欧接壤的边界？我们也必须自问，日本的未来是什么？是要让日本保持中立、完全没有武装好呢（我知道我们对此有不同的看法），抑或让日本与美国在某段时间内维持某种关系好呢？以哲学观点而论，我要强调的是，国际关系里无所谓好坏的选择。但有一件事可以确定，那就是我们绝不可制造真空状态，因为真空随时会被别人递补，诚如周总理所言，美国已摩拳擦掌，苏联也摩拳擦掌，问题是哪一方会对中华人民共和国构成危机？到底是美国侵略抑或苏联侵略？这些问题虽棘手，但我们有必要讨论。

毛泽东面对这些棘手的问题，似乎并不着急，答道："就目前而言，不管是来自美国的侵略抑或来自中国的侵略其实都是相当次要的问题，换句话说，侵略之类的话题可说根本不是重点，因为我们两国并未处于交战状态。贵国打算撤出若干部队回国，我国则未派兵出国，因此我们两国的现状十分奇怪。这是因为过去二十二年来，我们双方的想法从未透过谈判交流过，我们双方进行乒乓交流至今不到十个月，而贵国在华沙提出的建议迄今也不到两年。此外，我国在处理问题时，摆脱不了官僚机制。例如，贵国希望双方能在私人层次上交流，或是互开贸易大门，但这些提议全被我们官员搁在一旁，坚持旧立场，在未解决重大问题之前，根本没有次要问题出场的份。我本身也曾这么坚持过，后来我认为你是对的，接着我们开始打乒乓球。"毛泽东风趣地应对了尼克松尖锐的提问。

原定15分钟的谈话时间，此时，已经近一个小时了。

尼克松看到周恩来不停地看着手表，意识到该结束这次会谈了。他说道："主席先生，在我们的谈话即将结束的时候，我想说明我们知道你和总理邀请我们来到这里是冒了很大的风险的。这对我们来说也是很不容易做出的决定。"但尼克松没有忘记此行的目的，如果谈判不成，他就要受到国内的责难。于是，接着说道："但是，我读过你的一些言论，知道你善于掌握时机，懂得'只争朝夕'。"言下之意，是要不虚此行，必须有所收获。

毛泽东听到翻译员译出他自己诗词中的话，露出了笑容说道："'只争朝夕'。我觉得，总的来说，我这种人说话像放空炮。全世界团结起来，打倒帝国主义、修正主义和各国反动派，建立社会主义。"周恩来听后哈哈大笑起来。

毛泽东探身向前，微笑着说："你，作为个人，也许不在打倒之列。"接着，他指向基辛格说："他们说，这个人也不属于被打倒之列。如果你们都被打倒了，我们就没有朋友了。"

尼克松抓紧每一分的时间，接着说："我还想说明一点，就个人来讲——总理先生，我这也是对你说的——你们会发展，我绝不说我做不到的事。我做的总要比我说的多。我要在这个基础上同主席，当然也要同总理，进行坦率的会谈。"

紧接着，知道会见即将结束，尼克松仍然不肯罢休地说道："我们大家都熟悉你的生平。你出身一个很穷的家庭，结果登上了世界人口最多的国家，一个伟大国家的最高地位。我的背景没有那么出名。我也出生于一个很穷的家庭，登上了一个伟大的国家的最高地位。历史把我们带到一起来了。我们具有不同的哲学，然而都脚踏实地来自人民，问题是我们能不能实现一个突破，这个突破不仅有利于中国和美国，而且有利于今后多年的全世界。我们就是为了这个而来的。"

尼克松仍不肯放弃要毛泽东表态的意图。

此时，毛泽东却不紧不慢地转移话题，称赞尼克松说："你那本《六次危机》写得不错。"

尼克松微笑着说："你读的书太多了。"

"不，"毛泽东摇摇头，"读得太少，对美国了解太少。要请你派教员来，特别是历史和地理教员。我曾跟早几天去世的记者斯诺说过，我们谈得成也行，谈不成也行，何必僵着呢，一定要谈成，一次没有谈成，无非是我们的路子走错了。那我们第二次又谈成了，你怎么办啊？"毛泽东在表态一定要好好谈，争取成功。

尼克松听了，松了一口气，真诚地说："我们在一起可以改变世界。"

毛泽东陪尼克松一起走到门口，拖着步子说："我身体不好。"

尼克松却回答："不过你气色很好。"

毛泽东耸了耸肩："表面现象都是骗人的。"他留下一句双关句，意味深长，足以使得尼克松费劲脑汁地思考了。

一周后，周恩来跟毛泽东汇报说："尼克松很高兴地走了。他说这一周改变了世界。"

"哦？！是他改变了世界？哈哈！"毛泽东点上一支烟，深吸了一口，将烟雾喷出，说道："我看还是世界改变了他。要不，他隔海骂了我们好多年，为什么又要飞到北京来？"

（参考资料：宋一秀、杨梅叶，《毛泽东的人际世界》，中央文献出版社，2000年10月版，518—527页）

ᴵᴵᴵᴵᴵ 魅力感悟 ᴵᴵᴵᴵᴵᴵᴵᴵᴵᴵᴵᴵᴵᴵᴵᴵᴵᴵᴵᴵᴵᴵᴵᴵᴵᴵᴵᴵᴵᴵᴵᴵᴵᴵᴵᴵᴵᴵᴵ

1972年，尼克松与毛泽东会晤时，毛泽东已79岁高龄，又是大病初愈，但他无论言辞还是举止，却丝毫不像一个风烛残年的老人，反而思维敏捷，谈笑风生。在尼克松访华的几周之后，基辛格曾细细地琢磨了毛泽东和尼克松的谈话，他惊奇地发现毛泽东在看似漫不经心、随心所欲的讲话里实际已经勾画出了《上海公报》的所有内容，不由得震惊与佩服。毛泽东就是利用自己绝妙的口才将一个又一个的原则性问题隐晦地暗示出来。这场看似波澜不惊的交谈之下却处处是波涛汹涌的心力角逐。

在谈到"台湾问题"时，毛泽东用了一句似乎不关正题的"我们共同的老朋友蒋委员长可不喜欢这个"开启话题，让对方猝不及防。把对方带入自己设置的圈套之中，在一阵相互称呼、相互叫骂的笑话之中，说出了自己的态度与立场"我们同他的交情比你们同他的交情长得多"，隐晦地告诉对方台湾是中国的内政，是我们老朋友之间的问题，别国无权干涉。

在谈及"中美双边合作的问题"上，毛泽东说"我本身也曾这么坚持过，后来我认为你是对的，接着我们开始打乒乓球"，借用"乒乓球"的比喻来说明，我们双方已经进行了乒乓交流，我们是赞成双边合作的。

同时毛泽东善于抓住谈话的每一个细节，譬如，尼克松为基辛格的辩解"凡是用漂亮的姑娘作掩护的，一定是有史以来最伟大的外交家"被毛泽东一下抓住了表达的漏洞，巧妙地反问"你们常常利用你们的姑娘喽"，将称赞立即转为嘲讽。再者，尼克松步步紧逼毛泽东表态，说到"知道你善于掌握时机，懂得'只争朝夕'"，毛泽东便借力打力，自嘲一句"我这种人说话像放空炮"，并引用了自己的"空炮"——"全世界团结起来，打倒帝国主义、修正主义和各国反动派，建立社会主义"来讽刺对方对自己的不信任。

谈话到最后，毛泽东送走尼克松，又巧妙地回答了尼克松说自己"气色好"，那是因为"表面现象都是骗人的"，我的气色好是表面现象，而你们此行谈判的真实意图也并非是交谈中所表现出来的这样。

整个会晤之中，毛泽东正是抓住了尼克松急于求成的心态，选择以柔克刚，谈哲学，谈蒋介石，谈基辛格，谈尼克松的书籍，随意跳换着思维与话题，幽默而诙谐地把自己的想法隐晦地穿插其中，让对方摸不透，抓不着，将自己凌驾于整个谈话之上。值得一提的是，对于整个交谈的总结，尼克松用了"这一周改变了世界"，而毛泽东却说"我看是世界改变了他"，面对尼克松片面的主观能动性，毛泽东则用对客观世界全面而辩证的思维回应了他，孰高孰低，显而易见。

寓意深远，高瞻远瞩
——毛泽东会见田中角荣

很多外国政要与毛泽东交谈后，无一例外地都会被他广博的学识与哲理的思维所折服。大平外相在回忆毛泽东与田中角荣的交谈时曾说："毛主席是一位无限深邃而豁达的伟大思想家、战略家，他非常真诚坦率，谈起话来气势磅礴，无拘无束，富于幽默感．而且使人感到和蔼可亲。是一位一点也不使人感到威严的、慈祥的'老伯伯'。"在这场中日会晤中，毛泽东像一个老朋友一样与田中角荣话家常，谈古说今，以宽广博大的胸怀，高瞻远瞩的思想，幽默的言语和优雅的礼赠开启了中日邦交的正常化。

"吵架对你们有好处"

1972年9月27日，周恩来陪同田中首相、大平外相、二阶堂官房长官来到丰泽园，毛泽东见田中首相一行人到来，上去与他们一一握手，还没等田中开口，毛泽东便先说道："欢迎你，我是个大官僚主义者，见你们都见得晚了。怎么样，吵了架吗？总要吵一些，天下没有不吵的。"毛泽东以他独特的幽默，不仅消除了来者紧张的心情，也在传达中日之间"不打不相识"的道理。

"吵是吵了一些，但是已经基本上解决了问题。"田中首相很有礼貌地说。

"吵出结果来就不吵了嘛。"毛泽东笑着说。

周总理在旁插话说："两位外长很努力。"

"是的，两位外长很努力。"田中首相也补充了一句。

毛泽东侧过脸，对着大平外相说："你把他打败了吧？"用手指了一下坐在周总理旁边的姬外长。说完哈哈一笑，大家也都笑了起来。

"没有，我们是平等的。"大平外相不好意思地连忙解释。

田中首相接着大平外相的话说："我们进行了非常圆满的会谈。"

"那就好。你们那个'增添麻烦'的问题怎么解决了？"毛主席关切地问。因为在之前的谈判中田中首相曾把日本对中国的侵略轻描淡说成是"我国给中国人民添了很大麻烦（日语是'迷惑'一词）"，引起了中国人民的强烈反感。他解释到这是由于中日语言的差别，最后表示采用中国的说法"造成了重大灾难"。

"我们准备按中国的习惯来改。"田中首相真诚地说。

毛泽东说："中日有两千多年的来往。历史记载中第一次见于中国历史的是后汉嘛。"毛泽东对中国历史非常熟悉，一提到历史，就特别有兴趣，娓娓道来。

"所以，我们一直听说日中交流的历史有两千年。"日本首相也蛮有兴趣地说。

"你们到北京这么一来，全世界都战战兢兢，主要是一个苏联，一个美国，这两个大国。它们不大放心了，晓得你们在那里搞什么鬼。"毛主席把话题引到田中这次访华上来。

"美国声明支持我们到中国。"田中首相表明了美国对他访华的立场。

"基辛格也通知我们了，不设障碍。"毛泽东说。

"是的，我同大平外务大臣一同去夏威夷见过美国总统尼克松。美国也承认日本来访中国是符合世界潮流的、必然发展趋势的。因此，美国支持日中两国改善关系。"田中进一步阐明了美国的态度。说着，从茶几上拿起"熊猫牌香烟",问毛主席:"我是否可以抽烟?"

毛泽东拿起身边的小雪茄说:"你抽不抽我的烟?"

"这个就行了,我本人已经戒烟了,但由于同周总理谈判的时间长了,又抽上了。"田中首相说着,划着火柴,站起来给毛主席点烟,然后自己把烟点上。

毛泽东用英语说了句"Thank you!"然后,悠然地吸了口烟,柔和的青烟,冉冉地向四周飘散。毛泽东转过头问周总理:

"声明什么时候发表啊?"

周总理回答说:"可能明天,今天晚上还要共同研究定稿。要搞中日两种文本,还有英文本。"

毛泽东深吸了口烟,对田中首相赞许地说:"你们速度很快啊。"

"是的,只要时机一成熟,就可以得到解决。"田中兴奋地回答,接着坦诚地说:"只要双方不玩弄外交手腕,诚心诚意地进行谈判,一定可以取得圆满的结果。"

毛泽东专注地听着田中首相的谈话,饶有兴趣地说:"现在彼此都有这个需要,这也是尼克松总统跟我讲的。他问,是否彼此都有需要,我说是的。我说,我这个人现在勾结右派,名誉不好啊。你选举的时候我投了你一票,你还不知道啊。"说到这里,毛主席爽朗地笑出声来,对田中首相说:"这回我们也投了你的票。正是你讲的,你这个自民党主力不来,那怎么能解决问题呢?解决问题还是靠自民党的政府啊。"

田中首相激动地说:"按照日本宪法的规定,内阁有权处理外交事务,而且,内阁的成员要共同对日本国民负责。所以这次我们三人来中国,谈定联合声明后要报告内阁,取得内阁的承认。"

田中首相看见毛泽东侃侃而谈,精神健旺,由衷地说:"看来,毛主席身体很健康,今天能见到毛主席很荣幸。"

"不行了,我这个人要见上帝了。"毛泽东诙谐地笑着说。

"他每天读很多文件,你看有这么多书。"周总理关切地说,用手指了靠墙的书架。

田中首相随着周总理的手扫视了摆满各种书籍的书架，感慨道："今天使我感到不能借口忙而不读书了，要好好读书才好。"

一提到书，毛泽东兴奋起来："我是中了书毒了，离不了书。"指着周围书架和桌上的书说："你看，这是《稼轩》，那是《楚辞》。"然后，随手便拿起桌上的近代中国书法家沈尹默书写的名为《楚辞集注》的一套书送给田中首相说："没有什么礼物，把这个送给你。"

田中首相惊喜不已，连忙站起来接过毛泽东递过来的书，向毛泽东深深地鞠了一躬，动情地说："非常感谢，谢谢毛主席。我们三个人一定好好学习。祝毛主席身体健康。"

毛泽东起身和客人一一握手，把他们送至门外。

（参考资料：《毛泽东国际交往录》，1995年版，中共党史出版社，43—46页）

▌▌▌▌▌ 魅力感悟 ▌▌▌▌▌▌▌▌▌▌▌▌▌▌▌▌▌▌▌▌▌▌▌▌▌▌▌▌▌▌▌

中日之间的关系，复杂而棘手，处理中日外交的问题重大而严肃，然而毛泽东在与田中角荣会谈中却以开玩笑的口吻将之前两国之间的"谈判"说成"吵架"，"总要吵一些，天下没有不吵的"，简单的一句话却蕴含着深邃的哲理，既是辩证的哲学观，又是暗示着中日之间是"不打不相识"。将"硝烟弥漫"的谈判争论，轻松地化干戈为玉帛，拉近了彼此之间的距离。

之后，毛泽东提起让他们争吵的话题，"你们那个'增添麻烦'的问题怎么解决了"，一语双关，既是询问事件的解决又是再表示这个小小的词语为我们彼此增添了麻烦，从而由语言的差异轻松地引出了中日往来的历史。而在谈及田中访华的问题时，毛泽东从尼克松谈到田中，说到"这回我们也投了你的票"，来表示自己的友好与坦诚。在田中说他"身体很健康"后，他也如回应尼克松的"你气色很好"一样，自嘲着自己"我这个人要见上帝了"，看似向死亡示弱的话语却深刻地表现出了毛泽东"不惧生死"的大无畏的气魄与胆识。

最后当田中要离开时，毛泽东更是送出一套书法家沈尹默题写书名的《楚辞集注》给他。沈尹默先生早年曾二度留学日本，而《楚辞》中又有田中所说"增添麻烦"（日语"迷惑"）一词最早的渊源——"慷慨绝兮不得，中瞀乱兮迷惑"，毛泽东在用无声的语言隐晦而优雅地表达了中日的文化交流源远流长但又存在着微妙的差异。

第三节　化干戈：以真诚聚人心

推心置腹，举义旗以聚众
——毛泽东易相克为相助，爱国是一家

明末学者王夫之曾经说过："能用人者，可以无敌于天下。"毛泽东不仅爱才、惜才，更乐于团结一切爱国志士，甚至包括曾与他是"死对头"的国民党中的爱国人士。在解放战争时期，毛泽东领导的中国共产党不计前嫌、化敌为友，推心置腹、坦诚相待，争取了一大批国民党的上层人物，团结了一切可以团结的朋友，建立起了最广泛的爱国统一战线。1955年，在中国人民解放军授予军衔的将领之中，昔日解放军战场上的"对手"，原国民党军官竟达到159人之多，其中，陶峙岳、陈明仁、董其武还被授予上将军衔，依然执掌着兵权，这种坦荡胸怀和绝对信任在历史上都是极为罕见的。

"我们是姑舅亲戚，难舍难分"

1949年1月4日，解放军攻破天津，在北平的国民党高级将领傅作义接受了人民解放军改编。1月31日，北平和平解放。1949年2月22日，毛泽东在西柏坡接见了傅作义。傅作义紧紧握住毛泽东的手，第一句就说："我有罪。"

毛泽东却说："你有功。谢谢你，你做一件大好事。人民是永远不会忘掉你的！"

坐下以后，毛泽东对傅作义说："北平和平解放最好，你这是为人民做了件大好事。假如说，你过去有过错的话，那么现在功过权衡，还是功大于过，也是有功人员。"

毛泽东的一席话使积聚在傅作义心头的疑虑顿时冰消雪化。他当面向毛泽东表示要在有生之年做些对人民有益之事，保证好好工作。

毛泽东听了十分高兴，打趣地说道："过去我们在战场见面，清清楚楚，今天我们是姑舅亲戚，难舍难分，蒋介石一辈子要码头，最后还是你把他甩掉了。"

傅作义不好意思点点头说道："是。"

毛泽东接着说："我俘虏你的人员，都给你放回去，你可以接见他们。我们准备把他们都送到绥远去。"

傅作义不解道："还要送到绥远去，为什么呢？我怎么处理呢？"

毛泽东说道："他们到了绥远，可以现身说法，共产党对他们一不搜腰包，二不辱人格。可以帮助在绥远的人学习学习，提高认识嘛。还是原来说的，给你们两个编两个军。不久我们也要到北平去。将来咱们可以更好地合作，建设我们国家。我们到北平以后，就要召集民主党派、人民团体、无党派人士、各少数民族和华侨等各个方面的代表人物开会，成立中华人民共和国政府。你可以被邀请参加会议，你有功，也有代表性。"

最后，毛泽东还亲切地问："傅将军，你愿意做什么？"

傅作义坦诚地回答说："我想，我不能在军队工作了，最好让我回到黄河河套一带去做点水利建设方面的工作。"

毛泽东接着说："你对水利感兴趣？黄河河套水利工作面太小，将来你可当水利部部长嘛！那不是更能发挥作用吗？"

傅作义听后精神振奋，当即表示无条件服从党中央的安排，好好工作。之后，傅作义积极为绥远的和平解放而努力，如期实现了绥远和平起义。还对董其武予以劝导，让他下定一起走和平道路的决心。毛泽东也不食言，解放后傅作义担任了水利部部长，为新中国水利事业的发展作出了重要贡献。

（参考资料：王守柱、李保华，《毛泽东的魅力 说与写卷》，中央文献出版社，2003年10月版，105—106页）

（参考资料：孟庆春，《跟毛泽东学凝聚人心》，当代中国出版社，2002年10月版，209页）

"革命不分先后"

1949年8月4日，陈明仁、程潜领衔，37名将领联名发出起义通电，宣布湖南正式脱离国民党广州政府。1949年8月30日，毛泽东亲自草拟电文给陈明仁和程潜，邀请他们到北平参加第一届全国政协会议。9月19日，毛泽东又在百忙之中亲自邀请陈明仁、程潜同游天坛公园。

当游到祈年殿前，毛主席特地召唤陈明仁出来："子良将军，来来来，我们两个单独照个相。"

"这……"陈明仁听到主席叫他合影，一时间竟感到手足无措，踌躇不前。

"主席请你，你就莫装斯文了。"陈毅一边说，一边将陈明仁推到毛泽东跟前，陈明仁恭恭敬敬地站在毛泽东身边，和毛泽东照了个双人半身照。

照完相后毛主席说："子良将军呀，现在外面的谣言很多，说你被我们扣起来了；还说杜聿明、王耀武被我们五马分尸干掉了，我想请你这次开会之后，去山东济南看看他们，把情况向外介绍一番，写些书信给你那些还未过来的亲友故旧，促进他们及早觉醒，及早归来。"

"是，我一定照办。"陈明仁爽快地答道。

"你还可以把这张照片分送给你们黄埔同学，只要送得到的都送一张。后天二十一号，我们的新政治协商会议就要开幕了，各方面的代表人物都有，唯独还缺少蒋介石的嫡系将领，你来了，代表都全了。"

陈明仁听到这里，非常感动，主动向毛主席检讨说，起义前自己认识不足，蒋介石和李宗仁派黄杰、邓文仪到长沙时，有人劝我把他们扣起来，我不仅没扣，还把已扣起来的忠于蒋介石的特务头子毛健钧也放走了，错过了机会。

"没错，没错，不要扣，革命不分先后，不要勉强人家嘛，今后凡是愿意过来的，我们派飞机接，凡是愿意走的，我们派飞机送，你那种搞法是可以理解的。不要怕人家讲闲话。"

政协会议期间，毛主席又先后两次接见陈明仁。他亲切地对陈明仁说："你顺利地过了战争关。过来了就是好的。"并问他："你今后打算干什么？是从政，还是从军？"

"报告主席，我是一个军人，还是想在军事上为国家尽点力量。不过，我那个部队还是国民党军，改编为中国人民解放军吧？"陈明仁询问道。

"那好！你还是去带兵吧。我们拟把你的一兵团正式编为中国人民解放军第二十一兵团，仍由你当司令员，你有什么条件吗？"毛泽东爽快地答应了陈明仁的要求。

"报告主席，我现在真正地服了共产党，我一点条件也没有。"

"哎呀，人家有条件的，我倒好办。你这个没有条件的，我倒不好办呀。这样吧，从今以后，解放军有饭吃，你也有饭吃，一视同仁，绝不会有半点亏待你的。"

但是，第二次陈明仁去见毛泽东时，却又提起条件来了，他要求打仗，要求让他作战立功。

毛泽东笑着对他说："你的志愿是好的，但目前部队未整训，逃兵必多。作了初步整训之后，如有作战机会，上前线打几仗是很好的。"

后来，毛泽东果不食言，10月5日发给华中局林彪并告湖南省委的电报中，除了指示要给他补充一批人枪外，还专门讲到："请你们注意有可能时，让其参加一、二次作战。"陈明仁的第二十一兵团参加了广西的剿匪战斗，并取得了巨大胜利。毛泽东称赞他："我看林彪打仗就不如你。"一句话令陈明仁感激涕零。

（参考资料：邵康，《毛泽东和党外朋友们》，团结出版社，1993年9月版，204—206页）

|||| 魅力感悟 ||||||||||||||||||||||||||||||||||||||||||||||||

　　犹太人有句格言："最强大的人是谁，是化敌为友的人。"毛泽东最善于"化敌为友"，在解放战争时期，国民党的高级将领们，除了傅作义、陈明仁，还有程潜、张治中、卫立煌、李济深等都纷纷被共产党的魅力所折服。

　　对于投诚起义的傅作义与陈明仁，毛泽东在交谈中采用了"解心结，化疑虑，表诚意"三招，将他们一一聚拢于共产党的身边。一是：解心结。这些曾经的"对立"者心中，总有放不下的心结。傅作义的"我有罪"与陈明仁的"检讨"，毛泽东一概采取"既往不咎"的态度，对傅作义说"你有功，是功大于过"，对陈明仁说"革命不分先后"，轻松地打消了对方不安的情绪，让他们放下包袱，重新开始。二是，化疑虑。对于曾经的敌人，是否会采取"秋后算账"，傅作义与陈明仁都是万分担心。然而毛泽东却对傅作义说"过去我们在战场见面，清清楚楚，今天我们是姑舅亲戚，难舍难分"，对陈明仁讲"解放军有饭吃，你也有饭吃，一视同仁，绝不会有半点亏待你的"，告诉他们如今的我们是一家是亲密相连、相依相偎，让他们瞬间感觉到温暖。三是，表诚意。既然选择了共产党，毛泽东便"用人不疑"，征求傅作义与陈明仁的今后意向，傅作义提出"愿搞水利"，陈明仁指出"还愿带军"。他深知傅作义自小居住黄河滩边，常遭泛滥灾害，有志于水利建设，而早在1945年回龙山战役时就发现陈明仁是个军事奇才。毛泽东不仅充分地满足了他们的要求，还"一言九鼎"给予了他们绝对的信任与重任。解放后，委任傅作义为水利部部长，授予陈明仁上将军衔，继续掌握兵权，他们都为新中国的建设付出了重大的贡献。曾经的"敌人"们被毛泽东的博大胸怀、坦诚的态度深深折服，凝聚在共产党的周围，而无怨无悔。

　　在傅作义与陈明仁的会见中，毛泽东还智慧地运用了"代表人物"的方式，"他们到了绥远，可以现身说法，共产党对他们一不搜腰包，二不辱人格。可以帮助在绥远的人学习学习，提高认识吗"，"你还可以把这张照片分送给你们黄埔同学，只要送得到的都送一张"，从而也团结了更多的仁人志士，赢得了更多的朋友。

让人心暖，化戾气为祥和
——毛泽东不计前嫌，化解陈年恨

1956年1月，毛泽东发表讲话，指出："台湾那里的一堆人，他们如果是站在爱国主义立场，如果愿意来，不管个别的也好，集体的也好，我们都要欢迎他们，为我们的共同目标奋斗。"随后，他又提出了"和为贵"，"爱国一家、爱国不分先后，以诚相见，来去自由"的主张。同样是1956年，在4月份的中央政治局扩大会议上，毛泽东在谈及肃反和统战问题时说："对于一切反革命分子，都应当给以生活出路，使他们有自新的机会。这样做，对人民事业，对国际影响都有好处。"毛泽东坚信，人是可以转化的，他这种思想也充分的展现在了他的人际交往之中。面对"仇恨"，他总能以充满"人情味"的话语一次又一次的融化那些"陈年旧恨"，化腐朽为新生，化干戈为玉帛。

"现在是人民的一分子了"

1962年1月31日，毛泽东在中南海接见了溥仪。当溥仪走进客厅，毛泽东马上像老朋友似的迎上去握手，并拉他坐在自己身边，给应邀而来的章士钊、程潜、仇鳌、王季范微笑地介绍道："他是宣统皇帝嘛，我们都曾经是他的臣民。"

溥仪则激动地说："我万没想到能见到您。"

"请坐嘛，"毛泽东微笑着询问了溥仪的近况，又问他："你家里还有些什么人呢？"溥仪一一恭敬地作答后，便开始检讨自己的"旧罪"。

"有的事，溥仪要负责任，而有些事不是你一个人所做的，"毛泽东截住了溥仪的话，又问道，"当初做皇帝的时候，你下面的大臣是怎么对待的？"

"刚登基时，我还是个孩子……"溥仪边思索边说，"事情都不是我做的，大部分是我父亲载沣和七叔来做。再大点时，他们顶多问问我就完事了，到了伪满就是另外的情形了。"

"你到了政协应该好好地总结一下历史上的教训。"毛泽东说道。

"是。"溥仪回答，随后轻声低语地说，"那时，还不是个傀儡？"

"几十年前我也是你的臣民哟！"见溥仪有点紧张，毛泽东幽默风趣地说。

"岂敢。"溥仪诚惶诚恐地站起来说，"我是罪人，我是罪人啊！"

毛泽东摆摆手，待溥仪坐下后，意味深长地说："在客人中，数溥仪年纪最小了。"

过了一会儿，毛泽东饶有兴趣地提起了溥仪的自传《我的前半生》，说："我看过初稿了。里边'检查'好像太多了。看了一半就不想看了。"他又提醒溥仪："你过去是帝王，是压迫人民的。现在是人民的一分子了。"

畅谈一阵后，毛泽东邀大家去吃午饭，溥仪年龄最小，随在最后，大家相互谦让着让他先走，毛泽东回头看见，拉起溥仪的手，一起走进饭厅。

毛泽东夹了一筷子青辣椒对溥仪说："湖南人最喜欢吃辣椒，叫作'不得辣椒不吃饭'，所以每个湖南人身上都有辣椒味。你吃得惯吗？"

"很好吃。"溥仪辣得浸汗。

"看来你这北方人身上也有辣味哩！"毛泽东风趣地说道。然后又指了指程潜和仇鳌，继续对溥仪说："他们的辣味最重，不安分守己地当你的良民，起来造你的反，辛亥革命一闹，就把你这个皇帝老子撵下来了。"

妙语一出，在座的人都捧腹大笑起来。

"你还没有结婚吧？"毛泽东知道溥仪在抚顺已经离婚，关心地问道。

"还没有呢。"溥仪回答道。

"可以再结婚嘛！"毛泽东说，"不过，你的婚姻问题要慎重考虑，不能马马虎虎。要找一个合适的，因为这是后半生的事，要成立一个家。"

饭后，毛泽东与溥仪合影留念，专门让溥仪站在上首的位置。临走时溥仪对毛泽东说："非常感谢您对我们的招待。"

毛泽东笑着把溥仪送到门口说："以后还会有机会见面的。" 随后，毛泽东亲自打开车门，请溥仪坐上去，溥仪觉得不好意思，一个劲地向毛泽东作揖。

1964年12月30日，溥仪以全国政协委员的身份在全国政协四届一次会议上发言，他激动万分地说："今天，我能够作为全国政治协商会议的一个成员在这里发言，心情非常激动……最近，有许多外国记者访问我，他们觉得像我这样的人，能够在新中国存在，是个奇迹。不但生存，而且生活得很好，更使他们迷惑不解。在我们的社会，确实出现了这样的奇迹：把战争罪犯改造成新人！"

在毛泽东的关怀下，溥仪由一个帝王转变成了一个公民，自食其力，还写下了《我的前半生》，为国家留下了极其丰富的历史研究资料。

（参考资料：卢之超，《毛泽东与民主人士》，华文出版社，1993年1月版，365页）

"凡是愿意回来的，我们都欢迎"

1965年7月26日，毛泽东在中南海游泳池休息室接见回归祖国的李宗仁夫妇。李宗仁，这位抗日战争中台儿庄战役的指挥者，桂系统领，前国民党政府代总统，在离开祖国大陆整整16年后终于重返故土。

李宗仁夫妇和机要秘书程思远走向休息室，毛泽东起身迎上前来，同李宗仁夫妇热烈地握手说："你们回来了，很好！欢迎你们！"

　　然后，他又紧紧抓住程思远的手："久闻大名，如雷贯耳！"毛泽东对程思远的赞美之词使得程思远惊愕得答不出话来。

　　坐定以后，毛泽东忽然说："哈哈！德邻先生，你上当了！"

　　李宗仁不禁为之一怔。

　　毛泽东接着说："蒋介石骂我们做'匪'，你这次回来岂不误上贼船了吗？！"毛泽东的风趣让李宗仁一时语塞。

　　程思远赶紧说道："我们搭上慈航渡登彼岸了，尊敬的毛主席。"大家都哈哈大笑起来。

　　李宗仁接着谈到他看到的建国以来所取得的伟大成绩，还说海外侨胞都以祖国的强盛而感到自豪。

　　毛泽东说："祖国比过去强大了一些，但还不很强大，我们至少再建设二三十年，才能真正强大起来。"

　　李宗仁向毛泽东说他这次回来自己也没想到受到了政府和人民的热烈欢迎，内心非常激动。

　　毛泽东笑着说："跑到海外的，凡是愿意回来的，我们都欢迎。我们都以礼相待。"

　　1966年十一国庆节，李宗仁被邀请参加国庆17周年庆祝活动。他来到天安门。毛泽东赶紧向他走过来，握着手说："请多保重身体，共产党是不会忘记你的。"

　　握手后，毛泽东请李宗仁到休息室喝茶。到了休息室，毛泽东挽着李宗仁的肩膀，请他坐在沙发上位，李宗仁赶忙说道："主席，在这里，我怎么好坐上位呢？'"

　　毛泽东则用亲切的湖南口音对他道："你比我年岁大，是老大哥，应该坐在这里。"这一举动让李宗仁感动万分。

　　李宗仁在弥留之际，将自己珍藏多年的书画、藏书捐赠国家，并由别人代笔口授了一封给毛主席和周总理的信："我在1965年毅然从海外回到祖国所走的这一条路是走对了的。我们祖国的潜力是举世无匹的，我们祖国的前途是无限光明的。在这个伟大时代，我深深地感到能成为中国人民的一分子是一个无比的光荣。在我快要离开人世的最后一刻，我还深以留在台湾和海外的国民党人和一切爱国的知识分子的前途为念。他们目前只有一条路，就是同我一样回到祖国的怀抱……"

（参考资料：邵康，《毛泽东和党外朋友们》，团结出版社，1993年9月版，58—60页）

‖‖‖‖ 魅力感悟 ‖‖‖‖‖‖‖‖‖‖‖‖‖‖‖‖‖‖‖‖‖‖‖‖‖‖‖‖‖‖‖‖‖‖‖‖

溥仪与李宗仁，一个是末代皇帝，一个是末代总统，一个曾为日本傀儡政权"满洲国"执政，一个曾是一级国内战犯，两人与共产党之间都曾有着"深仇大恨"，而作为共产党的领袖，毛泽东却以伟人的气度、博大的胸襟，巧妙地化解了这些陈年旧恨，不仅赢得"仇人"们的尊重与敬佩，也让他们为新中国的建设贡献了自己的力量，赢得了众多英才。

毛泽东读范晔《后汉书》卷九十二《陈寔传》时曾批语"人在一定条件下是可以改造的"（见《毛泽东读文史古籍批语集》，中共中央文献研究室编，中央文献出版社，1993年11月版，第133页）。毛泽东十分赞成陈寔，他对因饥荒到家里偷窃的人的分析："不善之人，未必本恶，习以性成，遂至于此。梁上君子者是矣。"最后，陈寔原谅了这个因贫困而偷窃的小偷，并赠送了布绢给他，从此，此县再未发生盗窃事件。毛泽东在旁特别批注："人在一定条件下是可以改造的。"对于溥仪，毛泽东认为他是在旧社会制度下所产生的皇帝，通过改造是可以成为人民的一分子的。毛泽东接待溥仪时，特意邀请了四位名流乡友作陪，似乎在表示将溥仪也看作自己的乡友。毛泽东以"顶头上司"的玩笑开场，缓解了溥仪的紧张，在溥仪"述罪"的时候，毛泽东又说"溥仪年龄最小"，意思是孩子犯罪是应当宽容饶恕的，让溥仪放开心怀。在宴席中间，提起辣椒，毛泽东用"他们的辣味最重，不安分守己地当你的良民，起来造你的反，辛亥革命一闹，就把你这个皇帝老子撵下来了"，幽默而风趣的忆旧，让旧时与今日形成鲜明的对比，曾经的"戾气"革命，今日已"祥和"共餐了。最后，毛泽东还如大家长一般亲切地询问溥仪的婚事，让溥仪站在上首合影，亲自将溥仪送出门，为溥仪打开车门，作为一个领袖对这些微不足道的点滴细节却都亲力亲为，又怎能不让一个曾经的"罪人"深深震撼与感动。

在与李宗仁的交谈中，毛泽东用了一句让人产生误会的玩笑"哈哈！德邻先生，你上当了"先让李宗仁一惊，随后又出人意料地解释"蒋介石骂我们做'匪'，你这次回来岂不误上贼船了吗"。毛泽东这样欲言又止，故意停顿，是利用"卖关子""大喘气"的说话方式来制造幽默，让"仇人相见"反而似"老友相逢"般亲切随意。随后，毛泽东在谈及祖国建设与李宗仁归国的感动时说"祖国比过去强大了一些，但还不很强大，我们至少再建设二三十年，才能真正强大起来""跑到海外的，凡是愿意回来的，我们都欢迎。我们都以礼相待"，不仅仅是在回答李宗仁的话语，更是在传达深层的意思，希望晚年幡然醒悟、毅然归国的李宗仁能够发挥自己的余热，感召仍在国外的人士，回到祖国，为祖国的建设贡献力量。在天安门城楼上，毛泽东说"请多保重身体，共产党是不会忘记你的"，"你比我年岁大，是老大哥，应该坐在这里"，是对李宗仁一生的概括与评价。李宗仁虽是内战战犯有"过"，但也是抗日英雄有"功"，"台儿庄大捷"中英勇抗战，这是对日抗战爆发后中国军队首次于正面战场取得的重大胜利，为中华民族的抗战史写下了光辉的一页。毛泽东的意思，李宗仁不仅在年龄上是"老大哥"，更是抗日战争中的"老大哥"。晚年更是心系祖国，归国贡献，"过"我们不计前嫌只字不提，"功"我们却常常念及永不忘记。李宗仁归国后与毛泽东仅有两次交谈，时间都不长，话语都是寥寥数句，然而那些亲切而深情的话语却在李宗仁心里烙下了深深的印记。李宗仁在晚年病重之际，再三嘱咐身边的人，一定要将自己珍藏多年不舍开封的好酒送给毛泽东与周恩来。

第四节 暖人心：用真诚换真心

大事不糊涂，人心换人心
——毛泽东深情话语感人心

"文化大革命"是一场特殊的政治运动，但是最终却导致了大大超出毛泽东预料和控制的大动乱。这场延续十年之久的动乱，再加上林彪与江青反革命集团的迫害，给国家带来了惨重的损失，一大批党内老同志、知识分子蒙受了冤屈。但是，尽管是在如此风雨飘摇的"大乱"时期，毛泽东对于在"文革"中蒙冤的一些老同志仍然给予了客观而公正的评价。这些发自肺腑的感人话语，给蒙受冤屈的同志和家属以莫大安慰。

"你是猪（朱），我是猪（朱）身上的毛"

1966年，"文化大革命"开始的时候，朱德已经是80岁高龄，由于他在中国革命中建立的巨大功勋和在广大群众中享有的威望，林彪、江青两个反革命集团把他看作他们篡党夺权的重要障碍。"文革"一开始就操刀对朱德诬陷与迫害，造反派公开贴出诬陷朱德的大字报，喊出了"打倒朱德""炮轰朱德"的口号，诬陷朱德是"大军阀""黑司令"并且扬言要把朱德及其家属"轰出中南海"。

1973年12月21日，毛泽东接见参加中央军委会议的领导，朱德也应邀前往。当朱德刚走进会议室的时候，毛泽东一下就看见了这位许久未见面的老战友，要站起来迎接。朱德赶紧走到他跟前。毛泽东微欠着身子，拍着身边的沙发请朱德挨着自己坐下。

此时，毛主席很动情，他对朱德说："红司令，红司令你可好吗？"

朱老总操着四川口音高兴地告诉毛主席说："我很好。"

毛泽东习惯性地从小茶几上拿起一支雪茄烟，若有所思地划着火柴点燃吸了一口，又环顾四周，继续对朱老总说："有人说你是黑司令，我不高兴，我说是红司令，红司令，……"毛泽东一直重复着"红司令"。此时，已87岁高龄的朱德感动得红了眼眶。

看着朱德发红的双眼，毛泽东便十分风趣、幽默地说出一句妙语："猪（朱）毛，猪（朱）毛，你是猪（朱），我是猪（朱）身上的毛啊！没有猪（朱），哪有毛？你在先嘛！"因为，早在井冈山时期，朱德与毛泽东的名字就紧密地联系在了一起，人们常常用"朱毛"一词代替他们两人。毛泽东这一句绝妙的话语让时光一下子回到战争岁月里。井冈山时，你是司令，我是政委，我们俩亲密无间、不可分割，现在依然如此，没有猪（朱），哪里来的毛！

（参考资料：柏桦，《毛泽东口才》，海南出版社，1996年10月版，28—30页）

"有些人怕他，但他办事比较果断"

在"文化大革命"中，邓小平被错误地作为"刘邓路线"的代表遭受冲击，失去了一切领导职务。但最终，林彪阴谋败露后，毛泽东还是重新启用了这位人才。

1973年，毛泽东在中央政治局会议上宣布："现在，请了一个军师，叫邓小平。发个通知，当政治局委员，军委委员。政治局是管全部的，党政军民学，东西南北中。我想政治局添个秘书长吧。你（邓小平）不要这个名义，那就当个参谋长吧。"在座的政治局委员们都静静地听着。

毛泽东深吸了一口烟，又说道："我们现在请了一个参谋长。他呢，有些人怕他，但他办事比较果断。他一生大概是三七开。你们的老上司，我请回来了。政治局请回来了，不是我一个人请回来的。""四人帮"听到之后，出乎意料，目瞪口呆。

毛泽东又转身对旁边的邓小平说："你呢，人家有点怕你。我送你两句话，柔中有刚，绵里藏针，外面和气一点，内部是钢铁公司。过去的缺点慢慢改一改吧。"一句听起来是批评的话，实则是称赞。

正因为毛泽东在政治局会议上所作的这番讲话，才使得"绵里藏针"、"内部是钢铁公司"的邓小平在被"打倒"之后重新复出并大刀阔斧地开始整顿工作。

（参考资料：宋一秀、杨梅叶，《毛泽东的人际世界》，中央文献出版社，2000年10月版，226—228页）

"陈毅同志是一个好人，是一个好同志"

自从中共八届十二中全会闭幕，陈毅的外交生涯就宣告结束了。除了接受批判，几乎无事可做。最终，也因为误诊，于1972年1月6日病逝。1月8日，毛泽东在陈毅追悼会的文件上画圈儿，将悼词中"有功有过"画掉。1972年1月10日，毛泽东临时决定亲自到八宝山公墓礼堂参加陈毅的葬礼，睡衣都来不及换，披上大衣就驱车前往。毛泽东下汽车后就开始寻找陈毅的夫人张茜及其子女，他边走边对身边的工作人员说："去问问张茜同志和她的孩子来了没有，来了就请他们来。"

当工作人员把张茜引到大厅时，毛泽东远远看见到张茜走来，立刻欠身站起来迎接，张茜快步走上来扶住毛泽东，满脸泪痕哽咽着问："主席，你怎么也来了！"

毛主席看到张茜悲咽，也凄然泪下，他握着张茜的手，让她坐在自己身边说："我也来悼念陈毅同志嘛！陈毅同志是一个好人，是一个好同志。陈毅同志是立了功劳的。他为中国革命、世界革命做出了贡献，这已经作了结论嘛！他跟项英不同。新四军9000人在皖南搞垮了。当然喽，后来又发展到90000人，陈毅同志是执行中央路线的。陈毅同志是能团结人的。"

停了一下，毛泽东说道："要是林彪的阴谋搞成了，是要把我们这些老人都搞掉的。"

此时，西哈努克亲王和莫尼克公主也赶到了。毛泽东开始与西哈努克亲王谈话，张茜坐在他的旁边，周围还围着许多领导。

毛泽东对西哈努克亲王说："今天向你通报一件事，我那'亲密战友'林彪，去年9月13日，坐一架飞机要跑到苏联去，但在温都尔汗摔死了。林彪是反对我的，陈毅是支持我的。我就一个'亲密战友'，还要暗害我。阴谋暴露后，他自己叛逃摔死了。难道你们在座的不是我的亲密战友吗？"毛泽东停了一会儿，面朝着在座的许多中央领导，又接着说："林彪是打倒你们老帅的，我们的老帅他一个也不要。你们不要再讲他们'二月逆流'了。'二月逆流'是什么性质？是陈老总他们对付王、关、戚的。都是政治局委员，在一起议论一下，有什么不可以？又是公开的。"

说到这里，毛泽东抬起手，指着在座的叶剑英、徐向前，聂荣臻等同志，责怪地说："当时你们为什么不找我谈谈呢？"在场的几位老帅，一个也没有说话，相互望着。

毛泽东又痛心地说着："陈毅与我吵过架。但我们在几十年的相处中，一直合作得很好。"

张茜看到毛泽东亲自来参加陈毅的追悼会，又为陈毅平反，心情特别激动。不知道怎么表达才好，只是喃喃地说："陈毅不懂事，过去反对过主席……"

毛主席立刻打断了张茜的话，不让她讲下去，纠正道："不能这么说，也不全怪他。他是个好人。"说完之后毛主席又一一问及陈毅四个孩子的名字及近况，鼓励他们好好学习。

谈话快结束时，张茜关切地对毛泽东说："主席，您坐一下就回去吧。

毛泽东摇摇头说："不，我也要参加追悼会，给我一个黑纱。"于是，有人把一块宽宽的黑纱戴在了毛泽东的大衣袖子上。

（参考资料：《毛泽东轶事》，湖北文艺出版社，1989年2月版，4—7页，张玉凤《毛泽东二三事》，原载于《炎黄子孙》1988年1期）

ⅢⅢ 魅力感悟 ⅢⅢⅢⅢⅢⅢⅢⅢⅢⅢⅢⅢⅢⅢⅢⅢⅢⅢⅢ

一个人的一生或多或少都会犯错误，伟人也不例外。在林彪反革命武装政变阴谋败露后，毛泽东开始对"文革"进行了反省，诚恳地做出了自我批评："我看对贺龙同志搞错了，我要负责呢，要翻案呢"，"我听了林彪的一面之词，所以我犯了错误"（《中共党史人物传》，陕西人民出版社，1985年版50卷186页），对于"文革"以来把知识分子贬为"臭老九"的情况，他更是借用人们熟知的革命现代京剧《智取威虎山》里的一句台词说："老九不能走"来婉转地表达了歉疚之情和对中国知识分子的期望。这些话语都很是寥寥几句，简单明了，然而却深深地表现出一个伟人的"至情至性"，就是这浓浓的"情味"才使得他更加真实，更加亲切，。

面对着老战友朱德，毛泽东只念叨了两个词："红司令"和"朱毛"。然而就是这两个战争年代就一直流传的词语，让一种风雨同舟、生死与共的浓浓战友之情油然而生。在1935年的遵义会议上，张国焘曾要朱德反对毛泽东，那时朱德幽默地说："朱毛，朱毛，人家都把朱毛当作一个人，朱怎么能反对毛呢？"此时，毛泽东用了同样幽默的话语就是告诉朱德，我们是血与火的友谊和信任，毛怎么能反对朱呢。

面对着邓小平，在特殊时期，毛泽东用了看似批评实则称赞的话语给予了邓小平"柔中有刚，绵里藏针"的概括与评价，这句话看似在说给"四人帮"这个人有缺点，但实则在给邓小平传达着更深层次的含义：希望他能受命于危难之时，从政治挫折中崛起，大胆地开始工作。

陈毅既是毛泽东在井冈山的老战友，更是工作之外的"诗交"。面对着已逝去的这位诤友，毛泽东的心情是痛惜、是遗憾、是自责。"陈毅同志是一个好人，是一个好同志"，"陈毅同志是立了功劳的。他为中国革命、世界革命做出了贡献"，这是对陈毅一生的高度评价。而在提及与陈毅的分歧时，毛泽东说"陈毅与我吵过架，但我们在几十年的相处中，一直合作得很好"，"当时你们为什么不找我谈谈呢"，"也不全怪他，他是个好人"是悔恨，也是在真诚地承认了自己的错误。

虚怀纳谏，真诚认错
——毛泽东勇于开展自我批评

作为一代伟人，毛泽东的性格豪迈奔放，自信直爽，自然也有不少脾气，但是在面对自己不爱听、不喜听的批评时，他却能做到虚怀纳谏，即使是无法控制的一顿恼火之后，也能够安静下来，仔细分析自身的缺点，真诚认错。毛泽东曾在党的七大预备会上坦率地说："大家都犯过错误，我也犯过错误，错误人人皆有，各人大小不同。在几十年的革命生涯中，无论在军事、政治方面，我都犯过许多错误，其数量有几十打，几百打。"古语云："欲正人，先正己"，毛泽东就是用自身的言行在不断地诠释着自己说所的："有无认真的自我批评，也是我们和其他政党互相区别的显著标志之一。"

"雷公为什么不打死毛泽东"

1941年6月，陕甘宁边区政府召开县长联席会议，突然天降大雨，电闪雷鸣，会议室也遭雷击，一名县政府干部也被雷击触电身亡。一位农民就借此咒骂："老天爷不开眼，雷打死了县干部，为啥不劈毛泽东？"一时间，延安盛传"雷公打死毛泽东"的故事。当时的保卫部门得知后欲将此人以"反革命"罪逮捕法办，毛泽东立刻制止了他们的做法，并叫他们深入调查，看看究竟是什么原因引起了群众的不满。

后来查明，是因为征粮过多，农民负担太重而有了意见。毛泽东知道后便教育领导干部们说："群众的意见反映了我们工作上有毛病，有些问题需要我们去解决。要允许人家讲话，讲错了也不要紧。人家说救国公粮太重，这是实际情况。一九四〇年以来人民的负担是加重了。人家说共产党的经是好经，让歪嘴和尚念歪了，说明他是拥护共产党的，但对我们的工作和作风有意见。"毛泽东的话不仅转变了一部分同志的思想和作风，也促使了党中央进一步下决心去解决"救民私粮"问题。

几年时间过去，毛泽东却一直记着此事，先后几次做了检讨。

1945年4月20日，毛泽东对《关于若干历史问题的决议》草案作说明，他讲到领导干部要乐于听"闲话"，说道："其中有许多是闲话，是没有恶意的；有许多是错误的，但也不一定是恶意的；至于有恶意的也要听，因为只有听了才能发现它的恶意。总之，有则改之，无则加勉，把各种闲话都引到自己的责任上来，这就卸下一个大包袱，不至于多生气。一九四一年边区老百姓中有人说雷公咋不打死毛泽东，这就引起我的警觉，分析原因，发现是征粮太重了，于是就发展大生产运动。"

同年4月24日，在中共"七大"作口头政治报告时，毛泽东又提起这件事："一九四一年边区要老百姓出二十万石公粮，还要运输公盐，负担很重，他们哇哇地叫。那年边区政府开会时打雷，垮塌一声把李县长打死了，有人就说，唉呀，雷公为什么没有把毛泽东打死呢？我调查了一番，其原因只有一个，就是征公粮太多，有些老百姓不高兴。那时确实征公粮太多。要不要反省一下研究研究政策呢？要！从一九二一年共产党产生，到一九四二年陕甘宁边区开高干会，我们还没有学会搞经济工作。没有学会，要学一下吧！不然雷公要打死人。"

同年5月31日，在中共"七大"会上所作结论中，他又强调："说什么雷公为什么不打死毛泽东？这些都是闲话，对这些话我怎么看呢？为什么有人希望雷公打死我呢？当时我听到这个话是很吃惊的。说这个话的时间是一九四一年，地方是边区，那年边区公粮征收二十万石，还要运公盐六万驮，这一下把老百姓搞得相当苦，怨声载道，天怒人怨，这些事还不是毛泽东搞的？因为我也主张征收二十万石公粮，主张去运盐。当时不运盐也不行，但是运得久了就不好。这就迫使我们研究财政经济问题，下决心搞大生产运动，一九四二年公粮减少了，一九四三年也减少了，这就解决了问题。"

（参考资料：李维汉，《回忆与研究》，中共党史资料出版社，1986年4月版，540页）

"我今年六十五，但不耳顺"

1958年夏，在"大跃进"和人民公社化运动中，不少地方提出了违反哲学常识的口号，其中最著名的就是鄂城的标语"人有多大胆，地有多高产"了。当时，时任武汉大学校长的李达得知后，认为"人有多大胆，地有多高产"是不科学的。9月，毛泽东在"大跃进"中视察大江南北到达武汉，李达见到了毛泽东。

李达一见毛泽东劈头盖脸就问道："润之，'人有多大胆，地有多大产'，这句话通不通？"

毛泽东对李达说："这个口号同一切事物一样也有两重性……"

李达立刻打断毛泽东的话说："你说这口号有两重性，实际是肯定这口号，是不是？"

毛泽东立即反问道："肯定怎样？否定又怎样？"

李达接着说："肯定就是认为人的主观能动性是无限大。人的主观能动性的发挥离不开一定的条件。现在，人的胆子太大了，不是胆子太小。你不要火上加油。否则，可能是一场灾难。"这时秘书梅白走进来劝李达不要说了，毛泽东摇摇手，示意让他说下去。

李达接着又气冲冲地说："润之，你现在不是胆子太小，是脑子发热，达到39度高烧，下面又烧到40度，41度，42度……这样中国人民就要遭大灾难，你承认不承认？"

毛泽东的忍耐也是有限度的，听到这里实在坐不住了，生气地说："你说我发烧39度，我看你也有华氏百把度了吧……"

两个人在争吵中不欢而散。毛泽东在屋子里一边吸烟一边踱步，慢慢安静下来。他对着秘书梅白说："小梅，今天我们两个老家伙很不冷静，这在你们青年面前示范作用不好……我现在，在认识论上发生了问题，离开客观走向唯心主义。我和李达的争论，我是错误的……孔子说过，六十而耳顺，我今年六十五，但不耳顺，听了鹤鸣兄（李达）的话很逆耳。这是我的过错，过去我写文章提倡洗刷唯心精神，可是我这次自己就没有洗刷唯心精神。"毛泽东特意叫梅白通知李达再次进行交谈，转告李达感谢他的帮助。

李达在得知情况后，不由得感叹："还是润之的气量大啊！"

（参考资料：王恕焕，《毛泽东的人生哲学》，湖北人民出版社，2003年12月版，241—242页）

"我的错比你大"

50年代的一个夏天，毛泽东连续写文章两天三夜后的早晨，在服了三次安眠药后终于躺在床上休息。毛泽东经常熬夜，休息不好，最讨厌的就是刚一入睡，别人惊醒他。此时，卫士李连成看见毛泽东的百叶窗没关，担心太阳照在毛泽东身上，便去关百叶窗，谁知道一不小心"咔啦"一声百叶窗竟滚落下来。

毛泽东一下子惊醒了，用布满红丝的双眼盯着李连成问道："哪个？怎么回事？"

李连成吓了一跳，一时不知所措。

毛泽东接着问："说啊，怎么回事？"

"我，我关窗……"李连成战战兢兢地回答。

"你蠢！早干什么去了？出去！你不要在这里值班了，你给我站着去！"毛泽东一下子火起来。李连成委屈地走到院子里立正站好。

被惊醒的毛泽东也睡不着了，几分钟后又出来带着气对李连成说："你去吧，你不要在这里了，你去把银桥叫来！"李连成哭着就跑到了值班室，把事情汇报给了李银桥。

李银桥知道再让毛泽东上床休息也不顶用了，便开始为毛泽东梳头，平息火气。过了不长的时间，毛泽东便不再生气，给李银桥说："好了，你去吧，叫小李来。"

李连成回到毛泽东卧室，看见毛泽东一边看文稿，一边抽烟，低着头轻声说道："主席，我错了……"

毛泽东用沙哑的声音说道："唉，你难，我也难。你有点小错，我的错比你大。我不该发那么大脾气。"

李连成听到哭了起来："主席，是我不对……"

看着李连成哭，毛泽东又说："莫怪我了，你这样说就是怪我呢，我工作事多，脑子里想得多，睡不容易，烦躁，情绪就不好控制。"

李连成听见主席一个劲给自己道歉，感动地哭起来，"主席，真是我不好……"

毛泽东以为李连成还是委屈的哭，就继续带着歉意温柔地说："委屈你了，莫怪我了，我已经认了错。我也忙嘛，我也是人嘛，有点脾气的人。我们要互相体谅。"

之后的一个星期，毛泽东对这次自己的发火，常常耿耿于怀，又向李连成道了三次歉。

（参考资料：王守柱、李保华，《毛泽东的魅力 说与写卷》，中央文献出版社，2003年10月版，249—250页）

ⅲⅲⅲⅲ 魅力感悟 ⅲⅲⅲⅲⅲⅲⅲⅲⅲⅲⅲⅲⅲⅲⅲ

毛泽东喜欢读史书，更善于总结成败的经验教训。对于汉朝，他最推崇的就是汉高祖刘邦，对于刘邦与项羽他多次作出过评价："从前有个项羽，叫西楚霸王，他就不爱听别人的不同意见。……另外一个人叫刘邦，就是汉高祖，他比较能够采纳各种不同的意见……刘邦在封建时代被称为'豁达大度，从谏如流'的英雄人物"，"项羽除了在战略上发生一些失误外，最重要的教训是'不爱听别人的不同意见'，即不能知人、用人，不肯纳谏"（《毛泽东著作选读》下册第820—821页）。足见毛泽东对于听取批评的重视。

对于群众说"雷公为什么不劈死毛泽东"这样难听诅咒的话语，毛泽东并没有生气，不但不去追究还在反躬自省，仔细地分析群众之所以如此说的原因。在查清楚原因后，他不仅常常提及引以为戒，还毫不避讳地在公开场合中三番五次说"雷公怎么不劈死毛泽东"，就是用来警醒领导干部们要"认真地听取不同的意见"。

在与李达的争论之后，毛泽东很快便开始反省自己，为什么会受到好友如此的当面斥责，分析出自己的错误是"认识论上发生了问题"、"离开客观走向唯心主义"，并且还引用了孔子的"六十而耳顺"来批评自己"我今年六十五，但不耳顺"。

而对于卫士李连成，毛泽东在发了一顿火后，立刻认识到了自己的错误，叫来李连成，低声下气地安慰这个被他吵了的卫士："我的错比你大，我不该发那么大脾气"，"委屈你了，莫怪我了"，"我们之间相互体谅"来减轻下属的心理负担。

无论是对待普通百姓、至交朋友，还是自己的下属，毛泽东都能轻易地放下领袖的架子，以平等的身份来换位思考，真诚地接受意见，也真诚地承认错误。作为一个伟人，他经常发表豪迈奔放的演讲，与敌人展开不卑不亢的说辩，但是他仍然不吝于在自己的错误面前进行鞭辟入里的分析，给予柔声细语的道歉。

第二章

深入浅出
——毛泽东的沟通技巧

作为开国领袖，毛泽东用高超的思想政治工作艺术成功地领导了中国革命。他喜欢与群众们沟通，善于做士兵们的工作。在沟通中他的言语简洁、精炼，常常运用比喻，引用典故，总是能将高深复杂的理论讲解得人人爱听、通俗易懂。

有效的沟通有助于领导者推动变革、发布号召、召集行动、加强组织，实现宏图愿景。作为领导者的毛泽东就是用自己独特的通俗易懂、形象生动的语言，以中国人喜闻乐见、欢欣鼓舞的方式，将无数深奥的大道理大众化、普及化、通俗化，并广泛传播、深入人心，成为了全党的行动指南，成为了改造社会的强大力量。

第一节 简洁：抓本质与精髓

"敢于斗争，敢于胜利"
——马克思主义刮起"中国风"

毛泽东是党内最早提出马克思主义中国化的领导人，并大大推进了马克思主义中国化，可以说毛泽东一生都与马克思主义中国化事业紧密相连。马克思主义博大精深，为了能让中国的普通群众了解并掌握马克思主义，毛泽东特别注意将马克思主义加以提炼、概括、总结，甚至压缩成一两句话。使得高深的马克思主义在中国这片新兴土地之上刮起了"中国风"，将"敢于斗争、敢于胜利"的革命精神得以播散。

一语道破暴力革命学说

1927年7月大革命失败后，中国共产党人为审查和纠正党在大革命后期的严重错误，决定新的路线、组织新的斗争，8月7日在湖北汉口召开了中央紧急会议，这便是历史上著名的"八七会议"。

大会由李维汉主持，他首先站起来说："同志们，这次会议是蒋介石、汪精卫叛变革命后，我们政治局常委通过多次讨论才决定的。"随后，共产国际代表罗米纳兹用了一上午发表了一个冗长而推卸责任的讲话。

进入讨论，毛泽东第一个站起来发言："孙中山'专做军事运动'是不对的，我们过去'专做民众运动'也是不对的，应将两者有机结合起来。农民阶级的解放和民主革命的胜利，都要靠武装斗争。"

毛泽东的观点一提出，就引起了在座人的议论纷纷，有一些人还不太同意毛泽东武装斗争的看法，认为共产党应该多从政治的角度出发考虑问题。

此时，毛泽东同志并不是党内的主要领导者，说话的分量也不太受重视。针对有些同志的不理解，毛泽东又再次抬高声调，语气激昂，措辞激烈地说道："湖南这次失败，可说完全由于书生主观的错误。以后要非常注意军事，须知政权是由枪杆子中取得的！"

毛泽东说到这里，停顿了一会儿，又接着分析道："总结大革命失败的经验教训，一个最值得我们共产党人吸取的是，只注意抓发动民众的工作，如工人运动、农民运动等。忽视了武装斗争。特别是到了后期，我们在工人、农民起来自己武装自己的时候，还给他们制定了许多条条框框，来阻止他们武装自己。不但如此，我们还自动解除了许多地方工人和农民的武装，这样才使得蒋介石、汪精卫有机可乘。如果我们不拿起枪杆子，敌人是不会自动把政权交出来的。所以，我认为中央在发动和领导了南昌起义后，还应该尽快在全国各地发动武装起义，以枪杆子来反对蒋介石、汪精卫之流的屠杀政策。"毛泽东的发言理性十足，分析深刻，因而得到大多数与会代表的赞同。

会议最后改选中央政治局。原本共产国际代表拟定的候选人中本来没有毛泽东，但由于他在大革命时期对农民运动、武装斗争等中国革命基本问题卓有成效的探索，以及在会议上的突出表现，蔡和森、李维汉、陆沉等人极力主张在候选人中增加毛泽东。毛泽东以12票当选为政治局候补委员。因为毛泽东"枪杆子里出政权"的著名论断，八七会议后，各地武装起义相继开展，从此，中国共产党人走上武装夺取政权的道路，在史册上又掀开了光辉的新一页。

暴力革命学说，是马克思主义的主要理论。随后，列宁在其经典著作《国家与革命》一书中对此有详尽的阐述。然而，毛泽东却能够结合中国的国情，论证出了军队与武装斗争的极端重要性，一语道破马克思主义暴力革命学说的核心——"枪杆子里面出政权"。这句话不仅突出了军队与武装在革命中的极端重要性，更具有简洁明了、易懂好记的特点，在军队中，战士里，甚至百姓中广为流传，影响巨大。

（参考资料：唐春元、黄先健，《毛泽东的说服与攻心之道》，湖南人民出版社，2002年10月版，81—83页）

一句话概括马克思主义

1939年12月21日，毛泽东在延安庆祝斯大林60寿辰大会的讲话中提出："马克思主义的道理千条万绪，归根结底就是一句话：造反有理。几千年来总是说，压迫有理，剥削有理，造反无理。自从马克思主义出来，就把这个旧案翻过来了，这是一个大功劳。这个道理是无产阶级从斗争中得来的，而马克思做了结论。根据这个道理，于是就反抗，就斗争，就干社会主义。"

《资本论》是马克思用毕生的心血写成的一部光辉的科学巨著，他在书中提出的"剩余价值"学说，披露出了资本主义残酷剥削工人阶级的丑陋本质，一针见血地指出了工人阶级极其贫困的根本原因。所以说，马克思主义就是无产阶级革命的理论。当时的中国深处水深火热之中，中国人民深受封建主义、帝国主义、官僚主义三座大山的压迫。毛泽东用"造反有理"四个字对马克思主义高度概括，激起了深受压迫的劳苦群众的革命激情。

毛泽东同志作为中国革命的领导者与总指挥，他充分考虑到中国经济贫穷、文化落后，绝大多数的普通百姓都很难读懂马克思的经典著作，因此，让老百姓理解、掌握马克思主义理论是件十分困难的事情。毛泽东便用言简意赅的中国式概括让马克思主义叫中国百姓一听就懂，一闻即会。最终在"造反有理"的马克思主义的指导下，中国革命如火如荼地开展起来。群众们高举着"造反有理"的大旗，造了封建主义的反，造了帝国主义的反，造了官僚资本主义的反，取得了革命的辉煌胜利，开创了人民民主专政的社会主义新中国。

（参考资料：刘明刚，《毛泽东的语言艺术与马克思主义大众化》，《湖北大学学报》，2008，35（5））

﹏﹏ 魅力感悟 ﹏﹏

毛泽东在马克思主义中国化的过程中，通过高度的概括、提炼，用精简扼要的语言形式将长篇论述的文字浓缩为概括性很强的一句话。马克思主义中国化是和中国革命的斗争实践紧密相连的，1927年，通过总结大革命失败的原因，毛泽东提出了"枪杆子里面出政权"的著名论断，用简练的语言指出了军队的重要性，诠释了马克思主义关于革命时期军队和政权之间的相互关系。同时，"枪杆子里面出政权"也为中国革命的基本方式指明了正确的方向，这句话后来又成为了党创建、领导和掌握人民武装并进行斗争的行动口号。1939年，他在讲话中将马克思主义科学方法论进行高度概括、归纳为"造反有理"，无形中给了当时在抗战艰难时期的军民以极大的鼓舞和激励。

语言文字是载体，理论只有通过语言文字才能广泛传播。毛泽东这种高度概括、凝练的语言风格对马克思主义在中国的传播发挥了极大的向导和示范作用，对马克思主义大众化做出了重大贡献。这样的例子还有很多，他将辩证法简要的概括为对立统一学说；将矛盾的对立统一法则归纳为相反相成。他极善于透过纷繁复杂的现象观察事物的本质，抓住事物的关键，提炼事物的精髓，使得沟通的语言简短精悍、言简义丰。

但是如何在沟通中做到言简意赅需要注意两个方面：第一，要抓住事物的本质，表意明确。仅《资本论》一书全文就有160多万字，毛泽东能够用简单的话语将其概括就在于他能够把握事物的本质特征，并善于综合概括。只有在精准地抓住本质基础上形成的浓缩语言，才能有力度，有魅力。也只有表义明确，才能准确而快捷地将信息输入到对方的大脑里，达到有效沟通的目的。第二，要密切联系实际，贴近现实。毛泽东对军队的重要性的论断，之所以得到赞同并深入人心，就是在于其一针见血地点出了中国大革命失败的原因。而"造反有理"这四个字也仅仅只能限制在当时，限制在推翻旧世界的意义上。史书中记载着这样一则故事，子禽向老师墨子请教："多说话有好处吗？"墨子回答他："苍蝇、青蛙，白天黑夜叫个不停，叫得口干舌燥，然而却没有人去听它的。你看雄鸡，在黎明拂晓按时啼叫，催人起身，天下震动。多说话有什么好处呢？重要的是话要说得切合时机才是。"可见只有把话说到了点上，把话说得切合时机，沟通才能最贴近实际，最能深入人心，也最能收到好的效果，最能令人敬服钦佩。

"星星之火，可以燎原"
——箴言警句式的提炼总结

中国人最讲究惜墨如金，惯用精炼的文字来表达深刻的道理，像是诗、词、赋之类。而毛泽东最擅长的便是对语言的高度浓缩，尤其擅用四字词语。四字词组是汉语中最为常见的一种语言现象，最易被人牢记。他以对语言极强的驾驭能力提炼总结出各样箴言警句，深受百姓与部队的喜爱，被普通战士和基层群众用来武装自己的思想，成为自身在革命过程中的行动指南。

十六字决——红军战略战术

1930年秋季，随着中国工农红军的发展和革命根据地的逐步扩大，红军一次又一次的大规模集中行动，严重地威胁了国民党在江西、湖南诸省的统治。1930年冬，蒋介石在战胜冯玉祥、阎锡山之后，便调集重兵，对中央革命根据地发动了大规模的军事"围剿"。10月，蒋介石陆续调集

10万兵力，以鲁涤平为陆海空总司令，采取"长驱直入，分进合击"的方针，对江西中央革命根据地开始了第一次"围剿"，企图消灭红一方面军的主力。

红一方面军仅4万人，该如何迎敌？如何粉碎敌人的"围剿"？

毛泽东选择了："你有你的打法，我有我的打法"，11月向红一方面军下达了"诱敌深入赤色区域，待其疲惫而歼灭之"的命令。在此期间，红军部队隐蔽待机，国民党军队先后扑空，怎么也找不到红军主力决战。

12月24日，红军总司令部发现敌人主力谭道源部第50师已到达源头、上潮、芦峰岭一线。当即，红一方面军的总司令朱德和总政委毛泽东签发了命令："决定明日先歼灭来犯小布之敌"。

为了做好战前动员工作，第二天，红一方面军总部在小布举行了军民歼敌誓师大会。主席台的两侧挂着毛泽东亲自书写的一副醒目的对联：

右边：敌进我退，敌驻我扰，敌疲我打，敌退我追，游击战里操胜算；

左边：大步进退，诱敌深入，集中兵力，各个击破，运动战中歼敌人。

誓师大会中毛泽东激情满怀地宣读了这个对联，分析了歼敌制胜的六个条件。还充满信心地说："由于我们实行了诱敌深入的作战方针，大踏步地进退，敌人已掉进我们布下的天罗地网，敌情、地形、人民等条件，都已经发生了变化，我们胜利的条件已经完全具备，胜利就在眼前了。"

动员大会过后，根据敌情，红军采取了"中间突破"的战术，将敌分割，各个击破，五天内连打两起胜仗，成功取得了第一次反"围剿"的伟大胜利。

毛泽东在之后的《中国革命战略战术》一文中写到这十六字决："从一九二八年五月开始，适应当时情况的，带着朴素性质的游击战争基本原则，已经产生出来了，那就是所谓'敌进我退，敌驻我扰，敌疲我打，敌退我追'的十六字诀。这个十六字诀的军事原则，立三路线以前的中央是承认了的。后来我们的作战原则有了进一步的发展。到了江西根据地第一次反"围剿"时，'诱敌深入'的方针提出来了，而且应用成功了。等到战胜敌人的第三次'围剿'，于是全部红军作战的原则就形成了。这时是军事原则的新发展阶段，内容大大丰富起来，形式也有了许多改变，主要地是超越了从前的朴素性，然而基本的原则，仍然是那个十六字诀。十六字诀包举了反'围剿'的基本原则，包举了战略防御和战略进攻的两个阶段，在防御时又包举了战略退却和战略反攻的两个阶段。"

由于十六字诀简单易懂，朗朗上口，很多苏区红军将其加以改变，还转化成为本地区特点的游击战争原则。像是洪湖地区的："你来我飞，你去我归，人多则跑，人少则搞"；湘鄂赣边区的："彼集我散，彼散我集，昼伏夜出，化整为零"等，成为了军队人人都能掌握的战略战术。同时，这十六字诀也成为了毛泽东军事思想形成的基础，又为其后来成为一套完整的科学体系打下了根基。

（参考资料：路浩，《毛泽东楹联、名句、趣事》，解放军文艺出版社，2003年1月版，228—230页）

三大法宝——战胜敌人的妙诀

1939年夏，由于日寇增兵华北，妄图西渡黄河进攻陕北，根据抗日战争形势发展的需要，中共中央决定将陕北公学、鲁迅艺术学院、延安工人学校、安吴堡战时青年训练班等四校合并，成立华北联合大学，开赴敌后抗日前线，校址移到晋察冀根据地，坚持华北抗战。

7月9日，就在全校师生离开延安、开赴晋东南前线，到晋察冀解放区办学前夕，华北联大举行隆重的开学典礼。毛泽东十分高兴，当场发表了即席讲话。

他用古典小说《封神榜》里的一个故事作比喻开场："当年姜子牙下昆仑山，元始天尊送他杏黄旗、方天印、打神鞭三样法宝，姜子牙用这三样法宝打败了所有的敌人。今天你们也要下山了，要去前线跟日本侵略者作战，我也赠你们三个法宝，这就是：统一战线、游击战争和革命团结。"下面学生听到这样的"开场白"，一下子来了兴致。

毛泽东接着说："汪精卫已经叛变了，统一战线中的张精卫、李精卫、赵精卫、钱精卫，也想做一张张松献的地图（《三国演义》中，刘备入川时，幕客张松献上一份详细的四川地图。此举帮助了刘备最后建立蜀国）。要去总是去，再三留不住，任他们走吧！但是、地主资产阶级不会全走，有的还要抗日，长期合作是可能的，因此一定要坚持统一战线。对同盟者，凡是可多留他一天，我们就留他一天。能够争取他半天，一夜，都是好的。甚至留他吃了早饭再去，也是好的。"

毛泽东一边说一边又拿起桌上的茶壶，"团结也不是不要斗争，国民党拿棍子打我们，我们退上梁山，就拿起茶壶反攻他一下，"说着把茶壶一摆，"人不犯我、我不犯人、人若犯我、我必犯人，这是圣人之言，哪有不听之理。这也是使同盟者进步的好方法。"

接着，毛泽东用手一挥，把统一战线比作姜子牙的"打神鞭"，说这是孙中山革命40年在临终时悟出的道理，是我们的法宝，掌握好这个法宝，就能把日寇赶出中国。

然后，毛泽东接着讲游击战争问题，"游击战也是共产党18年来学得的法宝，为了得到这个法宝，我们不知流了多少血，死了多少人。解决中国的问题，不但用口，而且要用物。你们有两件武器，一件是口，一件是手。没有武装的话，一切事情都搞不好。你们出去，什么工作都好，不管三七二十一，要跟武装联系起来，才有出路。我们应该紧紧握住，决不放松。"毛泽东把手圈成一个拳头，他把游击战争形象地比作姜子牙的"方天印"，认为有了这个法宝，一切妖魔鬼怪都将被镇压下去。

最后，毛泽东高声说道："革命团结是非常要紧的，没有这个，统一战线就搞不好，游击战争就不能打。要告诉共产党员与非共产党员，告诉老百姓。这也是我们共产党18年来很好的经验。革命队伍的团结，也有团结与斗争的问题、但斗争不是动手动脚，而是批评与自我批评。革命团结就是姜子牙的'杏黄旗'，我们的革命队伍里要有这个旗。八路军、新四军、共产党，就是因为有这个革命的中小团结，才能够对于任何困难都不怕。"

毛泽东的精彩讲话引来了师生们的热烈鼓掌。

后来，在1939年10月4日，毛泽东在撰写《〈共产党人〉发刊词》，论述新民主主义理论时又对这"三大法宝"进行改进与发展，精辟地论述了"三个法宝"的丰富内容和它们之间的相互关系，提出："统一战线，武装斗争，党的建设，是中国共产党在中国革命中战胜敌人的三个法宝，三个主要的法宝。这是中国共产党的伟大成绩，也是中国革命的伟大成绩。统一战线和武装斗争，是战胜敌人的两个基本武器，统一战线，是实行武装斗争的统一战线，而党的组织，则是掌握统一战线和武装斗争这两个武器以实行对敌冲锋陷阵的英勇战士。"

（参考资料：柏桦，《毛泽东口才》，海南出版社，1996年10版，1—3页）

‖‖‖‖ **魅力感悟** ‖‖‖‖‖‖‖‖‖‖‖‖‖‖‖‖‖‖‖‖‖‖‖‖‖‖‖‖

恩格斯曾经说过："言简意赅的句子，一经了解，就能牢牢记住，变成口号，而这是冗长的论述绝对做不到的。"而毛泽东就是一位善于将冗长论述变为口号的人。

"十六字诀"言简意明，貌似大白话似的话语却有着十分丰富的理论内涵和便于实际操作的特点。短短四句从敌大我小、敌强我弱的客观实际出发把防御与进攻、退守与反攻有机地结合起来，如何扬长击短，如何趋利避害，如何机动灵活地作战，来达到以小敌大、以弱胜强的目的。在长期的革命战争中，军队运用"十六字诀"的基本精神，灵活机动的战略战术，创造了一个个以弱胜强的奇迹。之所以"十六字诀"是管用的战术战法，最根本的原因在于它并不是纯粹的文字游戏，而是拥有较强的实用性和可操作性战略法则，它将"部队该如何行动，什么时间行动，什么情况怎么动，谁先动谁后动"等实际行军的基本问题清晰地明确出来，使得战士们上手即会。这样的战略战术，既高深又简单，既内涵深刻又贴近实际，这是毛泽东将自身卓越的军事智慧与超凡的沟通能力巧妙融合的成果。

"三大法宝"，是毛泽东结合中国革命的实践经验，借用中国古典小说《封神演义》中"一物降一物"的宝物所引申出来的。毛泽东通过回顾党走过的18年革命历程，精炼地将中国革命取得成功的根本经验浓缩概括为"三大法宝"，不仅给即将奔赴前线的师生们留下了深刻的印象，同时也为他们到抗日前线开展工作指明了方向。

像毛泽东这样对军事谋略与革命建设箴言警句式的概括总结，四字短句，顺口好记，极容易成为独具魅力的口号，在部队里、人民间形成"星星之火，可以燎原"之势，起到激励动员、凝聚人心、整合力量的魅力。

第二节 比喻：化艰深为平易

随处设喻，一木支危楼
——让深奥的道理通俗易懂，化繁为简

历代语言大师们都十分重视对比喻辞格的理解与运用。古希腊哲学家亚里士多德说过："善用比喻是天才的标志。"学者钱钟书也说："比喻是文学语言的根本。"著名作家秦牧在《艺海拾贝》中写道："美妙的譬喻简直像一朵朵色彩斑斓的花，照耀着文学。它又像是童话中的魔棒，碰到哪儿，哪儿就产生奇特的变化。它也像一种什么化学药剂，把它投进浊水里，顷刻之间，一切杂质都沉淀了，水也澄清了。"可见，比喻在文学中有着举足轻重的地位。而毛泽东无论写文章还是与人沟通交流都喜欢"打比方"。美国著名作家史沫特莱曾说："毛泽东才华横溢，演说、写文章喜欢巧妙地运用比喻。"有人甚至做过统计，仅《毛泽东文集》及毛泽东诗词中，比喻就多达150余处。只要在可能的情况下，毛泽东都能随处设喻，信手拈来，妙趣横生。无论怎样复杂的问题或道理，他都可以运用比喻法做出生动具体而又清楚明晰的说明和解释，不但使得听者能很快懂得，而且给人留下极为深刻的印象。

一个小石头与一堆小石头

1921年，毛泽东在担任中共湖南支部书记后，为了积极地开展工人运动，实地考察工人状况。于1921年10月以走亲访友的名义来到安源，住在八方井的同乡、当矿地段长的毛紫云家中。毛紫云找来在井下挖煤的同乡张竹林，陪同毛泽东下矿井看看。

张竹林回忆：第二天上午，毛泽东换了一身短装，手提一盏矿灯，与张竹林边走边谈，决定要去张竹林实际工作的地方看看。

张竹林急忙劝阻说："不能去！小巷道很矮，要伏着身子才能爬过去，有的地方坡度很陡，上面又滴水，怕出事。出了事，我担待不起。"

毛泽东则笑笑说："不要紧，你们天天在里面做工都不怕，我去看看还怕吗？"

张竹林只好带路前行，等抵达工作地点时，毛泽东全身是煤，满头大汗。张竹林向工友们介绍说："这位是毛家师爷的客人，湖南来的毛先生。"

毛泽东走过去，在一根坑木上坐下来，一个工人忙解下手巾为他擦灰，毛泽东拉住工人的手说："不用擦，没关系。"

工人们见毛泽东和蔼可亲，平易近人，都很自然地围拢过来。毛泽东问工人们每天要做几个小时的工作，做一天有多少钱？工人们说，除进班出班时间外每天要做12个小时，干一天有的8个铜钱，有的12个铜钱。

毛泽东同情地对工人们说："你们的生活真苦哇！"

有的工人在一旁说："没法子，只怪我们自己的命苦哇！"

毛泽东耐心地启发工人，语气肯定地说："你这个说法不对。我们受苦不是什么命里注定的，而是帝国主义资本家压迫剥削的结果！"

毛泽东眉头紧锁，陷入沉思之中："工人这么苦得想个办法才是。"

工人们听了，惊喜地问："有办法吗？"

毛泽东打个手势，坚定地说："有办法，就是靠我们自己团结起来。"

说到这里，他顺手捡起一个小石头打着比方："一个小石头，一脚就踢开了；要是把小石头堆在一起就不容易搬动了。我们工人只要团结得很紧，就是有座山压在我们头上也能推倒。"

工人们越听越有味，越听越来劲，越听越开窍，最后竟然舍不得毛泽东走。毛泽东笑了笑说道："以后会有人来的。"

1921年12月，毛泽东和弟弟毛泽民第二次到安源煤矿。在专为工人子弟办的一所日校里，毛泽东在黑板上写了一个"工"字，解释说："上边的一横线是'天'，下边一条是'地'，中间的竖线代表工人阶级自己，工人是站在地上，顶天立地，整个世界都是工人们的。"

这期间，毛泽东还到了湖南长沙人力车夫上的夜校课堂上，运用"打比方"的方法教导他们团结一致。他先在黑板上先写一个"工"，再在旁边写一个"人"，这两字的含义就是"工人"。然后再写一个"天"。他微笑着告诉车夫们："把'人'字放在'工'的下边就成了'天'字。如果工人们团结起来力量就可以顶天。"

（参考资料：路浩，《毛泽东楹联、名句、趣事》，解放军文艺出版社2003年1月版，153—156页）

"革命要有根据地，好像人要有屁股"

1928年4月，朱德、陈毅率领着南昌起义保留下来的部分部队和湘南起义军陆续转移到井冈山地区，与毛泽东领导的井冈山工农革命军部队在宁冈砻会师，会师后，部队合编，成立了工农革命军第四军，进一步增强了井冈山地区工农武装的力量。

在会师大会上，毛泽东身兼师长，跨上一支匣子枪，诙谐地说："背上驳壳枪，师长见军长。"

接着，他又对战士们说道："现在我们虽然在数量上、装备上不如敌人，但是我们有革命的思想，有群众的支持，不怕打不败敌人。我们要善于找敌人的弱点，然后集中兵力专打这一部分。十个指头有长有短，荷花出水有高低，敌人也是有弱有强。我们抓住敌人的弱点，狠狠地打一顿；打胜了，立刻分散到敌人背后去玩'捉迷藏'。这样，我们就能掌握主动权，把敌人放在我们手心里玩。"

毛泽东将敌人的弱点比作出水的低荷花、十指的小拇指，就是告诉同志们敌人再强大也会有弱点，有劣势，指明了红军的光明前途，给大家鼓劲。然而，在接下来一连几个月的翻山越岭，与敌人周旋，有许多战士也流露了"翻山怕苦"、"打向城市"的思想，开始纷纷埋怨井冈山。

一天，毛泽东集中起红四军官兵，准备给他们纠正错误的思想，讲解革命根据地的重要性。他说："有人嫌井冈山高，嫌井冈山大，今天东山，明天西山，爬山爬厌了，不愿意再爬它，想打到城市里去，这种思想错了。要知道，井冈山，虽然它磨破了我们的脚，爬酸了我们的腿，但是，它给我们存粮食，给我们作根据地，便于我们打击敌人。同志们不是都有了一条经验吗？我们每逢爬它一次，就打一次胜仗，消灭一些敌人；如果我们多爬它几次，就会多打几次胜仗，多消灭一些敌人。所以说，这座山是革命的山。我们要保护它，爱护它，不要害怕多爬，更不要讨厌它。既然我们有了这样一座革命的山，有党的正确领导，有广大群众的拥护，又有我们全体同志坚决的革命意志和英勇的斗争精神，敌人的吹嘘就会变成一句反话——不是敌人把我们消灭在井冈山上，而是我们把敌人消灭在这里。"听了毛泽东激昂的话语，同志们都来了精神。

毛泽东停顿了一会儿，看着席地而坐的战士们，又风趣地说道："革命要有根据地，好像人要有屁股。人假若没有屁股，便不能坐下来；要是老走着，老站着，定然不会持久，腿走酸了，站软了，就会倒下去。革命有了根据地，才能够有地方休整，恢复气力，补充力量，再继续战斗，扩大发展，走向最后胜利。"听到毛泽东用"屁股"作比喻，战士们都笑起来。

为了说明建立革命根据地的重要性，毛泽东用"屁股"作比喻，深入浅出地分析了选择井冈山建立根据地是让部队得到充足的修养与调整，就如同人累了坐下来休息一样。这样生动贴切的比喻，让很多红军战士多年后仍然记忆犹新，难以忘怀。

（参考资料：《回忆毛主席》，1977年9月版，134—135页，朱良才《"这座山，它革命！"》，原载于《星火燎原》第一集）

"一拉、二推、三打"，又联合又斗争

1936年冬天，震惊中外的西安事变爆发。蒋介石被拘捕的消息一经传出，许多人喜出望外，奔走相告，强烈要求严惩蒋介石，以平民愤。当时，围绕如何处置蒋介石，国内外各种政治力量也议论纷纷，呈现出十分复杂的局面。但最终，中共中央在正确全面地分析了形势之后，决定从中华民族的前途与根本利益出发，提出和平解决西安事变的正确方针。

毛泽东为了让大家理解中央的方针，特意在红军大学作了和平解决西安事变的报告。然而，当毛泽东一到红军大学，下面的学员们就开始争着问话。

有的学员含着眼泪说："为什么不能杀？蒋介石欠我们的血债太多了。他杀了我们那么多同志，现在就是将他这个屠夫'千刀万剐'、'碎尸万段'了，也难解我们的心头之恨啊！主席，你就下令把这个手上沾满人民鲜血的刽子手杀了吧！主席，你可要为我们那些死去的战友做主呀！"

有的学员还提出疑问："好不容易把蒋介石抓住了，为什么还要把他放了？"

毛泽东示意大家安静下来，解释道："同志们，蒋介石罪大恶极，血债累累，大家要求杀他，心情可以理解，不算过分。不杀他，不足以平民愤。但是在目前的情况下，蒋介石是不能杀的。杀了他，可以解我们的心头之恨，一时痛快。但却正中了日本帝国主义和汉奸亲日派的下怀。日本人正在挑拨南京和西安的关系，他们扬言如果南京与张学良妥协，日本政府就不会继续袖手旁观，其目的是中国发生更大规模的内战，以便坐收渔人之利。南京的国民党亲日派，正打着'讨伐叛逆'的旗号，纠集大批军队开赴潼关，逼近西安，扬言要炸平西安。他们想用这种办法置蒋于死地，以便取而代之。蒋介石一死，各派军阀群龙无首，其结果只能是天下大乱。而这样的结果，对国民党没有好处，对共产党也没有好处，唯一得到好处的将是日本侵略者，他们会乘机扩大对华侵略战争。"

看着下面仍然有些不解的目光，毛泽东喝了一口茶，又接着说："同志们，你们看，陕北不同于南方，这里的毛驴很多，小毛驴有很多优点，有耐力、负重，是农民很好的交通工具。老百姓让毛驴上山有三个办法：一拉，二推，三打。蒋介石在抗日的问题上，就是像毛驴上山一样，他不愿上山，不愿拿枪打日本，我们怎么办呢？就得向老百姓学习，采用对付毛驴的一套办法，拉他和推他，再不干就打他一下。西安事变就是这样，打了他一下，他会上山抗日的。当前，日本帝国主义和中华民族的矛盾是主要矛盾，共产党要领导全国人民抗战，完成这一主要任务，国共合作是大势所趋。要抗战就要联合蒋介石为首的国民党政府。我们拉蒋和推蒋，就是团结和联合的办法。但是，陕北的小毛驴也有缺点，很倔犟，有时不听话，还会抬起腿子踢人的，我们要提防这一面。蒋介石不愿抗日，我们打他一下，让他抗日。但他本性不会改变，抗日民族统一战线建立后，他还会有对日妥协投降的一面，到那时，我们还要对他进行斗争，还要经常采用不同的方法来'打'他一下，'打'他是让他清醒，站到中国人民和中华民族的立场上。"

又有人问毛泽东："蒋介石好不容易才抓到，白白放掉岂不太可惜了？"

毛泽东开导说："这次蒋介石被捉，既不同于俄国十月革命被捉的沙皇尼古拉二世，也不同于滑铁卢被擒的拿破仑。前者是革命胜利的结果，后者是革命失利的结果。这次抓蒋介石，是出其不意，乘其不备，他的实力还原封不动地保留在那里，杀掉一个蒋介石，还有许多蒋介石。这些人各自为政，相互混战，未必比一个蒋介石更好对付。相反，留下蒋介石这个头头，并通过谈判，逼他改变反共卖国的态度，可以把力量用到抗日上去。捉蒋放蒋，有利于抗日，而抗日又有利于共产党。一旦走上全民族共同抗战的道路，共产党不仅可以遂其抗日救国的大愿，而且可以重新获得公开发展的大好时机，为将来更好地对付蒋介石增加本钱。现在不杀蒋介石，只是暂时放他一马。等我们力量强大了，从他手上夺来了天下，比杀掉他一个人岂不更合算吗？所以我们应当抓而不杀，采取逼蒋抗日的方针，乘机把这头毛驴赶上山去。"

这时，大家都纷纷点点头，也不再吵闹了，也没有人再提出疑问。毛泽东随手拈来陕北人最熟悉的赶毛驴上山的例子来给红军大学的学生们解释为何要放了蒋介石，解释共产党又团结又斗争的统一战线原则，新颖别致，让人一听就懂。他这番精彩绝伦的答疑，解决了学员们的种种疑虑，也大大地激发了他们全党为建立抗日民族统一战线而斗争的积极性与自觉性。

（参考资料：萧诗美，《毛泽东谋略》，红旗出版社，1996年8月版，209—210页）

（参考资料：徐晓林，《毛泽东的统战艺术》，《党史天地》1994年第12期）

∥∥∥ **魅力感悟** ∥∥∥∥∥∥∥∥∥∥∥∥∥∥∥∥∥∥∥∥∥∥∥∥∥∥∥∥∥∥∥∥

在毛泽东的论著与讲话中，比喻比比皆是，可以说他是当代比喻辞格"用之最众，譬之最妙，效果至佳，影响最广"者，像是："长征是历史纪录上的第一次，长征是宣言书，长征是宣传队，长征是播种机"，"调查就像'十月怀胎'，解决问题就像'一朝分娩'"，"革命不是请客吃饭，不是做文章，不是绘画绣花"，"共产党人好比种子，人民好比土地，要在人民中间生根开花"等等。

毛泽东总能随时随地，结合着眼前所见，寻找到事物之间的共性，运用贴切的比喻。1921年，在安源矿地，他随手捡起地上的小石头，来告诉工人们，一个石头容易提走，而一堆石头就难以撼动，借此来传达"团结就是力量"的思想，只有团结起来一致反抗才能消除压迫与剥削。1928年毛泽东给红四军讲革命根据地的重要性，看着满座的士兵，就以"革命要有根据地，好像人要有屁股"来比喻，让战士们明白你们现在用屁股坐着休息就像革命要有根据地用来休息一样。轻而易举便纠正了许多同志错误的认识，提高了大家对建设革命根据地的认识。1936年西安事变发生，面对着陕北红军大学学员们的种种疑问与愤恨，毛泽东选择了用在陕北最常见，陕北学员最熟悉的"赶驴上山"做比喻，让这些常年在陕北地区生活的人们很容易地就明白了共产党又团结又斗争的统一战线原则。

为何要建革命根据地？为何要采取又团结又斗争的统一战线？前者是中国革命发展道路的理论，后者是中国共产党统一战线的理论，深究起来这都是需要长篇论述的大问题。然而毛泽东却用浅显而形象的比喻把这种抽象而繁复的道理阐述得通俗易懂。

从中我们也可以看出，如何恰当地运用比喻，最关键就在于你所面对的对象。要用听者非常熟悉的具体事物，来比喻他们不熟悉或不太熟悉的事物。就像毛泽东用"赶驴上山"来给陕北的学员打比喻一样，倘若他面对的是常居南方的同志，恐怕他们连驴都没有见过，那么这个比喻就形同虚设，完全达不到它的目的。

巧喻善导，四两拨千斤
——将丰富的哲理蕴含其中，形象生动

比喻运用的最高境界在于能将深刻的哲理蕴含在形象生动的比喻之中。毛泽东很多妙喻之所以有巨大的魅力，就源于其中所蕴涵的深邃哲理，能起到巧喻善导的作用。美国著名作家斯特朗说毛泽东："在与人谈话时，我从未遇见过有人使用如此鲜明而又充满诗意的比喻。"

通俗易懂的比喻容易被人理解，而诗意美妙的比喻则易于被人传唱，毛泽东不仅有很多通俗易懂的比喻，还有不少措辞优美的比喻，而这些经典的比喻今天的我们还耳熟能详，依然沿用。

"人民军队好比鱼，老百姓们好比水"

在向井冈山进军途中，一日，部队决定在甘家镇宿营。毛泽东随意地走进几家屋子，却见房子里的百姓都去无踪影，只听得战士们搬床板、铺铺草的喧闹声。

"老百姓都到哪里去了？"他询问三营营长张子清。

"部队开进后就没有见到过老百姓。"张子清答道。

"是师部下令要你们住到这里的？"毛泽东声色严厉起来。

张子清点了点头，没作任何解释。

毛泽东走出街心，远远地望见几个战士在一块旱地里寻找什么东西。

"他们在寻找什么？"毛泽东指着远处问。

"战士们饿得慌，在地里刨红薯充饥。"张子清答道。

"乱弹琴！"毛泽东立刻发起火来，嚷道，"咱们是工农革命军，是共产党领导的军队，怎么能做有损老百姓利益的事情呢？赶快派人去制止，不允许这样做！传令部队，到这里集合，我有话讲。"

张子清应了一声"是"，转身离去。部队三三两两，渐渐地集聚在村东头。

毛泽东点燃一支香烟，猛地吸了两口。一缕青烟，从嘴边升起。毛泽东把锐利的眼光投向师长余洒度脸上："余师长，部队驻扎在什么地方？"

余洒度说："师部已经作了安排，就地宿营，安置在老百姓家里。"

毛泽东接着又问："安排在老百姓家里，是否与老百姓已经协商好了？"

余洒度轻蔑地一笑："老百姓都跑光了，到哪里去协商？非常时期，就得非常处置。"

"不行！"毛泽东严厉地说，"房子是老百姓的财产，不经老百姓的同意，咱们绝对不能住。往后我们还在这一带打游击，如果没有老百姓的支持，咱们就无法在这里站住脚。"毛泽东深吸了两口烟，说："命令部队搬出来，老百姓的东西一点儿都不能动。部队是讲纪律的，没有纪律，部队就是一盘散沙。"

毛泽东转身向着集合好了的部队，大声地讲道："同志们！我们总算摆脱了敌人追剿，顺利地到达了莲花县，井冈山已近在眼前了。同志们！部队艰难转战，大伙都辛苦了。要革命就不要怕流血流汗。咱们共产党领导的革命部队，是为广大劳苦百姓打天下谋利益的仁义之师。眼前的革命的确是遭受了严重挫折。但是，挫折总是暂时的，就像天上的乌云一样，它总是遮不了太阳的。打个比方说，我们现在这支队伍，就好比一个'小石头'，而蒋介石呢，就好比一个'大水缸'。别看石头小，但只要用小石头使劲地一砸，水缸就会破了，水就流光了！我们现在队伍的人数虽然很少，但我们将来一定能够强大起来！我们一定能够会打破蒋介石这个'大水缸'的！"

停了一下，毛泽东又接着说："现在，我们已经进入了井冈山地区，将来我们还要在这一带打游击，建立巩固的革命大本营。我们要进行广泛的宣传，发动老百姓，支持我们的革命。我们只要得到老百姓的支持，就能站稳脚跟。大家都知道，人民军队好比鱼，老百姓们好比水，咱们和老百姓的关系是鱼水关系，鱼哪能离开水呢？刚才，我到镇子上转了一下，有不少战士闯入老百姓的家，不分青红皂白，随意动老百姓的东西，有的甚至跑到后山上，挖老百姓的红薯吃，这种行为是绝对不允许的！咱们是革命军队。一支军队如果没有铁的纪律，要取得胜利只能是一句空话。远的不说，就说近代的洪秀全，他领导的太平天国，也有严明的纪律。所以，他领导的军队，从广西出发，打遍了大江南北，所向披靡，最终占领了南京。他之所以取得胜利靠的是什么？靠的就是铁的纪律。如今咱们刚刚走进井冈山山区，就侵害老百姓的利益，老百姓能欢迎我们吗？因此，我宣布，凡是住在老百姓家中的部队一律搬出来，不允许有任何侵害老百姓利益的事情发生。咱们借老百姓的门板，就在街上宿营。另外，尽快把藏在山里的老百姓找回来，向他们讲述革命道理。"

毛泽东的一番讲话，赢得了战士们的阵阵掌声。

毛泽东向来重视军队的政治工作，也重视群众的政治工作。在他的倡导下，红军从干部到战士，人人要做群众工作，这已经成为红军的传统了。

贺子珍曾经回忆："毛泽东爱用鱼水关系来形容红军同群众的关系。他说过，三国时候的刘备，把诸葛亮比作水，把自己比做鱼，用这个譬喻说明诸葛亮重要。我们共产党人是把群众比作水的。只有把根子扎在群众中，我们才能打胜仗，立于不败之地。这个道理，红军上上下下都懂得。所以，即使在古田会议以前，红军中存在一些旧军队的作风，如打骂士兵等，但很少听说有打骂群众的。"

（参考资料：黄仲芳，《走向井冈山》，农村读物出版社，1995年12月版，31—34页）

（参考资料：文夫、张乃胜，《毛泽东与贺子珍》，团结出版社，2004年10月版，120—121页）

"像柳树那样可亲，像松树那样坚定"

1944年10月25日，毛泽东在延安中央党校大礼堂，向参加第一期党校培训班的营以上干部作重要讲话。他说："同志们这次出去，要能够团结广大党外群众。一个共产党员，要像柳树一样，插到哪里就在那里活起来。但是柳树也有弱点，就是随风倒，软得很，所以还要学松树。松树的劲大得很，到冬天也不落叶子。松树有原则性，柳树有灵活性。斯大林说过，共产党员是特殊材料制成的。什么是特殊材料呢？就是松树和柳树结合起来，像柳树那样可亲，人人喜欢；像松树那样坚定，稳当可靠。这样人民群众就会成群结队地围绕在我们身边。"

（参考资料：杨成武，《毛泽东和他的将帅们》中《决策下华南》一章，河南人民出版社，1994年1月版）

ⅠⅠⅠⅠⅠ 魅力感悟 ⅠⅠ

很多富含哲理的话语，多是用比喻衍生出来的，所以有人说"哲理因比喻更加生动"。

毛泽东从三国中刘备把诸葛亮比作水，把自己比作鱼的典故以及《荀子》中"水能载舟，亦能覆舟"的道理，创造出了"军民鱼水"的新表达，来表示人民对军队的重要性。"军民鱼与水情"，不仅通俗，更加诗意，很快就成为了当时家喻户晓、人人皆用的经典比喻。也正是毛泽东这贴切的比喻，在战士们心中树立起了"人民利益高于一切"的认识，明白了只有依靠"军民团结"才能取得革命胜利。之后毛泽东在《好八连》中的"军民团结如一人，试看天下谁能敌"的说法，也是由这一比喻衍生而来。无论在战争年代，还是和平时期，"军与民，鱼与水"都成了规范和处理军民关系的根本原则。

松树与柳树，是中国人最为熟悉的两个树种。对于柳树最为老百姓熟知的俗语就是"无心插柳柳成荫"，因为柳树有易活的特点。而松树最为大家熟知的就是它是"岁寒三友"，因为寒冬时节它仍然苍翠，有着顽强的生命力。毛泽东巧妙地运用古典文化中柳树与松树的特性，创造出了党员干部对待人民的态度与方法，要"像柳树那样可亲，像松树那样坚定"，既有灵活性，又有原则性，既人人喜欢，又稳当可靠。

这些巧妙借用古典文化创造的比喻，不仅需要扎实的文学功底，更需要广博的历史知识。毛泽东一生嗜书如命，他曾说："饭可以一日不吃，觉可以一日不睡，书不可以一日不读。"正是因为他好书、爱书，才从书中汲取了丰富学识，再通过自身灵活的运用，与实际相连，才创造了这些哲理丰富又充满诗意的经典比喻。

第三节　典故：将他人为己用

贯穿古今，引经据典
——毛泽东文采奕奕，出口不凡

　　周恩来曾在题为《全国青年团结起来，在毛泽东的旗帜下前进》的报告中说："现在毛主席做文章，讲话，常常运用历史经验教训，运用的最熟练。读古书使他的知识更广，更博，更增加了他的伟大。"毛泽东的一生，爱读史，乐谈史，在他的讲话与文章中，常常会穿插进各种各样的历史典故。凡是跟毛泽东接触过的人，总会谈及毛泽东用典的趣事，小到从姓名籍贯中引典，像是把姓"阮"的同志说是"梁山泊的阮氏英雄"，说籍贯韩城的师哲是"司马迁老乡"；大到在战略谋略中用典故，像是如何处理少数民族女匪陈连珍，他说"人家诸葛亮擒孟获，就敢七擒七纵，我们擒了个陈大嫂，为什么就不敢来个八擒八纵"，在《质问国民党》一文中，他引用了《战国策》中"鹬蚌相持，渔人得利"和《说苑》中"螳螂捕蝉，黄雀在后"。等等之类，不胜枚举。

抗大的教育方针与《西游记》人物

　　1938年4月初，一个晴朗的上午，毛泽东在延安中国人民抗日军事政治大学为即将毕业的第三期同学临别赠言。

　　毛泽东微笑着讲道："你们到抗大来学习，有三个阶段，要上三课：从西安到延安八百里，这是第一课；在学校里住窑洞，吃小米，出操上课，这算第二课；现在第二课上完了，但是最重要的还是第三课，这便是到斗争中去学习。"随后，毛泽东又仔细地讲解了在斗争中学习，向实际学习的重要性和敌后各战场的斗争形势。

最后，毛泽东说道："总之，你们在这里要学到坚定正确的政治方向，艰苦奋斗的工作作风，加上灵活的战略战术。有了这三样东西，我们便能够最后战胜敌人。"

这时，毛泽东停了一下，开始引用起中国古典小说《西游记》中的人物来解释这三样东西："唐僧这个人一心一意去西天取经，遭受了九九八十一难，百折不回，他的方向是坚定不移的。但他也有缺点：麻痹，警惕性不高，敌人换个花样就不认识了。猪八戒有许多缺点，但有一个优点，就是艰苦，臭柿胡同就是他拱开的。孙猴子很灵活，很机动，但他最大的缺点是方向不坚定，三心二意……你们别小看了那匹小白龙马，它不图名，不为利，埋头苦干，把唐僧一直驮到西天，把经取了回来，这是一种朴素、踏实的作风，是值得我们取法的。"

毛泽东提起大家熟知的西游记中的人物故事，引得全场的师生们掌声、笑声不断。

在这次讲话以后，抗大便将"坚定正确的政治方向，艰苦朴素的工作作风，灵活机动的战略战术"这三句话确定为全校的教育方针。而全校学员也因为毛泽东风趣而贴切的"西游记"故事，轻松地将这三大方针理解，铭记于心。

（参考资料：《回忆毛主席》，1977年9月版，245—246页，牛克伦《熔炉》）

在中外文学中畅谈文艺

1938年4月，鲁迅艺术文学院成立。5月中旬的一天上午，毛泽东应邀来到了"鲁艺"做讲话。

他说："你们要我来讲几句话。可是我不熟悉艺术方面的问题，只能贡献一些粗浅的意见给你们参考。……（文艺创作）要下去，要到人民生活中去。走马看花、下马看花，起码是走马观花，下马看花更好。我们要有大树，也要有豆芽菜。没有豆芽菜，怎么能有大树呢？我不懂得文艺，文艺是团结人民、教育人民、打击日本帝国主义的武器。创作像厨子做菜一样，有的人作料放得好，菜就好吃。"

接着，毛泽东又风趣地说，你们的校歌唱道："'我们是艺术工作者，我们是抗日的战士。'这很好，你们要好好看书学习，书是好看的，它不会叫，不会跑。不像杀猪，杀不好，猪就会跑了。除了看书，还要学习民间的东西。演戏要像陕北人。"

突然，毛泽东又话锋一转，畅谈起苏联文学，"你们看法捷耶夫的小说《毁灭》描写骑马"，边说毛泽东边摆出骑马的动作来，"平时上马是怎么上的，紧急时候上马是怎么上的，都不一样。如果作者没有参加过战斗生活，怎么能够写得这样真实呢？绥拉菲摩维写了《铁流》，我们的二万五千里长征也是'铁流'，可惜还没有人写。"

说完了外国文学，毛泽东又谈起中国古典文学，"《红楼梦》这部书，现在许多人鄙视它，不愿意提到它，其实《红楼梦》是一部很好的小说，特别是它有极丰富的社会史料。比如它描写柳湘莲痛打薛蟠以后便'牵马认镫去了'，没有实际经验是写不出'认镫'二字的。事非经过不知难，每每一件小事却有丰富的内容，要从实际生活经验中才会知道。走马看花不如驻马看花，驻马看花不如下马看花。我希望你们都能下马看花。"

"《红楼梦》里有个大观园。大观园里个有林黛玉、贾宝玉。你们鲁艺是个'小观园'。你们也就是林黛玉、贾宝玉。但是，我们的女同志不要学林黛玉，只会哭。我们的女同志比林黛玉好多了，会唱歌，会演戏，将来还要到前方打仗。抗日民主根据地就是大观园。你们的大观园在太行山、吕梁山。"

这时，毛泽东又问："'阳春白雪'和'下里巴人'哪一种好？"

还没等下面人回答，他自己就说道："'下里巴人'也不错，全国人都会唱。"

讲完话，毛泽东为"鲁艺"亲笔题词："抗日的现实主义，革命的浪漫主义。"

（参考资料：路浩，《毛泽东口才》，解放军文艺出版社，2003年1月版，48—49页）

（参考资料：毛泽东，《毛泽东文集（第二卷）》，人民出版社，1993年12月版，121—125页）

从古到今说青年

1958年5月8日，毛泽东在中共中央八大二次会议作讲话，主要讲破除迷信的问题。在整个讲话的中间部分，毛泽东从古至今引用了历朝历代有为青年的典故，来说明自古以来创新思想、新学派和发明创造者大多数是青年人，以此鼓励青年们大有作为。该篇讲话引用的典故之多，范围之广，让人称奇。

毛泽东说："自古以来，很多学者、发明家，创立新学派开始都是年轻的，学问比较少的，都是被人看不起的，或是被压迫的人。这些人到后来才变成壮年、老年、学问多的人。是不是所有的人都是这样？这是不是一个普遍规律？不能完全肯定，还要调查研究，但是，可以说大部分如此。他们为什么能变成发明家、学者、英雄呢？是因为他们方向对。学问再多，方向不对等于无用。最怕事的是最无创造性的人。'人怕出名，猪怕壮'，名家往往是最落后的。为什么？因为他们已经成了名，年纪大了，有了地位了，不受压迫了，忙得很，就不去研究学问了。当然，不能全盘否定所有名家，也有例外的。年轻人打倒老年人，学问少的人打倒学问多的人，这种例子多得很。

"战国时候秦国有个甘罗，大概是甘茂的孙子，他12岁当丞相，还是个少先队员，红领巾。当时吕不韦是个大政治家，但没有主意。甘罗给他出了个主意，叫他亲自出马到赵国去，后来事情果然成功，甘罗就作了丞相。

"汉朝有个贾谊，17岁就被汉文帝找去了，一年升了3次官，后来贬到长沙。他写了两篇赋，《吊屈原赋》和《鹏鸟赋》；又回到朝廷，写了两篇文章，叫《治安策》和《过秦论》。我看，他也是古时的秦汉史专家。他死时只有33岁。

"汉朝刘邦年纪比较大。项羽24岁起兵，3年为诸侯，后来，自立为西楚霸王。又跟刘邦打了5年仗，死时才32岁。霸王别姬应当还是青年时候，现在唱戏扮相不对，给霸王挂胡子，我看应该扮小生。

"韩信也是一个被人看不起的人，他在年轻的时候曾受过'胯下之辱'。

"孔夫子在青年时也没有什么地位，当过吹鼓手，在人家办丧事时给人家喊礼，后来教书。他虽然做过官，在鲁国当过司法部长，也是短期的，鲁国不过几十万人，只顶得上我们一个县那么大。他那个司法部长，只顶得上我们县政府一个科长。他还当过管钱的小官，相当于我们农业社的会计。但他学了很多本领。

"颜渊是孔子的弟子，算个二等圣人，他死时才32岁。

"释迦牟尼创立佛教，也是青年时候的事，不过十几、二十岁，他是印度当时一个被压迫民族的王子。

"《西厢记》里的红娘是个有名的人物，大家都是知道的，她是个青年人，是个奴婢。但她很公正，很勇敢，敢于冲破老规矩，帮崔莺莺、张生那么大的忙，当时是不合乎宪法的，是违反婚姻法的。老夫人打她40大板，来个拷红受审，但她不屈报，讲理，把老夫人责备了一顿。究竟是老夫人学问好，还是红娘学问好呢？谁有创造？红娘是发明家，还是老夫人是发明家？

"南北朝时候有个荀灌娘，河南临颍县人，是个13岁的女孩子，顶多只是初中一年级学生。她和父亲被困的时候，敢带几十个人杀出重围到襄阳去搬兵。你看她有多大本事。

"唐朝诗人李贺，死时才27岁。唐太宗李世民起兵时才18岁，做皇帝时只有26岁。李贺、李世民都是贵族出身。

"山东罗士信（罗成）也是14岁还是18岁起兵，打仗很勇敢。还有杜伏威（山东章丘人）16岁就当了大将。唐朝诗人王勃，《滕王阁序》的作者，唐初四杰之一，也是一个青年人，死时才29岁。宋朝的名将岳飞死时才38岁。

"马克思的马克思主义并不是壮年、老年时创造出来的，而是在青年时创造出来的，写《共产党宣言》时，才29岁。列宁在1903年31岁时，创造出了布尔什维主义、列宁主义。

"孔明27岁时当军师。周瑜也是青年人。孙权原来的统帅程普是个老将，但孙吴打曹操都用周瑜挂帅，为左将军，程普为右将军。程普先不服气，后来周瑜打了胜仗，周瑜死时才36岁。这里还有我的老乡黄盖，湖南零陵人，他也在这个战役中立了功。我有这个老乡，真不胜光荣之至。

"晋朝的王弼十七八岁就是哲学家，注解《易经》和《庄子》。24岁时死去。

"安眠药的发明者不是什么专家、医生，是法国一个小药房的司药。我在一个小册子上看到的。为了发明安眠药，他共做了十年的试验，做试验时几乎丧失了生命。试验成功了，法国政府不赞成，说他犯法；德国却很欢迎，把他接过去了，给他开庆祝会，给他出书，于是安眠药出世了。

"盘尼西林——青霉素是一个染匠发明的，因为他的女儿害了病，没有钱送医院，没办法就在染缸旁边抓了把土，用什么东西和了和，吃下去就好了。后来经过化验，这里头有一种东西，就是盘尼西林。

"达尔文，大发明家，青年时开始信宗教，也被人轻视。他于是研究生物学，到处跑，南北美洲、亚洲都跑到了，只是没有到过上海。创造进化论时也是个年轻人。

"得诺贝尔奖出名的杨振宁、李政道当时也是年轻人，不过30左右。台湾成立了科学院，胡适当院长，把他俩请去当院士。

"郝建秀，全国人大代表，是青岛纺织厂的女工，她在18岁时就创造了纺纱的先进方法。

"还有共产党员音乐家、国歌的作者聂耳，也是年轻人。

"《封神演义》里的哪吒，本领很了不起，他是托塔天王李靖的儿子，也是个年轻人，他是天不怕地不怕，什么也不怕的。

"南北朝北魏的兰陵王，也是一个少年将军，他很会打仗，很勇敢。有一个专门歌颂他的曲子叫《兰陵王入阵曲》，据说这个曲子现在日本还有。

"现在的许多优秀的乡干部、社干部，都是年轻人。总之，有为的年轻人很多。"

（讲话内容载自：李锐，《"大跃进"亲历记》，上海远东出版社，1996年3月版，288—291页）

ⅢⅢ 魅力感悟 ⅢⅢⅢⅢⅢⅢⅢⅢⅢⅢⅢⅢⅢⅢⅢⅢ

梁代的刘勰在其所写的著名文学理论著作《文心雕龙》一书中说过："夫经典沉深，载籍浩瀚，实群言之奥区，而才思之神皋也。"就是说说话写作要广泛博览经典，在博览的基础上再加以灵活运用。丰富而生动的典故不仅能够使得讲话者的语言更加吸引人，还能够借用历史的故事来增强自己说话的说服力。

在向抗大学生讲解抗大教育的"三方针"时，毛泽东借用了中国人最熟悉的《西游记》中的人物性格去加以说明，很容易就吸引住了年轻的学员们。这样的用典并非单纯的引用，而是在自己概括、浓缩、理解的基础上，再与现实联系而灵活的运用。让学员们摒除他们自己身上的缺点，来吸收他们的优点，要有唐僧般的"坚定不移"的"政治方向"，猪八戒般"不怕苦累"比作"工作作风"和孙悟空般"灵活机动"的"战术战略"。最后毛泽东提出"白龙马"，"不图名，不为利，埋头苦干，把唐僧一直驮到西天，把经取了回来"既是让同学们学习这种朴素、踏实的作风，更是在描绘中国革命的未来，只要大家"不图名，不为利，埋头苦干"，就一定能"把经取回来"，取得革命的最终胜利。

在给鲁艺的学员讲课时，面对着这些文艺工作者，毛泽东列举的是他们熟悉的文艺作品，从《毁灭》到《铁流》，再到《红楼梦》，囊括中外，就是要告诉学员们文艺并非"闭门造车"而是要"来源于真实的生活"。他列举出这些著名作品中细微的细节来传达任何一个好作品都是来源于亲身经历的真实生活。倘若没有这些经典著作中的点点细节，那毛泽东干巴巴地讲解艺术要到"实际生活"中去的观点，就会没有说服力。毛泽东还从"走马观花"这一典故里创造性地引申出"下马看花"。"走马观花"，古已有之，它出自唐朝孟郊《登科后》诗句："春风得意马蹄疾，一日看尽长安花"，这是件诗意而美好的事情。而毛泽东却借此引申出"下马看花"，用来说明文艺创作，是要"深入实际，认真调查研究"的工作而绝非"春风得意"般略知一二就可以。只有亲力亲为，细致入微，真正走到群众中去，丰富自己的生活经验，才能提高自己的艺术技巧。

关于"青年有所作为"的讲话，毛泽东从古到今引用了30余位名人，来论证自己的观点"年轻人打倒老年人，学问少的人打倒学问多的人"。在这场即兴讲话中，毛泽东能从自己的大脑中不断地摘取各式各样的例子，足见其广博的知识与超强的记忆。从这篇引述丰富的讲话中，我们可以发现毛泽东引典的特点，就是在想到一个例子时，再去由它其中一个特点来衍生同特点的更多的例子，这可以成为我们训练口才的一个方式。譬如，毛泽东说到汉代的贾谊，便从汉代这一共同点中衍生出刘邦、项羽、韩信；说到孔子，便从宗教信仰的方向衍生出释迦牟尼；说到"红娘"，又从女孩子的共同点衍生出了荀灌娘；说到唐朝诗人李贺，由唐朝的共同点衍生出李世民，又从唐代才子的共同点衍生出王勃……毛泽东不仅仅局限在朝代这一条思维上，而是用发散思维将各种例子串联起来，当然，这需要极其广博的知识积淀。

结合实际，古为今用
——创造性、批判性的辩证用典

毛泽东曾在《反对党八股》中说："我们还要学习古人语言中有生命的东西……我们坚决反对去用已经死了的语汇和典故，……但是好的仍然有用的东西还是应该继承。"毛泽东的用典灵活多样，创造性极强，他能巧妙地将一些典故结合当下的实际，重新加以改变和运用，推陈出新，真正地做到"古为今用"。而毛泽东在创造用典中最常使用的就是"反其意"的方式，这种"反其意"的方式不仅使得人们耳目一新，更赋予了这些典故更新颖、更美妙的意境。

从"穷寇莫追"到"宜将剩勇追穷寇"

1949年4月27日，第三野战军司令员陈毅进入南京。一进南京城，他便直奔总统府，大门推开，里面一片狼藉。陈毅兴致勃勃地拿起"总统"办公室的电话给毛泽东打去。

陈毅兴奋地说："报告主席，我在蒋介石'总统'办公室给您打电话，南京已经解放了，'总统'办公桌上的台历再也翻不动了……"

毛泽东也风趣地对他说："陈老总啊，你在'总统府'的墙壁上题了'刘伯承、陈毅到此一游'没有啊？"

陈毅听了，哈哈大笑起来："没有哩，要爱护公物嘛！再说刘老总还没有进南京城。毛主席，我就等着听您的指示哩！"

毛泽东对着话筒念了一句正在创作的诗："宜将剩勇追穷寇，不可沽名学霸王！"

陈毅赞道："写得好！我记住了。横渡长江的百万人民解放军正在分路南下，追击穷寇。第三野战军，一路去浙皖边境，一路挺进丹阳，插向上海。第二野战军，正在向浙赣边境的寿昌等地进军……"

接完陈毅的电话，一夜未眠的毛泽东兴奋得毫无睡意，他在院子里踱着步，嘴里喃喃吟着诗句。他迈步走上凉亭，坐在椅子上。这时，秘书兴冲冲地走来，递给他一张报纸，说："主席，南京解放的捷报出来了！"

"噢，这样快！"毛泽东左手拿着报角，念出了声。看完南京解放的号外，毛泽东的佳句《人民解放军占领南京》七律一首也已经吟成：

钟山风雨起苍黄，百万雄师过大江。

虎踞龙盘今胜昔，天翻地覆慨而慷。

宜将剩勇追穷寇，不可沽名学霸王。

天若有情天亦老，人间正道是沧桑。

（参考资料：《毛泽东入主中南海》，中国文史出版社，1996年11月版，186—188页）

从"行遍天涯真老矣"到"踏遍青山人未老"

1933年9月蒋介石调动一百多万军队，对中央苏区进行了第五次"围剿"，当时共产党内的"左"倾机会主义占了上风，排斥毛泽东的正确主张，使红军损失惨重。毛泽东被排挤出了领导集团，在会昌"养病"。赣南军区司令员龚楚去看他，酒后毛泽东喟然长叹："我自从参加革命以来，受过三次开除中委和八次严重警告的处分，这次更将造成失败的责任，完全推在我的身上。现在，可不是我们井冈山老同志的天下了！"说时竟凄然泪下。

会昌东连福建，南接广东。县城西北有一处高峰叫岚山岭。1934年7月23日这天清晨，毛泽东踏着朝露登上了这座高峰，俯瞰被曙色笼罩的会昌城景。往东极目远眺，起伏绵延的群山，似乎一直连接着福建那边的东海。向南挥手指看，应该是草木葱茏的南粤风光，一派让人感慨万分的大好河山，毛泽东挥笔写下《清平乐·会昌》：

东方欲晓，莫道君行早。

踏遍青山人未老，风景这边独好。

会昌城外高峰，颠连直接东溟。

战士指看南粤，更加郁郁葱葱。

1958年毛泽东对这首词作批注："一九三四年，形势危急，准备长征，心情又是郁闷的。这一首清平乐，如前面那首菩萨蛮（指《菩萨蛮·大柏地》）一样，表露了同一心情。"

（参考资料：陈晋，《独领风骚——毛泽东的心路解读》，万卷出版公司，2004年1月版，106页）

（参考资料：范廷宇，《毛泽东用典艺术》，解放军出版社，1998年8月版，115—117页）

ⅠⅠⅠⅠⅠ 魅力感悟 ⅠⅠⅠⅠⅠⅠⅠⅠⅠⅠⅠⅠⅠⅠⅠⅠⅠⅠⅠⅠⅠⅠⅠⅠⅠⅠⅠⅠⅠⅠⅠⅠⅠⅠⅠ

诗人柳亚子曾赋诗称赞毛泽东："推翻历史三千载，自铸雄奇瑰丽词。"在毛泽东的诗词中有众多的用典，而在这些用典中"反用典故"的例子最为绝妙。我们最为熟悉的就是毛泽东的《咏梅》，毛泽东在题记中写"读陆游咏梅词，反其意而用之"。虽然同时表达梅花高洁的品质，陆游的词凄凉哀怨、孤芳自赏，毛泽东的词却豪迈乐观、积极自信，在鲜明的对比中给人了崭新的意境。

"穷寇莫追"是我们熟知的成语，它出自《孙子·军争》中的"穷寇勿迫，此用兵之法也"，在《三国演义》第95回中也提到"归师勿掩，穷寇莫追"。然而毛泽东却在《人民解放军占领南京》一诗中写道："宜将剩勇追穷寇，不可沽名学霸王。"穷寇莫追是为了避免走投无路的敌人情急反扑，造成自己的损失。而此时，在解放战争中，毛泽东充分估量了敌我双方情势与势力后，决定抓住战机，全面稳固自己的胜利，于是"反其意"用典，说道"宜将剩勇追穷寇"。为了充分证明自己"反其意"是正确的，毛泽东紧接着便引用了项羽刘邦的典故来说明，西楚霸王项羽就是为了沽名钓誉而放弃了对刘邦追剿的最佳时机，最终使得刘邦在汉中休养生息，反过来打自己个措手不及，落得乌江自刎的结果。我们可不能学他的"穷寇莫追"。"反其意"的用典将诗人的高瞻远瞩的思想，超凡的军事战略和慷慨激昂的英雄气概，尽数展现。

陆游曾经写过一首《渔家傲》的词来表达自己宦游外地的思乡之情，"东望山阴何处是？往来一万三千里。写得家书空满纸。流清泪，书回已是明年事。寄词红桥桥下水，扁舟何日寻兄弟？行遍天涯真老矣。愁无寐，鬓丝几缕茶烟里。"这位爱国诗人在郁闷之中，不禁哀叹"行遍天涯真老矣"来表示对现实的无奈。然而在1934年，在毛泽东心情最为郁闷也是政治生涯最低落的时期，他孤身来到"会昌"，却将陆游的"行遍天涯真老矣"反其意变成了"踏遍青山人未老"，来表现自己乐观自信的态度，面对险恶绝不低头，面对未来无限信心。同是忧国忧民，同是远离家乡，同是心情郁闷，两人的诗词境界却迥然而异。

无论是"宜将剩勇追穷寇"还是"踏遍青山人未老"，这些反其意的用典无不表现了毛泽东豪迈万丈、胸怀千里的领袖气质。

第四节　雅俗：由生疏转亲切

词汇丰富，生动活泼
——运用人民群众的语言

　　毛泽东一生爱与群众打交道。在新中国成立后，毛泽东一次视察武汉与大智街街长陈光中的交谈中他曾感慨："我非常羡慕你的工作，每天和群众打交道。"正因为常与群众打交道，多与群众打交道，毛泽东也从群众的言语交谈中学到了很多的俗语、俚语。在毛泽东的讲话与报告中，他将群众的这些语言糅合进去，不仅使得讲话质朴而生动，深深为群众们所喜爱，也使得许多深奥的道理便的通俗变懂起来。宋朝诗人戴复古说过："入妙文章本平淡，等闲言语变瑰奇"，毛泽东就是这样将"俗语俚语"运用得炉火纯青，把"等闲言语变瑰奇"。

"穷光蛋八字忽然都好了！坟山也忽然都贯气了！"

　　1926年下半年起，中国革命的形势已如同汹涌奔腾的江河，以不可阻挡之势向前发展。农民革命运动的大潮也呈风起云涌之势。

　　12月17日，毛泽东携杨开慧由汉口回到长沙，考察农民运动情况。刚到地方，毛泽东就得到了农民大会和工人大会代表们的热烈欢迎。

　　在大会上，毛泽东以洪亮的声音发表演说："我去湘仅一年，而今年和去年的情形大不相同。在去年是不会有这种大会的。在去年是军阀赵恒惕的政府，今年是较能与人民合作的政府。去年农民运动仅是萌芽，今年已有120万有组织的农民了。这是各同志努力的结果。"

接着，他又说："农民在帝国主义与封建阶级的政治和经济的压迫之下，生活一天一天地坏下去、许多人弄得'上无片瓦，下无插针之地'，真是无'居'可'安'，无'业'可'乐'了……农民的暴动、反抗，实在是'忍无可忍'、'物极必反'。"毛泽东词语一出，立刻赢得了满堂喝彩。

随后，毛泽东还回到家乡湖南，向农会干部询问了乡里农民运动的情况。说道："革命不是请客吃饭，不是绘画绣花，农民协会就是要办得热烈些。地主是少数，我们贫苦农民是大多数。穷人团结起来，就能打倒土豪劣绅。"当看到祠堂里有许多妇女时，特别高兴，说道："今天妇女同志来的不少。过去妇女受压迫，封建思想又作怪，妇女不能进祠堂。现在打倒了族权，妇女翻了身、能进祠堂了。今天要请她们坐头席。"听到这里，不少妇女在下面使劲地鼓起掌，有些还感动得流下了热泪。

毛泽东在会上号召农民要破除迷信，解放思想，他生动地说："过去遇到旱灾，就拜菩萨，结果还是不能解决问题。现在农民修了塘坝，解决了一些问题。看来还是要靠自己动手。民国十四年，我在韶山开展农民运动，一些人对我讲我们八字不好，坟山不贯气。现在农民运动搞得轰轰烈烈，只几个月的光景，土豪劣绅、贪官污吏一齐倒台了。过去穷人没得饭吃，农运一搞起来，减租减息、也有饭吃了。巧得很！乡下穷光蛋八字忽然都好了！坟山也忽然都贯气了！神明么？那是很可敬的，但是不要农民会，只要关圣帝君、观音大士，能够打倒土豪劣么？那些帝君、大士们也可怜，敬了几百年，一个土豪劣绅不曾替你们打倒。现在你们想减租，我请问你们有什么法子，信神呀，还是信农会？"毛泽东这番生动有趣、深入浅出的讲话，引得大家哈哈大笑起来。

之后，毛泽东又来到衡山县的白果。继续用他大众化的语言向农民兄弟们宣传革命的道理。他赞扬了岳北敢于在军阀赵恒惕的胞衣里闹革命（岳北是赵恒惕的老家），就像《西游记》里的孙大圣钻进铁扇公主的肚子里一样。他鼓励农民兄弟要把南岳衡山的革命烽火点向三乡七泽，引向其他几个"岳",让革命风暴席卷全国。

（参考资料：柏桦，《毛泽东口才》，海南出版社，1996年10月版，261—263页）

俗语俚语侃"调查"

毛泽东十分重视社会调查研究，在革命战争年代常常亲身躬行调查研究，收集了大量鲜活的资料，对中国革命的顺利开展起到了至关重要的作用。他在讲解调查问题时，也常常引用俗语与俚语，用带着乡土气息的话语来告诉同志们调查的重要性。

1941年毛泽东在延安向妇女生活调查团做题为《关于农村调查》的讲话时说起早年自己在湖南做调查："我做了四个月的农民运动，得知了各阶级的一些情况，可是这种了解是异常肤浅的，一点不深刻。后来，中央要我管理农民运动。我下了一个决心，走了一个月零两天，调查了长沙、湘潭、湘乡、衡山、醴陵五县。这五县正是当时农民运动很高涨的地方，许多农民都加入了农民协会。国民党骂我们'过火'，骂我们是'游民行动'，骂农民把大地主小姐的床滚脏了是'过火'。其实，以我调查后看来，也并不都是像他们所说的'过火'，而是必然的，必需的。因为农民太痛苦了。我看受几千年压迫的农民，翻过身来，有点'过火'是不可免的，在小姐的床上多滚几下子也不妨哩！"

1941年5月，毛泽东在延安干部会上做了题为《改造我们的学习》的著名报告，在提到"研究现状"时他说："二十年来，一般地说，我们并没有对上述各方面作过系统的周密的搜集材料加以研究的工作，缺乏调查研究客观实际状况的浓厚空气。'闭塞眼睛捉麻雀'、'瞎子摸鱼'，粗枝大叶，夸夸其谈，满足于一知半解，这种极坏的作风，……"这段充满俚语村言的报告，一针见血地点出了主观主义者不重调查研究的危害。

1942年延安整风期间，又有人为教条主义的错误说情辩解，而且态度非常之傲慢。针对这一情况，毛泽东对犯有教条主义错误的人大喝了一声："教条主义狗屎不如！狗屎可以肥田，人屎可以喂狗。可教条主义呢？既不能肥田，也不能喂狗。有什么用呢？"深刻地讽刺了教条主义的危害，贴切生动地说明了要对具体事物进行调查研究的重要性。

（参考资料：施善玉，《毛泽东的精辟比喻》，中国物资出版社，1993年4月版，25—26页）

（参考资料：《毛泽东选集（第三卷）》，人民出版社，1991年版）

┊┊┊┊ 魅力感悟 ┊┊┊┊┊┊┊┊┊┊┊┊┊┊┊┊┊┊┊┊┊┊┊┊┊┊┊┊┊┊┊┊┊┊┊┊┊

毛泽东曾用"叫花子打狗，边打边走"来形容长征开始，用"大路朝天，各走一边"来说解放战争初期撤出延安，这些语言全都是毛泽东在湖南、江西一代与农民打交道时学到的"土话"。他曾在与劳动模范郝光华交谈时说："我就是爱听土话。"正是这些土话，让他在革命的早期与农民们、工人们打得火热，十分亲切。

1926年毛泽东在湖南调查农民运动时，将农民们目前艰难的生活形式说成"上无片瓦，下无插针之地"，一句俗语便表示了农民们一无所有的现状。又将"安居乐业"这个大家熟知的词语变换成无"居"可"安"，无"业"可"乐"，来激起农民们的革命激情。在看到妇女们参加会议，毛泽东又高兴地用了农民们三个口语"翻了身"、"进祠堂"、"坐头席"来表达破除封建的好处。尤其在号召农民要破除迷信，解放思想时毛泽东更是用了"八字不好，坟山不贯气"这样地地道道的俚语村言，不仅亲切、生动，更加有说服力。在岳北，毛泽东说"岳北敢于在军阀赵恒惕的胞衣里闹革命"，"胞衣"是农村地区对胎盘的称呼，毛泽东用这个词来生动地描绘出农民们在军阀老家闹革命的情形。

说起调查研究，在批评教条主义时，毛泽东更是俗语俚语一顿狂轰乱炸。说教条主义是"闭塞眼睛捉麻雀"、"瞎子摸鱼"，是"狗屎不如"，还生动地解释因为"狗屎可以肥田，人屎可以喂狗"，而教条主义

"既不能肥田，也不能喂狗"，来批评教条主义"毫无用处"。又将要深入的进行调查风趣地说成"在小姐的床上多滚几下子也不妨哩"。就是要借用群众的口语、朴素的文字，来教育干部们一定要俯身下去，走入群众，仔细调查，认真研究，决不能"照本宣科"、"本本主义"。

作为中国革命的领袖，毛泽东极力主张语言的通俗化、大众化，他的几乎所有的文章和讲话都是通俗性语言的典范。只要是稍有一点儿文化水平的人，没有人读不明白、听不明了的。毛泽东总能用这些百姓的语言，给真理插上翅膀，让它们迅速地传遍到人民群众之间，指导了实践，推动了革命。

换位思维，心领神会
——轻松融入百姓之间

毛泽东曾在《反对党八股》中说道："俗话说：'到什么山上唱什么歌。'又说：'看菜吃饭，量体裁衣。'我们无论做什么事都要看情形办理。"毛泽东在与人交流中最懂得"看菜吃饭，量体裁衣"，他在与群众打交道时总是能用群众熟悉的话语和他们瞬间缩短距离，轻松地融入到百姓之间，用"侃大山"、"摆龙门阵"的形式让他们放开拘束、侃侃而谈。他能与四川老大娘"摆一摆龙门阵"，能与农村小姑娘"平起平坐，随便谈心"，真正地走入群众之中，与群众打成一片。

"向我讲，骂娘也可以……"

1960年，与毛泽东一同在韶山长大的表兄弟贺晓秋的儿子贺凤生来到北京找毛泽东。两人在拉完一段家常后，紧张的气氛消失了，贺凤生也放松了自己的情绪。毛泽东也看出了家乡的客人已消除了初到时的拘谨，于是直接向贺凤生发问："今天来得正好，我正好可以了解一下家乡的情况，你不正说要向我反映下面的情况吗，给你一小时时间，不，两小时时间，可以吗？"

一听此话，贺凤生顿时激动起来了，家乡父老的嘱托涌上心头，他站起身，从随身携带的包里掏出一大把"大跃进"农村集体食堂的饭票，递给毛泽东说："主席，我想请您到我们那里去吃几餐钵子饭。吃食堂饿死人啦！食堂不散我不回去。"

贺凤生详细向毛泽东汇报了家乡大办集体食堂的情况。贺凤生小心翼翼地说道："刚办集体食堂那阵子，社员积极性可高啦，都认为幸福的生活从此开始了，可以放开肚皮吃饭了，'集体食堂饭喷香，社员心里喜洋洋'就是当时情景的写照。但是好景不长，集体食堂最大的弊端是滋长了懒惰思想，加之正在自然灾害，集体食堂只能是维持了。"

毛泽东听完汇报，很幽默地说："有其父必有其子，你父亲的锋芒如今也传给你了。好一个'当头炮'，你接着讲下去吧。"毛泽东接着又说："不要害怕，不要有什么顾虑，什么意见都可以向我提，向我讲，骂娘也可以，讲给我听。"

"您怕没有人骂娘？下面真有人骂娘呢。"贺凤生也不客气地滔滔不绝说起来。

"毛主席，刚解放的时候，农村外开始了土改，老百姓分得了土地，感到自己可以当家做主了……农民的劲头可大啦，总感到生活日新月异，幸福美满……社员们从心底感谢共产党、毛主席……"

毛泽东笑着打断了贺凤生的话："不要尽唱赞歌了。"

"才不是呢。但是，总路线、大跃进、人民公社三面红旗提出来后，情况就变了，'吃喝风'、'浮夸风'、'瞎指挥风'刮得不像话，老百姓心中直叫苦呢。"

毛泽东笑着说："有十二级台风那么厉害吗？"

贺凤生说："它可比十二级台风还要厉害。"说着他向毛泽东数出了一桩桩、一件件令人痛心疾首的事情，从搞公社化拆了农民的房子，大炼钢铁收了农民的锅碗，到搞集体食堂让农民饿肚子。还说到现在的干部，"现在的干部都兴放卫星，实际上是浮夸卫星，不实事求是，搞假场合的是英雄，还可以升官。红薯烂在田里犁掉，稻谷不想收放火烧掉，仓里没得几粒谷，还硬说亩产达到几千斤，为了迎接上级的检查，把好几块田里的稻谷移栽到一块田里．硬说是亩产达到几千斤。是大跃进带来了大丰收，鬼都笑掉牙齿。做假事说假话的是那些人，做官受表扬的也是那些人，吃好喝好的还是那些人。干部当老爷，严重脱离群众。老百姓饿得要死，只能在背后冲天骂娘。"说着就声泪俱下了。

听完这位家乡客人的讲述，毛泽东陷入深思之中。他关切地问起贺凤生："你这个生产队长怎样？"

"生产队长还不也是个普通社员，如今只有司务长、伙头军、保管员不会饿肚子。有饱饭吃我就不来找您了，反正食堂不解散我就住在这里不回去！"

贺凤生越说火气越大，他看着毛泽东，移近一步道："主席，您不是经常说党和人民是血肉关系吗？现在皮是皮，肉是肉，是中央要这么搞，还是下面一些干部在腰河里发水？"

毛泽东说道："不是腰河里发水。当时估计形势高了一点，责任在中央；从高级社到人民公社只有一年多时间全国就化开了，步子快了。有些真正具备了条件，有些只是为了跟形势。还有些没有具备条件是一阵风刮起来的。下面有些情况，中央也不一定都清楚。"

说到这儿，毛泽东沉默了一下，点燃了一支烟，以凝重的语气告诉贺凤生："三面红旗是党中央提出来的，有些问题虽然出在下面，中央确有责任，真是愧对人民、愧对为革命工作做出巨大牺牲的人民。中央正准备近期召开一个三级干部大会，大约七千人，华容县的领导也要来，请他们来，要好好讲讲这个问题。白天出气，晚上看戏，刹住这股风。"

贺凤生看到毛泽东动了感情，一时也感到无话可说。他沉思了一会儿，说道："主席，我还有一个问题想跟您老人家汇报，不知道该不该说。我们那里不少地方现在把人家的祖坟都挖掉，说是为大跃进改造屯粮田，也不事先出个安民告示。有些坟挖出来了就没人管，尸骨乱扔，不讲人道。我娘的坟就被人给挖开了，到现在也没找到尸骨。"

毛泽东听到这里，十分气愤，他站起来，大声地说："共产党也讲人道嘛，也是爹娘养的嘛。国民党挖我的祖坟我也气愤呢，这个问题要处理好，有机会的话，我也要回去到祖坟上看看呢。"

听到乡下客人如此真心地向他汇报实情，毛泽东高兴地拍着贺凤生的肩头说："社会上像你这样敢讲真话的人太少了。我给你两个权利：有困难可以随时找我，有什么情况也要随时告诉我。我也清楚，中央领导下去，下面尽讲好听的，带着你看好看的，很难得到真实情况。他们怕说拐了场掉乌纱帽。农村有句俗话，叫'三十吃年饭，尽赶好的搬'。不像你贺凤生无所求也无所虑，要提倡各级干部都讲真话。"

"那么食堂散不散呢？"贺凤生追问着。

"食堂是肯定要散的。我的意见还是大锅改小锅，大碗改小碗。要让农民吃饱饭，不能风一阵，雨一阵，任何一级干部都不准搞假家伙。"说到这里，毛泽东又很动情地说："你们华容县那个钱粮湖围湖造田工程，有可能是个好工程，但下雪吃冰，下雨淋雨，使农民兄弟受苦就不好了，对不起农民兄弟，请你代我向他们道个歉。"

毛泽东有情有理的一席话，听得贺凤生顿时心里暖洋洋的。

（参考资料：张秀娟，《握手风云——毛泽东交往实录》下册，山东人民出版社，2000年1月版）

（参考资料：董志英，《毛泽东轶事》，昆仑出版社，1989年5月版）

‖‖‖‖ **魅力感悟** ‖‖‖

贺凤生来中央找毛泽东实则是为了"上访"、为了"告御状"。毛泽东在听到贺凤生反映的"大跃进"的情况后，先说了句"好一个'当头炮'"然后马上又说"骂娘也可以,讲给我听",毛泽东用了"当头炮"、"骂娘"两个乡言,既是风趣地缓解贺凤生的紧张与顾虑,也是用百姓间的俗语拉近了彼此之间的距离。为了鼓励贺凤生敢讲真话、能讲真话,毛泽东不仅给了他权利,还讲出了自己的切身体会与难处,说下面"阿谀奉承"的干部"他们怕说拐了场掉乌纱帽。农村有句俗话,叫'三十吃年饭,尽赶好的搬'","拐了场掉乌纱帽"、"三十吃年饭,尽赶好的搬"这两句俗语的运用就足见毛泽东对农村生活的熟悉,他也是在向贺凤生表态,党和人民依然是血肉关系,我依然和农民兄弟心连心。谈话的最后,毛泽东说起一定让农民吃饱饭的问题,他用了"风一阵,雨一阵"和"下雪吃冰,下雨淋雨"这两句俗语来深深地表达自己对农民的愧疚。

"不要尽唱赞歌了""你这个生产队长怎样",毛泽东在谈话中不打官腔,不说官话,而是从对话者的利益出发,要听真话,听实话。在得知了真实情况后,毛泽东三次道歉"责任在中央","中央确有责任,真是愧对人民、愧对为革命工作做出巨大牺牲的人民","对不起农民兄弟,请你代我向他们道个歉"。贺凤生气愤而来,满意而归,因为他的字字真情,句句实话换来了信任尊重、推心置腹。

气魄恢弘
——毛泽东的说辩才能

  毛泽东的说辩，善于委婉、善于暗喻、善于隐晦地表达自己的态度，将深刻的意思隐含其中，意寓其内，给听者留下无限的思考空间和咀嚼体味的机会，但同时他又有着极强的原则性，这种极强的原则性，让他在说辩中敢于据理力争，敢于说不，敢于拒绝。毛泽东的说辩，常常引经据典、修辞丰富，俗语、比喻、典故，在他的话语中比比皆是，条理清晰、分析透彻的语言，也总能轻松地解开别人的思想疙瘩，解决革命道路的重大问题，让人不得不深深信服。

第一节　目的：以理服人，以情动人

坚持原则，有理有据
——毛泽东教导雷经天

有人说，毛泽东就是这样一个人，在干部与群众之间，他向着群众；在党员与非党员之间，他向着非党员；在男人与妇女之间，他向着妇女；在大人物与小人物之间，他向着小人物；在长辈与晚辈之间，他向着晚辈。毛泽东之所以如此，就是因为他在对待任何问题时，总是把持着"严于律己、严于律党"的原则。在这个原则下，他所领导的中国共产党才始终同人民群众同呼吸、共命运，赢得了人民群众的爱戴与尊敬。

"'挥泪斩马谡'，为国为民，绝不宽怠"

1937年10月，在延安发生了一件轰动全城的事件——黄克功杀人案。抗日军政大学第六队队长黄克功因对陕北公学的女学生刘茜逼婚不成，反而将其打死在延河边上。

一时间，延安舆论哗然，大家都在讨论此事。毛泽东得知此事后，他对陕甘宁边区高等法院院长雷经天等人说："牛不喝水强按头，世界上哪有这样的道理？我们是共产党领导的队伍，是保护人民的，是有着铁的纪律的，对于黄克功必须依法办事，严肃处理！"

雷经天试探着问："主席，黄队长是长征干部，是立过大功的人……"

毛泽东一下子发怒了："屁话！长征干部就可以随便杀人了？我们共产党里还没有这样的规矩！他就是天王老子也不行！封建社会里还有个

'王子犯法，与庶民同罪'的说法。难道我们还比不得封建社会里的帝王将相？'挥泪斩马谡'，为国为民，绝不宽恕！"

雷经天立刻说道："我立刻组织人员立案调查，然后向主席汇报……"

毛泽东吸了一口烟，语气平缓下来说："不是向我毛泽东汇报，是我们要向人民汇报，我们要对人民负责。"

调查期间，又是井冈山的老部下，黄克功的老战友专门找毛泽东求情说："主席。黄克功这样做确是罪大恶极。但请你念在他是我们井冈山的老同志了，又参加了二万五千里长征，放他一条生路，让他到前线去戴罪立功吧。"

毛泽东听后严厉地说："我说同志，杀人偿命，古来有之，我们是人民的政府，一定要执法必严、违法必究，在法律面前人人平等，不管他有多大权力，有多高职务、地位和功劳，只要触犯了法律，没有任何理由和借口为他开脱，必须依法惩处。黄克功少年就加入了红军，参加过二万五千里长征，立下了赫赫战功，这些都不假，但不能成为他可以随便杀人的理由，也不能成为赦免他罪恶的理由。这些，你要告诉我们在井冈山时期的战友，不要再替黄克功说情了，不要影响边区执法部门对这一案件的正常判决。"

毛泽东还亲自到抗大，在研究处理意见的会议上对同志们说："我们的抗日救亡运动正在全国轰轰烈烈地兴起，不少青年学生向往延安。我们正处在从全国各地吸引爱国青年学生到延安来学习，培养民族解放人才的时期，黄克功的所作所为，起了极大的破坏作用，一定要审判处决，严肃法纪。"

最后，经过审判，黄克功被判处死刑，立即执行。

黄克功在得知宣判后，立即向中央军委写了申诉信，要求看在他为党奋斗多年，出生入死的份上，从轻发落，并要求戴罪上战场，杀敌立功。

毛泽东在亲自阅读了黄克功的信后，心情久久不能平静。提笔给边区法院院长雷经天写了一封信，并要他在对黄克功执行死刑前向群众宣读。

在公审大会时，雷经天当场宣读了毛泽东这封指示信：

雷经天同志：

你的及黄克功的信均收阅。黄克功过去斗争历史是光荣的，今天处以极刑，我及党中央的同志都是为之惋惜的。但他犯了不容赦免的大罪，以一个共产党员红军干部而有如此卑鄙的，残忍的，失掉党的立场的，失掉革命立场的，失掉人的立场的行为，如有赦免，便无以教育党，无以教育红军，无以教育革命者，并无以教育做一个普通人。因此中央与军委便不得不根据他的罪恶行为，根据党与红军的纪律，处他以极刑。正因为黄克功不同于一个普通人，正因为他是一个多年的共产党员，是一个多年的红军，所以不能不这样办。共产党与红军，对于自己的党员与红军成员不能不执行比较一般平民更加严格的纪律。当此国家危急革命紧张之时，黄克功卑鄙无耻残忍自私至如此程度，他之处死，是他自己的行为决定的。一切共产党员，一切红军指挥员，一切革命分子，都要以黄克功为前车之戒。请你在公审会上，当着黄克功及到会群众，除宣布法庭判决外，并宣读我这封信，对刘茜同志之家属，应给以安慰与抚恤。

听完了毛泽东的信，黄克功悔恨交加地低下了头，伏法认罪。对于这件事的公正处理，老百姓对共产党大加称赞，边区政府与红军的威望也大大地提高了。后来，毛泽东曾语重心长地解释了为什么要"挥泪斩马谡"的道理。他说："我们杀了几个有功之臣，也是万般无奈啊！治国就是治吏！礼、义、廉、耻，国之四维，四维不张，国之不国。如果臣下一个个都寡廉鲜耻，贪污无度，胡作非为，而我们的国家还没有办法去治理他们，那么天下一定会大乱，老百姓一定要当李自成！国民党是这样，共产党也是这样。杀张子善、刘青山时我就讲过，杀他们两个，就是救了两百个、两千个、两万个啊！"

（参考资料：唐元春、黄先健，《毛泽东的说服与攻心之道》，湖南人民出版社，2002年10月版，156—159页）

（参考资料：王守柱、李保华，《毛泽东的魅力 说与写卷》，中央文

献出版社，2003年10月版，270—271页）

（参考资料：戴安林，《毛泽东为何要挥泪斩"马谡"》，《福建党史月刊》，2012年19期）

毛岸英牺牲后的几个细节

彭德怀向毛泽东汇报了毛岸英牺牲的经过，他心情沉重地说："主席，我没有保护好他，使毛岸英同志牺牲了。我有责任，我请求处分！"

毛泽东点燃了香烟，抽着，听着，默默无语，有时还闭上了眼睛，然后抬起头来，缓慢地说："革命战争，总是要付出代价的嘛！为了国际共产主义事业，反抗侵略者，中国人民志愿军的英雄儿女，前仆后继，牺牲了成千上万的优秀战士。岸英就是牺牲了的成千上万革命烈士中的一员，一个普通的战士。不要因为是我的儿子，就当成大事。不能因为是我、党的主席的儿子，就不应该为中朝两国人民共同的事业而牺牲，哪有这样的道理。"

刘思齐（毛岸英的妻子）曾请求将毛岸英的遗体迁回国来，毛泽东却摇头说："'青山处处埋忠骨，何须马革裹尸还'。不是还有千千万万志愿军烈士安葬在朝鲜吗？"

（参考资料：宋一秀、杨梅叶，《毛泽东的人际世界》，中央文献出版社，2000年10月版，112、116页）

ⅢⅢ **魅力感悟** ⅢⅢⅢⅢⅢⅢⅢⅢⅢⅢⅢⅢⅢⅢⅢⅢⅢⅢⅢⅢⅢⅢⅢⅢ

毛泽东在处理"黄克功杀人"案时，向处理此案的雷经天先后说了三则俗语典故"牛不喝水强按头""王子犯法，与庶民同罪""挥泪斩马谡，为国为民，绝不宽怠"，将黄克功案件中黄克功的错误、处理黄克功的原则与从严处理的决心——表示出来。就是要告诉执法者共产党有着铁的纪律，作为党员更要身先士卒维护纪律。面对为黄克功求情的战友，毛泽东用了"法律面前人人平等"来说明法不容情的道理，告诉他们长征与战功不能作为随便杀人和赦免罪恶的理由，既是在解释为什么不得宽恕黄克功，也是在警醒更多的老革命、老干部，决不能因为自己立过战功就为所欲为。毛泽东更是在公审的公开信中明确说明不仅不能因为是红军，立过功而得到从轻发落，反而"正因为黄克功不同于一个普通人，正因为他是一个多年的共产党员，是一个多年的红军，所以不能不这样办"，因为"党员与红军成员不能不执行比较一般平民更加严格的纪律"。

在面对教育子女方面，毛泽东也决不允许搞特殊。毛泽东曾在读苏联的《政治经济学教科书》时说："我很担心我们的干部子弟，他们没有生活经验和社会经验，可是架子很大，有很大的优越感。要教育他们不要靠父母、不要靠先烈，要完全靠自己。"对于跟杨开慧所生的长子毛岸英，毛泽东疼爱有加。然而就是对这样一个心疼的儿子，他也从不搞特殊。毛岸英因为刘思齐法定结婚年龄不到而要结婚的问题与毛泽东大吵一架，毛岸英不服气地辩解说："岁数不到结婚的人多着呢。"毛泽东则严厉地回答他说："谁叫你是毛泽东的儿子！"在抗美援朝前夕，大家纷纷劝说毛泽东不要让毛岸英上战场，然而毛泽东却严肃地回应："谁让他是毛泽东的儿子？他不去谁去？"对于毛岸英的牺牲，毛泽东悲痛无比，但是他却忍着悲痛对彭德怀说"不能因为是我儿子，就当成大事"。告诉儿媳刘思齐"有千千万万志愿军烈士安葬在朝鲜"，不能因为毛岸英是毛泽东的儿子就"搞特殊"，将遗体迁回国来。

无论是对待党的干部还是对待自己的子女，毛泽东都有着极强的原则性，也正是这种极强的原则性，让任何与之的争辩都显得苍白无力。

以情载理，情理交融
——毛泽东教育亲属干革命

毛泽东在毛楚雄牺牲后，十分痛惜地流下了眼泪，并对王震说："这已经是我们毛家为革命牺牲的第五个人了！楚雄年纪虽小，但在敌人面前表现得很勇敢、很顽强，是他父亲的好伢……"在毛岸英牺牲后两年，毛泽东决定告诉大儿媳刘思齐毛岸英牺牲的事实，他感叹说："我毛家为革命牺牲了很多人，杨开慧、毛泽民、毛泽覃、毛泽建、毛楚雄，还有韶山党支部的毛福轩……"毛泽东作为中国革命的领袖，不仅自己身先士卒，还劝导整个家庭加入革命，牺牲小我，舍家为国。

"出去干革命，舍小家为大家"

1921年春节，毛泽东回到韶山，动员家人与自己一同参加革命。

大年初一的清晨，全家人按照毛泽东的意思，早早地吃了饭，又按照毛泽东的吩咐，他们一个个来到上屋场，参加一个重要的家庭会。

无父尊兄，毛泽东自然成了家庭会的组织者。他大眼一扫，见是泽民、泽覃、泽建、弟媳王淑兰及杨开慧等都一一到了会场，便说："你们找个地方坐下来，今天我们开个家庭会。我看这炉火不旺，二嫂（指泽民夫人王淑兰），你还有一项任务，让这炉火生旺些！"

"好的。有么吩咐大哥直说。"王淑兰快言快语地正要外走。

"慢住，还要烧壶水，给每人泡杯茶。包括给泽民弟。"毛泽东作了强调，大家都笑了。

"这里谁都伺候，惟有他我不伺候！"王淑兰道。

大家都望着泽民乐，泽民也把话拦过来："我是一个好说话的人，人家不倒，我就不喝呗！"全家人又是一阵笑声。

毛泽东看了气氛被他激活后说："这些年我不在家，泽覃也在长沙读书，家里大小事都由泽民和淑兰操心了，受累了，包括伺候父母，为父母亲养老送终等等，我说的都是真心话啊！我们三兄弟数泽民夫妇为家庭出力最大，贡献最大。不知泽覃同意不同意我的说法？"

泽覃道："我非常同意大哥的说法，我也深有同感。"

毛泽东接着又道："要说拜年啊，依我看得向他们两口先拜年！"一席话说得在场的泽民夫妇眼泪汪汪。

毛泽民道："论讲贡献，淑兰比我操心大。他们操心倒不怕，日子过得也艰苦。"接着他又伸出手指来点着一项一项地往下数："民国六年，修房子、母亲得病；民国七年，遭兵燹，败兵三番五次来家里要钱，也遭到强盗一次抢；民国八年，先死娘后死爹；民国九年，安葬父母后，还给泽覃订婚送礼。这几年钱用得多，没有哪年不往外扔钱。再加上生意难做，20亩田的谷只够糊口。而那卖桥头湾田的钱全部用掉了还不够。"

毛泽东问："是不是还欠了人家的钱？"

毛泽民说："就是义顺堂（指他父亲做生意对外用的招牌）的几张票子。"

"能不能还？"毛泽东又问。

毛泽民回答："家里再也没有什么可值钱的东西了。"

"好了，钱我来掏。"毛泽东爽快地说。

接着，王淑兰也激动地补充介绍了一些情况："这几年过得不强，特别是爹娘得病这些年，钱是紧着爹娘花，吃是紧着爹娘吃。"说到这里，她扯了扯自己身上的衣角，"我这是一件过门的衣服穿到现在。泽民也是五年没有添衣服，家里一把地里一把的，日子过得不如人……"说到这里，竟动情地哭了起来。

毛泽东听了唏嘘不止，半晌才说："你们受苦了，不说我也能体会到。家难并不可怕，可怕的是国难。大家都知道，我这次回来，有一个意见，向大家征求，动员全家共赴国难。"

全家人都表示出惊愕。毛泽东接着往下讲："把上屋场院收拾一下，田不耕了，牛不养了，都跟我出去革命。泽民、泽建，到长沙可以边读点书边做点事，将来再做一些有利于国家、民族的事。"

事情来得突然，王淑兰听着有些接受不了："这，这，庄稼人不种地怎能行？再说我这个小脚女人也走不到长沙城啊？"

"让二哥背啊！"毛泽覃打断她的话，幽默地说："人是铁饭是钢，一顿不吃心发慌。你可以去当饲养员啊。"说得全家又是一阵笑声。

王淑兰笑着道："笑归笑，我这是生就的小庙的鬼，穷家难舍啊！这家中的东西……"

毛泽东笑说："依我看，东西该送的送，该丢的丢，统统处理掉。"

"那牛呢？"毛泽民着急地问。

毛泽东答："田让谁来种，牛就让谁来养。"

"那我们欠人家的票子呢？"

"这好说，写个广告出去，请他们几天内来兑现，过期不候。"

"哥，我看还是把牛卖了好，可以还一些债务。"毛泽覃坚持道。

"不，这是一项原则。"毛泽东挥手道："牛，不能卖，就让别人喂，快春耕了，不要让人家花钱买牛。至于别人欠我们的，我看就算了。爹妈不在了，这个家叫我来当，我看就这么办好。"

泽民又不放心地问："哥，你说什么都不带，到长沙后怎么生活？吃什么？住哪里？"

毛泽东掰着手指，娓娓道来："每月我给你们几块银元做伙食费；住的地方我帮助给找，铺盖也不用多带。"接着毛泽东又环顾一周，对全家说："光顾自己有饭吃不行啊！要使全国的老百姓都有饭吃。怎样才能办得到呢？那就是要走出去干革命，舍小家为大家。"毛泽东目光炯炯，他似乎看到了中国的希望。

憨厚的毛泽民嘿嘿一笑道："跟哥出去，我没意见。你最好多住几天，让我也规划规划。这可不是一件小事，这是人走家搬的事，还要处理田地、房屋和账目等。"

毛泽东说:"田让给又穷又会做田的人去做,房子也让给做田的人住,你做主就是了。我还有事,不能在家久住。咱们是分批走,谁准备好了谁先走。我在长沙打前站。在那里迎接你们,让你们去了就能待下去。"

别的人家早已入睡,只有毛家的松油灯还在亮着。在毛泽东的耐心开导下,毛家的兄妹们懂得了"国乱民不安"的道理,决心舍家为国,舍己为民。农历正月初十,毛泽东打着雨伞第一个离开了韶山冲。泽覃、泽建也跟着哥哥走了。一周后的一天,毛泽民夫妇也带着孩子走出了大山,奔向了长沙。

(参考资料:陈延一,《毛氏三兄弟》中《三兄弟舍家革命》一章,东方出版社,2004年1月版)

||||| 魅力感悟 ||||||||||||||||||||||||||||||||||||||||||||

这是一次载入史册的"家庭会议",在这场家庭会议上毛泽东动员了三个弟妹投身革命。毛泽东以大弟毛泽民来活跃起家庭的气氛,然后引出家庭困难,在听了毛泽民夫妇叙述的困难之后,毛泽东提出自己的观点"家难并不可怕,可怕的是国难",动员全家与他一同共赴国难,共同革命。并将家产该如何处理,到长沙后大家的吃住问题一一做了一番安排,让大家也免除了后顾之忧,能够大胆走出家去。毛泽东将"国"与"家"联系在一起,教育弟妹们"光顾自己有饭吃不行啊!要使全国的老百姓都有饭吃。怎样才能办得到呢?那就是要走出去干革命,舍小家为大家",让他们提高革命觉悟,认识到只有舍家为国、舍己为民,才能创造出美好的国家,也只有国家安定,普通百姓才能过上幸福生活的道理。东汉的班固曾说:"教者,效也。上为之,下效之。"毛泽东就是用自己的行动,自己对革命贡献毕生的决心与热情,感染着家中的每一个人。

在之后如火如荼的革命战争中,这场家庭会议中的四个人相继为了革命牺牲。毛泽东的堂妹毛泽建1929年在衡阳县马王庙坪英勇就义,年仅24

岁；毛泽东的妻子杨开慧1930年让叛徒出卖被军阀杀害，年仅29岁；毛泽东的小弟毛泽覃1935年在江西瑞金牺牲，年仅30岁，后来，他的儿子毛楚雄也被国民党杀害，年仅19岁；毛泽东的大弟毛泽民1943年在乌鲁木齐被秘密杀害，时年47岁。王道生在《韶山情思》一文中写道："一位坐在轮椅上的老人自叹自语地说：'满门忠烈啊！满门忠烈啊！'"

第二节　气场：先声夺人，气势如虹

不温不火，攻其要害
——毛泽东与蒋介石的论辩

重庆谈判，是国共历史上的大事件，也是一场惊心动魄的政治斗争。蒋介石前后三次给毛泽东发电报，邀请重庆谈判，料定毛泽东一定不敢前往。但毛泽东却为了争取和平民主，以大无畏的胆略与勇气，毅然飞抵重庆，不仅让蒋介石，更让国内国际舆论大为震惊。诗人柳亚子为此亲自赋诗赠毛泽东，诗中"弥天大勇诚能格，遍地劳民乱倘休"称颂了毛泽东亲临龙潭虎穴义举是"弥天大勇"。在重庆谈判期间，毛泽东与蒋介石有过多次面对面的交流，在与对手的较量中，毛泽东自始至终镇定自若，运用自己机智、幽默的口才，惊人的意志力和自信心，让蒋介石屡屡深受"打击"。

"前30年睡不醒，后30年睡不着"

1945年8月28日，毛泽东、周恩来、王若飞在张治中和赫尔利的陪同下，乘飞机于下午到达重庆九龙坡机场。毛泽东下飞机后，就在机场发表了书面谈话，说明此行的目的，他说："目前最迫切者，为保证国内和平，实施民主政治，巩固国内团结。国内政治上军事上所存在的各项迫切问题，应在和平、民主、团结的基础上加以合理解决，以期实现全国之统一，建设独立、自由与富强的新中国。希望中国一切抗日政党及爱国志士团结起来，为实现上述任务而共同奋斗。"毛泽东用几句简短的讲话，把

气魄恢弘——毛泽东的说辩才能　第三章·103

中国共产党对当前时局的政治主张，光明磊落地宣告于中外。

8月29日清晨，毛泽东打破了在延安时的工作生活习惯，早早地起床了，到外面散步，呼吸着外面清新的空气，不时伸开双臂，舒展着身躯。

在曲径蜿蜒的林中小道上，毛泽东漫步于楼旁的甬道上，正好与也已早起的蒋介石不期而遇。两人从林阴深处沿着长满青苔的石级，拾级而上，然后就座于林阴道边的一个圆石桌旁。

"润之先生，你怎么起得这样早哇？听说你有晚上办公习惯，怎么，来这里不习惯？"蒋介石用十分关心的话语对毛泽东说。

毛泽东则面含微笑地说："岁月如逝水，有道是前30年睡不醒，后30年睡不着嘛！蒋委员长不知有没有这个体会？"

蒋介石一下子就感到毛泽东话锋的锐利，忙岔开话题："嗯，嗯，润之来到这天府之国的雾都，感觉如何？"

未等毛泽东回答，蒋介石接着说："四川的土地肥沃得很哩！林森老先生生前对我说：'在这里的任何一块土地上，就是插上一根龙头拐杖，来年也会生根发芽，开花结果的'，林老先生十分钟情于这块土地，所以，死后就长眠于此间山水中，前年年底政府为林老先生举行了奉安典礼后，才将先生的梓棺由官邸大礼堂移入墓中的。润之如有兴趣余可陪你去那里看看……"

毛泽东明白这是蒋介石有意绕开正题，即答道："小弟不敢有劳委员长大驾陪同，改日，余定要拜谒林主席之墓。林老先生在担任国民政府主席期间，对日态度强硬，力主抗战，深受国人爱戴。林主席去世时，我们曾发来了'领导抗战，功在国家，溘闻逝世，痛悼同深！'的唁电，以示对林主席的崇敬。"

上午，毛泽东与周恩来、王若飞在桂园同张治中商谈谈判的内容和程序问题。下午，双方开始正式会谈。蒋介石摆出一副大家的风度，对毛泽东和周恩来说："政府方面尚未提出具体方案，是为了表明政府对谈判并无一点成见，愿意听取中共方面的一切意见，希望中共本着精诚坦白之精神，提出自己的意见。"

毛泽东十分诚恳地表示自己的意见："我们到这儿来，一句话，是为了和平，中共希望通过这次谈判，使内战真正结束，实现永久的和平。"

蒋介石不等毛泽东说完，就接上道："中国没有内战。"

毛泽东则毫不客气地批驳道："要说中国没有内战，蒋主席恐怕是自欺欺人吧！"接着，毛泽东历数十年内战及抗战以来的大量事实，证明内战不但在中国存在，而且从未停止过。毛泽东说："从'九一八'事变以后，就产生了和平团结的需要。我们表示了，但是没有实现，到'西安事变'以后，'七七'抗战以前才实现了，抗战八年，我们一再表示愿意谈判解决各种摩擦。"毛泽东对蒋介石"中国无内战"的论调严词批驳后，蒋介石在他当天的日记中万分沮丧地写道："脑筋深受刺激。"显然，蒋介石对自己三邀毛泽东弄巧成拙的举动，已是叫苦不迭、后悔不已。

在重庆的最后三天，为使和谈获得进一步成果，毛泽东又和蒋介石数次会面。在会谈中，蒋介石以居高临下的口吻说："谈判快要结束了，我有几句肺腑之言，很想对毛先生再说一遍，真可谓不吐不快啊！"

毛泽东淡淡一笑："请蒋先生直言，我当洗耳恭听。"

蒋介石说道："共产党最好不要搞军队，如果你们专在政治上竞争，那你们可以被接受。"接着，又煞有介事地说："国共两党缺一不可，党都有缺点，都有专长，我们可以互相取长补短，只要我们二人能合作，中国的问题就好办，十年之内，总要搞出个名堂，否则，对不起人民。"

毛泽东听后，也诚恳地说："对解放区的努力应当承认和帮助，我赞成军队国家化，军队只要为国防服务，党则全力办政治。"

蒋介石知道毛泽东的意思是军队国家化也包括国民党的军队，他便开始转移话题，谈起整个重庆谈判，悲观地说道："这次没谈好。"

毛泽东则满脸春风，爽朗地说："我看还是很有收获，主要是方针，确定了和平建国的路线，我们完全拥护。"

毛泽东得知蒋介石不抽烟，在重庆与蒋介石谈判时，始终未抽一支烟。当时，蒋介石对身边的秘书陈布雷说："毛泽东此人不可轻视。他嗜烟如命，据说每天要抽一听（50支装）。但他知道我不吸烟后，在同我谈话期间绝不抽一支烟，对他的决心和精神不可小视啊！"

1946年1月10日，国共双方签订了停战协定，并召开政治协商会议，通过了包括否定独裁政治和内战政策的五项协议，但是，不久均被蒋介石撕毁。6月，蒋介石向解放区全面进攻，全国性的内战爆发，仅三年多时间，拥有800万军队的蒋介石便被毛泽东领导的人民军队打得七零八落，蒋介石也被赶到了孤岛台湾。

（参考资料：刘光荣，《毛泽东的人际艺术》，中共中央党校出版社，1992年版，39页）

（参考资料：马祥林，《毛泽东点评国民党著名将领》，2006年1月版，12、14—16页）

（参考资料：王守柱、李保华，《毛泽东的魅力 说与写卷》，2003年10月版，284—286页）

▌▌▌▌▌ 魅力感悟 ▓▓▓▓▓▓▓▓▓▓▓▓▓▓▓▓▓▓▓▓▓▓▓▓▓▓▓▓▓▓▓▓▓▓▓▓▓▓

毛泽东与蒋介石在小桌旁的相遇，看似是几句随意的拉家常的话语，毛泽东却句句话中有话、柔中带刚。当蒋介石询问毛泽东为何起得如此早，毛泽东引用了一句民间谚语"前30年睡不醒，后30年睡不着"来询问蒋介石是否有此体会，话语中暗含着以前共产党人少兵弱，你可以高枕无忧，如今共产党迅速崛起，也是让你睡不安稳啊。蒋介石避开毛泽东锋利的话语说起林森老先生。毛泽东又巧妙地回答蒋介石，林老先生之所以为我辈爱戴与尊重，是因为他"对日态度强硬"、"领导抗战，功在国家"，又是在暗中将蒋介石与林森作对比，表面是对林森的赞扬，实则是对蒋介石当初"消极抗日"、不为国家着想"坚持内战"的一种讽刺。对于毛泽东"使内战真正结束，实现永久的和平"的提议，蒋介石欲盖弥彰地说到"没有内战",毛泽东便紧紧抓住这个机会,据理力争,历数了十年内战及抗战以来的大量事实加以证明"有内战",使得蒋介石对自己的"弄巧成拙"悔恨不已。蒋介石提出"共产党最好不要搞军队",毛泽东并未表示出同意与否,也并未声嘶力竭地争辩,而是用"我赞成军队国家化"来巧妙地回答蒋介石,你不让共产党搞军队,那么就将所有的军队国家化,揭开了蒋介石欲通过缩减军队来消灭共产党的阴谋。

在这场论辩中,毛泽东表现出两大特点。首先,善于抓住对手的弱点与要害,即蒋介石的"坚持内战",在交流中处处攻击蒋介石这个要害,占据主动。而在攻击中,大部分的语言都是不温不火的打暗语的方式,充分展现了人际交往中"智"与"稳"的特点,反而让毫无准备的蒋介石"急"得处处露出破绽。其次,无声语言的震慑。毛泽东从"蒋介石认为不敢来"到"毅然前往",从一个"手不释烟"的人变成了与蒋介石谈话"绝不抽一支烟",都是在用自己无声的语言向对手展示了自己强大的自信与惊人的毅力。这种内在素质所形成的气场,给了蒋介石无形的震慑力,让他不得不感叹毛泽东"不可小视"。

不卑不亢,直言不讳
——毛泽东与赫鲁晓夫舌战

在与赫鲁晓夫的多次舌战之中,为了国家的利益,为了民族的前途,毛泽东始终站在维护主权的坚定立场上,他表现出在外交上少有的好斗、敢斗,甚至一改他惯用的柔中带刚的讽刺,采用了直言不讳的方式断然决绝的回应一切有损中国主权的行为,毫不犹豫。这种不卑不亢的胆识与勇气正是他强烈的民族自尊心和民族自豪感的展现。中苏从"蜜月"逐渐走向决裂,中国也失去了苏联的一切援助。但是,令人讽刺的一幕在1964年出现,10月14日,赫鲁晓夫被党内同僚赶下台,10月16日,中国第一颗原子弹爆炸成功。西方舆论界声称这是毛泽东的双重胜利。

"没有一个敢字，我们能打出一个新中国吗？"

1957年，毛泽东访苏。在这次访苏期间，他与赫鲁晓夫几度争论，面对着赫鲁晓夫的嚣张气焰与刻薄言辞，毛泽东大展口才，唇枪舌剑击退了他的进攻。

进餐时，毛泽东对赫鲁晓夫说："我在报纸上看到你们国防部朱可夫讲话，说是哪个社会主义国家遭受帝国主义进攻，你们都将迅速回击，我认为这个说法不对。国家都是独立的，没有邀请你们怎么能出兵？"

毛泽东上来就直言不讳，对苏联的大国霸气给予了狠狠的一击。赫鲁晓夫遭到突然袭击，马上回敬说："朱可夫不是代表他个人说话，他是代表我们中央委员会集体说话。我自己也这样讲过。我们不是社会主义阵营吗？"

毛泽东毫不示弱："谁决定也不对。我们是社会主义阵营，但又是独立的国家。"

赫鲁晓夫反驳道："既然是阵营，那么两阵交锋，敌人打你的左翼、中军或右翼，不该迅速行动吗？"

毛泽东说："不能完全这样比喻。我想，起码对中国不能这样，你们照顾好自己就行了。"

赫鲁晓夫又问："可是，你们想过军事力量的对比吗？"

毛泽东语气强硬地说："我们曾经遇到过外国帝国主义的武装力量威胁，我们不吃那一套。我们攻打济南时，进入青岛等地的美国第七舰队就没敢动。我们要北平天津，驻在塘沽的美国舰队没有等到他们的部队来，就带上国民党军队逃跑了。他们如果在中国土地上打我们，我们就会毫不客气地将它们消灭。"

赫鲁晓夫认为毛泽东谈的都是过去的事，而现在的美国人和过去是大不相同了，他们有了令全世界恐惧的原子弹，于是他颇为激动地说："亲爱的毛泽东同志。现在是什么形势？现在有了原子弹！"

赫鲁晓夫以为这几句话会将毛泽东问住，他正在得意地看毛泽东如何回答时，毛泽东却风趣地说出一句俄语："不麻斯内耶，及格那！"

"不麻斯内耶"是俄语"纸老虎"的意思，毛泽东在这里用湖南话来说它，显得不伦不类，让气势汹汹的赫鲁晓夫丈二和尚摸不着头脑，傻愣在那里。

当翻译将这句话用标准的俄语讲给赫鲁晓夫听了后，赫鲁晓夫不禁大惊失色，还高声道："纸老虎？克利姆·米高扬，你听见了吗？他说原子弹是纸老虎！亲爱的毛泽东同志，你这样的观点使我吃惊。在原子弹面前，双方军队数目与力量的对比与战争的结果已经没有任何意义。谁的军队愈多，它的炮灰也就愈多！在原子弹的袭击下，是没有军队的，只有一堆肉，一堆灰。"

面对原子弹强大的威胁，赫鲁晓夫已手足无措，丧失勇气了，然而毛泽东却以压倒一切的气势藐视原子弹，他说道："赫鲁晓夫同志，我劝你不要被原子弹吓破了胆，没什么了不起。这样吧，你不是怕原子弹毁灭军队吗，你们不妨挑动美国人动武就行了，你们需要用多少个师——100个，200个，1000个，都行。"

赫鲁晓夫听到这些让自己匪夷所思的话语，没好气地说："毛泽东同志，我告诉你，只要用一两枚导弹就能把中国的全部师都炸成粉末，你有多少师有什么用？"

毛泽东不屈地说："那么战争还有没有正义和非正义的区分？如果出了战争狂人，你就只有投降了？赫鲁晓夫同志，怕是解决不了问题的。无非是乱扔原子弹，就算是死了一半人，剩下的一半还可以在废墟上重建我们的家园……"

毛泽东和赫鲁晓夫争论后，总觉得意犹未尽，对身边的同志说："说到底，他们是怕字当头，而我们却是敢字当头；没有一个敢字，我们能打出一个新中国吗？"

（参考资料：柏桦，《毛泽东口才》，海南出版社，1996年10版，113—115页）

"中国人是最难同化的"

1958年4月18日，为了指挥苏联在太平洋地区活动的舰艇，赫鲁晓夫想要在中国建立核潜艇基地和长波电台，并搞联合舰队的事。

彭德怀约见苏联驻华大使尤金，明确告诉对方：我们中央讨论了这个问题，既然苏联认为有必要，我们同意建，费用全部由中国承担，共同使用，但所有权归中国，否则政治上不好。7月22日毛泽东约见苏联驻华大使尤金。他见到尤金时，一反平时探讨哲学问题的友好气氛，严肃指出："在军事上搞'合作社'是不适当的。"他接着说："要讲政治条件，连半个指头都不行；你们可以说我是民族主义者，如果按你们说的办，我就可以说你们把俄国的民族主义扩大到了中国的海岸！"尤金支吾其词，毛泽东说："你讲不清，请赫鲁晓夫来讲！"

赫鲁晓夫于1958年7月31日来到北京，刚在中南海颐年堂坐下，就先埋怨尤金大使，说他书生气十足，不会办事，曲解了他的意思，然后为自己辩解说："为对付美国第七舰队，需要在中国建长波电台，这种事对中苏双方都有好处，越快越好……"

"请你告诉我，什么叫共同舰队？"毛泽东非常严肃地直指要害问题。

"所谓共同么，就是共同商量的意思，我们希望长波电台尽快建立起来……"

毛泽东把桌子啪地一拍，蓦地站了起来。用手指赫鲁晓夫的鼻子问道："你这一大堆话毫不切题。我问你，什么叫联合舰队？"

赫鲁晓夫有些慌张，不知如何回答，搓搓手，搪塞道："你别急，我们不过是来跟你们共同商量商量……"

"什么叫共同商量，我们还有没有主权？你们是不是想把我们的沿海地区都拿去？"

陪同赫鲁晓夫参加会谈的苏联副部长费德林精通汉语。他用俄语提醒赫鲁晓夫："毛泽东可真火了！"

赫鲁晓夫皱起眉头，摇摇头说："这样吧，我们能不能达成一项协议，让我们的潜水艇在中国有个基地，以便加油、修理、短期停留？"

"不行！"毛泽东斩钉截铁将手一挥，"我们不想再听到这件事！"

"毛泽东同志，大西洋公约组织国家在互相合作和供应方面没有什么麻烦，可是我们这里竟连这样一件事情都达不成协议！"

毛泽东一听这话反而坦然了，他轻悠悠地吸起香烟，坚决而短促地回答："不能！"

赫鲁晓夫毕竟是超级大国的领导人，他的意志也很坚强，忽然一笑："假如你愿意的话，毛泽东同志，你们的潜艇也可以使用我们的摩尔曼斯克基地。"

"不要！"毛泽东用力抽了口烟，"我们不想去你们的摩尔曼斯克，不想在那里搞什么名堂，也不希望你们来我们这儿搞什么名堂！"

毛泽东接着像是给赫鲁晓夫上课一样："英国人、日本人、美国人在中国待了很久，被我们赶走了！赫鲁晓夫同志，我再说一遍，我们再也不想让任何人利用我们的国土达到自己的目的！"

话说到这种地步，赫鲁晓夫知道没有任何希望了，自找台阶地说："不同意就不同意吧，我们不提这个建议了。"

随后，毛泽东意味深长地说："中国人是最难同化的，过去有多少个国家想打进中国来，结果呢？那么多打进中国来的人，最后还是站不住。"

赫鲁晓夫听了面无表情，一言未发。

（参考资料：李同成，《毛泽东与赫鲁晓夫的交锋》，《湖南文史》2002年第3期）

‖‖‖ 魅力感悟 ‖‖‖

在餐桌上毛泽东直言不讳地指出"国家都是独立的，没有邀请你们怎么能出兵"，毫不客气地批评苏联不顾他国，不可一世的傲慢。在说到军事问题时，毛泽东列举了曾经帝国主义威胁中国的情况，用"前车之鉴"来证明中国有能力自己来处理好自己的事情，不需要别国的干涉。关于原子弹的问题，赫鲁晓夫的话语虽然不无道理，但是他却始终抱着对其恐惧与害怕的态度，毛泽东却用超凡的勇气与自信，以"正者无敌"的观点轻松地驳倒了赫鲁晓夫。原子弹的威胁虽然可怕，但是战争总有"正义与非正义"的区分，正义与真理的光芒是永远无法被邪恶所掩盖的。

在共同舰队的问题上，赫鲁晓夫遮遮掩掩，毛泽东却一反常态，严厉直指问题的关键"什么叫共同舰队？"，因为这样的话，苏联的舰队要开进中国领海，靠泊中国海岸，这种情景是涉及中国主权的政治问题，毛泽东难以容忍的。面对赫鲁晓夫的一次次追问，毛泽东用了一系列动作"啪地一拍，蓦地站了起来，用手指赫鲁晓夫的鼻子"来表明自己在国家的主权问题上，不可退让。毛泽东连用"不行"、"不要"、"不能"几个坚定地词语来回绝了一切一点点可能侵犯中国主权的要求。毛泽东在最后说："英国人、日本人、美国人在中国待了很久，被我们赶走了！赫鲁晓夫同志，我再说一遍，我们再也不想让任何人利用我们的国土达到自己的目的！"，"中国人是最难同化的，过去有多少个国家想打进中国来，结果呢？那么多打进中国来的人，最后还是站不住"就是告诉赫鲁晓夫，中国人历尽磨难，牺牲无数才换来今天的独立自主，决不允许任何人以任何理由再侵犯我们的主权。你也不要小看中国与中国人，虽然他们遭受了无数国家的侵略，但最后，他们都将侵略者赶了出去。赫鲁晓夫在这种大义凛然、不惧强权的精神面前也不敢再前一步。

凡是在涉及国家利益的问题上，毛泽东总是针锋相对、寸土不让，不卑不亢、无所畏惧，这种敢争、敢斗的精神就已经让对手胆怯三分。

第三节　战术：顺水推舟　借力打力

探虚实，请君入麾下
——毛泽东说服王稼祥

长征才开始时，毛泽东因患疟疾，大病初愈，只能坐担架行军。此时的毛泽东虽为中华苏维埃临时中央政府主席，却只有空名一个，被博古、李德排挤得毫无发言权。而军委副主席、红军总政治部主任王稼祥也因在第四次反"围剿"中负伤，也只能坐担架行军。博古一行人本打算将负伤的王稼祥与体弱的毛泽东甩掉留下，因为许多同志为他力争，他们才得以一道随军转移。两位同坐担架随军转移的人就这样走到了一起，毛泽东在担架上大展口才，旁征博引，指出了第五次反"围剿"中军事战略的错误及红军下一步的前进方向和路线，不仅说服争取了王稼祥的支持，更挽救了红军，也为自己重掌红军的指挥权打下了基础。

"我国古代军事家孙子曰：'知己知彼，百战不殆'"

1934年10月11日，中革军委发布命令，将毛泽东与王稼祥编在一纵队所属的中央队，进行长征。一日，红军队伍在一个山村里休息，毛泽东的警卫员跑到一间柴草屋门口问："同志，里头还有空地方吗？"

毛泽东赶紧走上前拽住警卫员，轻声说道："莫喊叫，影响人家休息，我们就在外头吧。"

草屋里的王稼祥一听声音，忙抬头朝外问道："是毛泽东同志吗？快请进来。"

毛泽东高兴地说："哦，是稼祥同志呀！"

王稼祥说："请进来休息吧，还有地方，外头太冷了！"

"好，多谢你！就和你在这'广厦'一间，作个户外'寒士'吧！"毛泽东诙谐地边说边跨进门来，王稼祥已为他腾开地方。

毛泽东在王稼祥旁边坐下来，关心地问道："你的身体如何？伤口有否发炎？"

王稼祥也问他道："你呢？你的病怎样了？可要保重啊！"

毛泽东说："尚好，倒是你的伤要多加小心。"

说着从口袋里摸出两支烟，递给王稼祥一支。

王稼祥一面挡住，一面说："谢谢，现在不能抽。我们身在柴草屋，一旦失火就要成为嫌疑犯了。"

毛泽东一听忙说："对对，'瓜田不纳履，李下不整冠'，这草房之内，也不能吸烟，你我只能克服一下了！"

毛泽东捏着烟卷，凑到鼻前嗅着。过了一会儿，对王稼祥说："烟瘾好过，病也能挺，可打败仗的心病难治啊！"

王稼祥听到毛泽东的话正好点到自己心中的伤痛之处，一下子坐起来问道："泽东同志，正好请教你一下，你对当前局势怎么看？"

毛泽东停了一下，却反问他："你呢？你是何等看法？"

"我吗？"王稼祥慢慢地说，"一句话，再让李德他们这样指挥下去，可不得了！"

毛泽东接着问："那么依你之见，该如何摆脱面临的困境呢？"

"我正在考虑，这样败下去是不行的，所以要请教你。"

毛泽东若有所思，凑近他身边笑道："那么我就先谈谈自己的看法吧，然后再听听你的高见。"

这时，外头却响起了继续前进的军号。毛泽东对王稼祥说："你我边走边谈吧！"

于是，两人坐着担架，一路上边行军边谈起来。

毛泽东对王稼祥说："蒋介石已经布置好了一个大口袋，引诱着我们去钻，可是我们的发号施令者，就是看不见这危险，或者是看见了，却无法改变，非要钻进去不可，你说他傻不傻？"

王稼祥认真地说："明明预见到危险，当然不能当这个傻瓜、不能往敌人的口袋里钻！"

毛泽东说："对，大路朝天，各走一边，敌人在湘西布下口袋阵，我们就另辟生路由他去。"他抬手一指西去山路，对王稼祥小声说："我们从已得到的情报中获悉，贵州方向敌人兵力不多，更没有堡垒工事和设防体系，我们满可以乘虚而入，改变路线，不去湘西，折向贵州，让蒋介石白白操劳扑个空。"

王稼祥点头说道："这情报我也知道了。真是的，博古同志本来就不会带兵，李德虽有丰富的军事学识，却对目前形势，视若无睹，进入苏区以来尽瞎指挥！"

毛泽东深思地说："问题正在于此，李德那些军事学识从何而来？是本本上来的，是西洋外国来的，是从一般战争以至帝国主义战争中来的。而我们的战争，是在中国，是在革命根据地，是在敌强我弱情况下进行的反'围剿'战争，环境不同，条件不同，战争性质更不同，他拿十万八千里以外的和几十年乃至上百年以前的战例战法来硬套，焉有不败之理？"

王稼祥赞同地说："苏联国内战争和我国的情况大不一样。第一次世界大战和拿破仑战争，与我们这里更不一样，机械搬用是错误的。"

毛泽东接着说："我国古代军事家孙子曰：'知己知彼，百战不殆。'我们这位洋顾问是既不知彼，又不知己。"

王稼祥道："我完全同意你的看法。"

毛泽东自嘲地说："可惜，我现在处于毫无发言权的地位。"

王稼祥道："未必，我看现在很多同志都会赞同你的意见。"

"你看哪些人会赞同我？"

"我看政治局内一定会有同志赞同你的意见。"

"你最近同他们交谈过吗？"

王稼祥点点头。

"好，我们可以再找些同志交换交换看法。"

"我一定把你的意见转告给他们。"

王稼祥与毛泽东谈话后，找到了张闻天，又找到了聂荣臻，再加上周恩来与朱德，他们达成了一致认识应当撤掉博古、李德的军事指挥权，由毛泽东担任领导。

（参考资料：朱仲丽，《疾风知劲草——毛泽东与王稼祥》，中共中央党校出版社，1999年1月版，17—51页）

ⅢⅢ 魅力感悟 ⅢⅢⅢⅢⅢⅢⅢⅢⅢⅢⅢⅢⅢⅢⅢⅢⅢⅢⅢⅢⅢⅢⅢ

毛泽东在与王稼祥寒暄之时说"就和你在这'广厦'一间，作个户外'寒士'吧！"，是巧妙地引用了杜甫的名句"安得广厦千万间，大庇天下寒士俱欢颜"，一方面来说明现在你我共住柴草屋的情形，一方面毛泽东也是在向王稼祥传达此时此地他们两人的命运很是相似，都有伤，都曾差点被组织所抛弃。毛泽东这一句诙谐的话语迅速拉近了彼此之间的距离。

"烟瘾好过，病也能挺，可打败仗的心病难治啊"，毛泽东用不能抽烟引到打败仗，想借此来了解王稼祥心中的想法。当王稼祥问询毛泽东"你对当前局势怎么看"时，毛泽东想到此时自己在军队中被动的地位，自己的想法是曲高和寡，不知道王稼祥是否跟自己站在一起，不能不有所顾忌，于是巧妙地将问题又推给了王稼祥"你呢？你是何等看法？"，也想从中得知王稼祥是否与自己的想法一致。然而当得知王稼祥也反对李德的指挥后，毛泽东便开始将话题引到如何解决"不败"的军事问题上来。在谈论中毛泽东避开指挥正确与否的问题不说，而是将目前自投罗网的形式清晰地展现出来，让王稼祥自己分析并认识到红军是在狼入虎口，是在"当傻瓜"。然后再结合当前形势，指出自己认为正确的道路，让王稼祥明白，李德是在"瞎指挥"。进而再分析李德之所以会犯这样的错误完全是因为"本本主义"，没有结合中国的实际，还借用《孙子兵法》的内容来加强自己的论证。毛泽东从红军当前极其危险的形势谈到面对这样的危险应当怎么办再到为什么现在会出现这样的结果，环环相扣，条条在理，解决了怎么样，为什么会这样，该怎么办三个重要问题，使得王稼祥心服口服。

在得到王稼祥支持自己后，毛泽东用自嘲的"我现在处于毫无发言权的地位"，又从王稼祥的口中得知了军队中赞同自己的人，为自己争取了更多的支持者。

知底细，且待胜负时
——毛泽东说辩梁漱溟

梁漱溟极力反对在中国搞阶级斗争，毛泽东与这位诤友曾在延安就这个问题进行过通宵达旦的争论。1986年，九十三岁高龄的梁漱溟先生在回忆这次争论时说道："现在回想起那场争论，使我终生难忘的是毛泽东作为政治家的风貌和气度。他披着一件皮袍子，有时踏步，有时坐下，有时在床上一躺，十分轻松自如，从容不迫。他不动气，不强辩，说话幽默。常有出人意外的妙语。明明是各不相让的争论，却使你心情舒坦，如老友交谈。"（汪东林，《改变那个世纪的人和事》，湖北人民出版社，2003年11月版，12页）

"今天的争论可不必先做结论，姑且存留听下回分解吧"

1938年1月，对蒋介石抗战失去信心的中国民主同盟发起人之一梁漱溟到达延安，见到了毛泽东。

毛泽东见到梁漱溟第一句话就说："梁先生，我们早就见过面了，您还记不记得？民国七年在北京大学，那时你是大学讲师，我是小小图书管理员。读到您的《究元决疑论》，还蛮佩服你敢于向名人挑战的精神呢。你常来豆腐池胡同杨怀中（杨开慧的父亲）先生家串门，总是我开大门。后来杨怀中先生病故，我也成了杨家的女婿。"

梁漱溟惊愕万分，回忆起二十年前的事情，忙点头说："是的，好记性。有这事，有这事。"接着梁漱溟将话题转入正题，谈及沿途所见惨景，说国民党方面上上下下缺乏信心，人人心中十分悲观，"如此下去，中国的前途如何？中华民族会亡吗？"

毛泽东耐心地听完梁漱溟的叙述，坚定地回答道："梁先生，你所听到、看到的若干情况，大都是事实。但我的看法，中国的前途大可不必悲观，应该非常乐观！中华民族是不会亡的，最终中国必胜，日本必败，只能是这个结局，别的没有可能！"毛泽东回答得斩钉截铁，出乎梁漱溟的意料。

接着，毛泽东又十分详细地分析了中国自身、敌人方面、国际环境三方的力量对比、强弱转化，战争的性质，人民的力量和战争发展的阶段等等，所谈及的观点就是他不久之后完成的著名文章《论持久战》。毛泽东入情入理的分析和无比自信的气势，深深地感染了梁漱溟。

毛泽东话音刚落，梁漱溟就说："毛先生，可以这样说，几年来对于抗战必胜，以至如何抗日，怎么发展，还没有人对我做过这样使我心服的谈话，也没有看到过这样的文章。您今天的谈话，使我豁然开朗，精神振奋。"

"过奖了，过奖了，梁先生！"毛泽东看着已到了后半夜，又说道："梁先生，你旅途劳累了，你我今天不必熬通宵了，明天晚上再谈吧。"

梁漱溟起身说："我送你一本书，请您先翻翻，明天的谈话就从我这本书开始，好不好？"说着递上自己新出版的数十万字的著作《乡村建设理论》。

"随便，随便，朋友之间，无话不谈嘛！"毛泽东笑着接过书。

第二天夜里，毛泽东拿着梁漱溟的书说："大作拜读了，但看得不细，主要之点都看了。我还从中摘出一些结论性的话。概括地说，您的大作对中国社会历史的分析有独到的见解，不少认识是对的，但您的主张总的说是走改良主义的路，不是革命的路。而我认为，改良主义解决不了中国的问题，中国社会需要彻底的革命。革命怎样才能彻底，中国共产党的基本理论是对中国社会进行阶级和阶级斗争的分析、估计。从这一基本分析、估计而得出的力量对比出发，来确定中国共产党的路线、方针、政策……"毛泽东详尽地分析了中国社会的特点，特别是阶级矛盾和阶级斗争的激化问题。

而梁漱溟并不苟同毛泽东的观点，争辩道："中国的社会与外国社会不同。在历史上，外国的中古社会，贵族和农民阶级对立鲜明，贵族兼地主，农民即农奴，贫富对立，贵贱悬殊。但中国的中古社会不是这样……中国社会贫富贵贱不鲜明、不强烈、不固定，因此阶级分化和对立也不鲜明、不强烈、不固定……我提出'伦理本位'、'职业分途'八个字……人人尽责，做好本行，则社会就稳定，发展……"

毛泽东耐心地听完梁漱溟的长篇大论，然后心平气和地说："中国社会有其特殊性，有自己的文化传统，有自己的伦理道德，梁先生强调这些也没错。但中国社会却同样有着与西方社会共同的一面，即阶级的对立、矛盾和斗争，这是决定社会前进最本质的东西。我认为梁先生是太看重了中国社会特殊性的一面，而忽略了决定着现代社会性质的共同性即一般性的一面。其理由我再申述之……"

梁漱溟仍然不以为然，坚定自己的观点说："毛先生，恰恰相反，我认为正是您的理论太着重现代社会共同性即一般性的一面，而忽略了中国社会最基本、最重要的特殊性的一面。我们的分歧，正在这里。"

两个人都不断地重复自己的观点，相持不下，到了天亮，谁都没有说服谁。当毛泽东送梁漱溟回去休息时，微笑着说："梁先生是有心之人，我们今天的争论可不必先做结论，姑且存留听下回分解吧。"

十余年后，梁漱溟与毛泽东的争论有了结果。面对在战火中诞生了新中国，梁漱溟在自己的文章毫无保留地说："若干年来我坚决不相信的事情，竟然出现在我眼前。这不是旁的事，就是一个全国统一稳定的政权竟从阶级斗争中而建立，而屹立在世界的东方。我曾经估计它一定要陷于乱斗混战而没有结果的，居然有了结果，而且结果显赫，分明不虚。"

（参考资料：卢之超，《毛泽东与民主人士》，华文出版社，1993年1月版，308—311页）

（参考资料：王守柱、李保华，《毛泽东的魅力 说与写卷》，中央文献出版社，2003年10月版，271—272页）

‖‖‖ 魅力感悟 ‖‖

毛泽东记人的能力很强，很多见过面的人他都能牢牢记住，并能在数十年后的谈话中轻易提起他们的第一次相逢的点滴细节。像是在延安接见黄炎培时，毛泽东说："我们二十多年不见了！1920年5月，在上海，江苏省教育会欢迎杜威博士，你主持会议，在演说中说中国100个中学毕业生中，升学的只有多少多少，失业的倒有多少多少。那一大群听众中有一个毛泽东。"在这里，毛泽东见梁漱溟时说："民国七年，在北京大学，那时你是大学讲师，我是小小图书管理员。读到您的《究元决疑论》，还蛮佩服你敢于向名人挑战的精神呢。你常来豆腐池胡同杨怀中先生家串门，总是我开大门。"时间、地点、情形甚至当初的细节，以及交谈者的演讲及著作的内容，毛泽东都能一一言明，这是在人际交往中对对方极大的尊重，能让对方一下子对自己产生友好。

在之后的阶级斗争的辩论中，毛泽东每一辩论都采取了"欲抑先扬"的方式，先赞扬梁漱溟的书有"独到的见解，不少认识是对的"，后表示自己的观点"改良主义解决不了中国的问题，中国社会需要彻底的革命"；先表示同意对方的观点"中国社会有其特殊性"，后又展现出自己的观点"中国社会却同样有着与西方社会共同的一面"。这样的辩论方式，不强硬，反而柔和，既表达了自己的观点，也让对方感觉到舒适而易于接受，毛泽东用于和党外朋友的交流，十分合适。

而在双方争论不下之后，毛泽东选择了"不辩胜万辩"的最后绝招，"可不必先做结论，姑且存留听下回分解"，既然我们争论的是"悬而未决"的事情，那么就让历史来抉择我们的胜负吧。这也是毛泽东所说的："事实胜于雄辩，真理高于一切。"

第四节　谋略：以退为进，后发制人

纵观全盘，大局为重
——毛泽东说服大家"退让"

　　无论是在战争中，还是谈判里，"退让"都是最难以让人接受的，但是有时候"退让"又是必须的。然而作为负责人，如何向自己的部下解释"退让"的策略，是最考验一个人智慧与口才的。毛泽东作为革命领袖，处处要以大局为重，因此也常常会采取"迂回"、"退让"的策略，每每到了这样关键的时刻，他总能发挥自己的口才，说服大家，解开心结，团结一致，形成强有力的团队集体，为中国革命胜利创造条件。周恩来总理曾说："毛主席总是再三再四地舌敝唇焦地讲，反复地讲，使这个真理为大家接受，变成力量。所以想要把领导者的觉悟、领导者的智慧变成群众的力量，需要经过教育的过程、说服的过程……"

"我们要到这眉毛最浓的地方当'山大王'"

　　1927年的9月，毛泽东带领着秋收起义部队的1500多名官兵来到里仁小学。中央要求这支仅有1500人的部队继续攻打长沙。然而，毛泽东却决定"犯天条"，放弃执行中央的指示。

　　在这简易教室里毛泽东组织了一场特殊的会议，他站在学校后门的讲台上大声说道："难道大家还不知道这个道理吗？叫花子怎么能与龙王爷比宝呢？我们现在还有1500多人。靠我们这些人去攻打长沙，那就好比'叫花子与龙王爷比宝'。我们应该改变行军路线，到罗霄山脉去发展我们的革命，保存我们的力量。"

稍微停顿了一下，毛泽东接着说："我们不是不执行上级的命令。因为，执行上级的命令，也必须依据当时当地的具体情况。因为，上级的命令，也是可以依据当时当地的具体情况加以改变的。"

然而，毛泽东的这番言论，在当时的领导层内部，产生了激烈的争论。工农革命军第一军第一师师长余洒度对此极为不满，以他为代表的少数人，坚持"取道浏阳直攻长沙"的意见。一时间，两军对垒，各不相让。

余洒度说毛泽东把部队拉上山是想当"山大王"，是对抗中央的决策和省委的命令！

对此，毛泽东反驳道："历代都有'山大王'，山大王凭借山势，官兵总是没有办法消灭他。如果说我们也要当'山大王'，那么这个山大王是从来没有过的'山大王'，是共产党领导的有主义、有政策、有办法、闹革命的'山大王'。我们不是不想要长沙，而是我们现在的力量太弱，打不了长沙。中国的地方大，政治不统一，经济不平衡，我们要找敌人最薄弱的地方站稳脚跟。井冈山就是敌人最薄弱的地方，根据目前的情况，我们应该到那里去发展我们的力量！"

毛泽东借了里仁小学的一张地图，图上的罗青山脉就像一弯眉毛。他指着中段的井冈山坚定地说："我们要到这眉毛最浓的地方当'山大王'。"

争吵发展到了白热化，谁也说服不了谁，不得不采用投票表决的办法来决定最后的意见。关键时刻，总指挥卢德铭投了毛泽东一票，支持了毛泽东的正确主张，同意带部队向井冈山进军的意见。余洒度碍于卢德铭是他的顶头上司，红着脸，忿忿不平地离开了会场。

上了井冈山以后，毛泽东成功地收编了当时已在山上做"山大王"的袁文才和王佐，还向他们学到了"既要会打仗，又要会打圈"的宝贵经验。所谓"打圈"，就是在官军上山时，往密林一钻，绕几个圈就把官军甩掉了。这给毛泽东后来的游击战战术以很大的启示！

（参考资料：路浩，《毛泽东楹联·名句·趣事》，解放军文艺出版社，2003年1月版，40—45页）

"打鱼不在急滩上，后退一步自然宽"

重庆谈判中，蒋介石与中共存在巨大分歧。经过几番交锋，最终，毛泽东决定让出八个分布在广东、浙江、苏南、皖南、皖中、湖南、湖北、河南等省区内的人民军队在抗日战争时期所建立的革命根据地。这一巨大让步让很多同事都想不明白。

"让出八个解放区？"毛泽东身边的工作人员都不解地问。

毛泽东耐心地给大家解释："让出八个解放区非常可惜，因为这是人民用血汗创造出来的。所以在让出的地方我们必须和当地的人民解释清楚，要作妥善的处置。但这些都是为了谈判的需要。你们想想，重庆是蒋介石的陪都，人家的家在南京，现在抗战胜利了，人家要搬回老家，南方的一些解放区，在他的床旁边，或者在他的过道上，我们在那里，人家就是不能安心睡觉嘛。所以，无论如何他是拼命要来争的。在这一点上我们主动采取让步，就有利于击破国民党说我们争地盘的谎言，戳穿他们想打内战的阴谋，取得国内外广大中间分子的同情。再者，既然是谈判，就得有退有进，打鱼不在急滩上，后退一步自然宽。谁人不知，两个拳师放对，聪明的拳师往往退让一步，而蠢人则气势汹汹，劈头就使出全副看家本领，结果，却往往被退让者打倒。《水浒》上的洪教头，在柴进家中要打林冲，连唤几个来、来、来。结果，被退让中的林冲看出破绽，一脚踢翻。所以说有时退是为了更好地进嘛！"

听罢毛泽东的一席话，几个同志心里顿觉敞亮了许多。

（参考资料：李清华，《雾都较量》，中共中央党校出版社，1994年4月版，94—95页）

ⅡⅡⅡ 魅力感悟 ⅢⅢⅢⅢⅢⅢⅢⅢⅢⅢⅢⅢⅢⅢⅢⅢⅢⅢⅢⅢⅢⅢⅢⅢⅢ

在里仁小学讲话，毛泽东用了俗语"叫花子与龙王爷比宝"来形容用1500人的部队去攻打大城市的情形就如同叫花子和龙王之间比宝一样会必败，生动形象地展现了目前的形势。然后在说明改变路线时，毛泽东并不强调是不执行上级的决定，而是强调任何决定都要"依据当时当地的具体情况"，就是告诉大家我们不是违抗命令，而是在根据特定的实际情况灵活而机动的执行命令，来减轻大家"违抗军令"的心理负担。对于反对者提出的"山大王"，毛泽东既不肯定也不否定，而是采取了"旧瓶装新酒"的方式，赋予了"山大王"新的含义——"是共产党领导的有主义、有政策、有办法、闹革命的'山大王'"。并再次解释"不是不想要长沙，而是我们现在的力量太弱，打不了长沙"，不是不执行命令，也不是违抗命令，而是这个命令不切实际。如何说服大家"退"，就要清楚地表明"进"的危害，毛泽东就是充分利用了反证法来说服大家放弃"进攻"。

在重庆谈判中"让"的问题上，毛泽东首先说明"让"是可惜的，肯定了大家的疑问，表示了自己与大家在"让"这个问题上同样心痛，先稳住大家的情绪，以便耐心地听下面的解释。再说明为什么偏偏要这样"让"，这样"让"又有哪些好处，"主动采取让步"一是"有利于击破国民党说我们争地盘的谎言"，二是"戳穿他们想打内战的阴谋"，三是"取得国内外广大中间分子的同情"。为了加强说明毛泽东还特意举了"拳师放对"和《水浒》里林冲打洪教头的故事来加以佐证退的好处，用例证法证明"退是为了进"。

欲取故予，欲擒故纵
——毛泽东说服延安领导干部

毛泽东在《中国革命战争的战略问题》中曾说："关于丧失土地的问题，常有这样的情形，就是只有丧失才能不丧失，这是'将欲取之，必先与之'的原则。如果我们丧失的是土地，而取得的是战胜敌人，加恢复土地，再加扩大土地，这是赚钱生意。"在解放战争期间，毛泽东就是用这样的方式，主动放弃了延安，和蒋介石做了一笔"赚钱生意"。在"放弃延安"的问题上，毛泽东大展口才，引战例、作对比、打比喻，为下面的干部们做了充分的思想工作，让他们充分理解了中央的决策，个个心悦诚服。

"包袱就送给你们背上吧"

1947年3月，蒋介石决定对陕甘宁边区实行"重点进攻"，让胡宗南带领25万精锐部队进犯延安。毛泽东决定采取撤出延安，诱敌深入的战略，但是担心很多同志不理解撤出延安的策略，使人心不稳，他特意招来了部分干部做思想工作。

毛泽东接见了新四旅的部分干部，亲切地同大家握手，风趣地说："让你们久等了。你们看，要搬家了，要给胡宗南腾出延安嘛，忙一些。"

等大家一坐下，毛泽东便问起西华池战斗的详细情况，问指战员的情绪怎么样。

程悦长副旅长汇报说，他们给了敌四十八旅一个沉重的打击，现在是兵强马壮，给养充足，士气高昂。表示决心坚决保卫毛主席，保卫党中央，保卫延安。

谈到保卫延安的问题，毛泽东说："延安是革命圣地，全中国的人民景仰它，全世界的人民钦佩它，一切反动派都憎恨它。我们在这里学了马列主义，传播了真理，领导了人民的革命斗争，保卫延安是应当的。但是，这并不是说，就要跟敌人硬拼。过去有些笨人，把不放弃一寸土地的战略口号用在战术上，不管自己力量大小，都分兵把口，和敌人打硬仗，这是错误的。我军作战要以歼灭敌人有生力量为主要目标，不以保守和夺取地方为主要目标；保守或夺取地方是歼敌有生力量的结果，往往需反复多次才能最后地保守和夺取。"

毛泽东用目光扫视一下在座的人，接着说："根据情况看，敌人来势很猛，兵力很集中，我们兵力没有他们多，不容易一下子消灭它。因此，中央决定暂时把延安让给它。"

大家听到这句话，都沉默不语，心里也都不是滋味。

毛泽东问道："我们要暂时撤离延安，战士们有什么意见？"

程副旅长说："大家都拥护中央的决定，但是，只要中央下命令，我们保证不让敌人进延安。"

毛泽东笑了笑，又问："干部们有什么想法？"

袁学凯团长说："不在这里好好打一仗就把延安让给敌人，真有些不甘心。"

这次，毛泽东朗声大笑起来："现在我们的部队在前面打得激烈，阻止敌人一天进不了几里远。敌人来了，你完全可以在这里打几枪'欢迎'胡宗南嘛。告诉他，我们定了，延安这个包袱，交给你去背吧！"听完毛泽东的这句话，大家都笑起来。

毛泽东接着说："同志们应该对第五次反'围剿'还记忆犹新吧！那时我们就是吃了斤斤计较一城一地得失的亏。我们有的同志把'不放弃一寸土地'的政治口号用在战术上，不管自己力量的大小，和敌人死打硬拼，结果怎么样大家都很清楚，我也就不说了。所以，如果计较土地的暂时得失而造成部队的伤亡，这是完全错误的。同志们，我打个很浅显的比喻，譬如有一个人，武艺很高，但他背了个很重的包袱，包袱里尽是些金银财宝，碰见强盗拦路打劫，要抢这个装有金银财宝的包袱，他的手脚就很不灵便，同强盗对打起来，就会打不赢，就会被强盗打死。这样一来，不但金银财宝保不住，而且连性命也丢了。如果他把包袱一扔，包袱暂时到了强盗手中，但他能轻装上阵，能使出全身武艺，跟强盗对打，他就完全有可能将强盗制伏，或者将其打死。这样，他不仅保住了性命，而且还完整地保住了财物。我们老祖宗常说的"将欲取之，必先予之"也是这个道理。"

毛泽东见时机已到，就话锋一转："同志们，寸土必争是对的，现在的问题是怎么争。存人失地，人地皆存；存地失人，人地皆失；这是一个再清楚不过的道理了。现在，我们暂时放弃延安，就是要让敌人把包袱背上，使自己打起仗来更主动、更灵活；而敌人背的包袱越多、越重，他就越走不动，这样，就有利于我们大量消灭他们。"

毛泽东看看大家，伸手拿起一支烟，说："蒋介石穷途末路，即使占领延安，也改变不了人民解放战争必胜的趋势，挽救不了他灭亡的命运。"

说到这里，毛泽东站起来走了几步，望着大家继续说："我们有一切把握取得最后胜利，这一点是肯定无疑的。但这并不是说我们面前没有困难。不看到我们有困难是不对的，要看到困难，看到了就要有计划地去克服它。陕北作战部队的困难，一是兵力。敌人有20多万，我们只有2万多一点，比例是10比1。我们其他战场要好得多，敌我力量相比不这么悬殊。因此我们比其他解放区要更困难一些。要战胜敌人，除了指挥得好，部队也要多受些辛苦。二是兵源。陕北老百姓是支持我们的，但是陕北人口不多，加上支前生产，能补充到野战部队的就更少。最好的办法，就是打敌人的主意，把他的兵俘虏过来，加以教育，让他们明白谁是真正的敌人，掉转枪口，和我们一起战斗。如果把敌人搞掉三分之一，敌人缩小了，我们壮大了，就可以改变敌我力量对比。三是装备。边区限于条件，一直没办起大的兵工厂。我们装备不如敌人，弹药也不充足，解决的办法就是一切取之于前方，用之于前方。"

大家都迅速地往本子上记着，不时互相交换着目光和微笑。

毛泽东接着说："敌人要占领延安和边区其他城市，就不得不分散兵力。我们呢？我们就是要集中兵力，打运动战，打主动仗。一切事情都要从实际出发，看菜吃饭，量体裁衣，有什么本钱就打什么仗。我们部队数量和装备都比不上敌人，因此，我们采取的办法是先打弱敌，后打强敌，先打分散孤立的敌人，后打集中强大的敌人。好比你面前有三个对手，一个强手，两个弱手。你先把两个弱手一一打倒，剩下那一个强的，前后失去了照应，他就孤立了，胆怯了，强手就变成了弱手，一打就能倒。把弱的消灭了，强的也变弱了；把分散的打了，集中的又要分散。我们这次打仗，采用蘑菇战术。你们的任务，是做磨心战，牵敌人，磨敌人，使他们疲劳饿饭，再寻机会歼灭它。一个月歼灭它几个团，过上一年光景，情况就会好转。"

毛泽东幽默地说："敌人占领了延安后，就等于头上的虱子，想甩也甩不掉了。现在，敌人进攻延安是握着拳头；占了延安后，他就要把手指头松开，也就是分散兵力了，我们就可以一个一个切掉他们。大家都知道蒋介石打仗是为了争地盘。占领延安后，他就会开庆祝大会。这好办，他要地盘，我暂时给他，我们打仗，是为了俘虏他们的兵，缴获他们的美式装备，消灭他的有生力量，以壮大我们的力量。所以，蒋介石他打他的，我们打我们的好了。等到我们那位蒋委员长算清这笔账，后悔就来不及了。将来人们会看到，蒋介石占领延安，绝不是他们的胜利，而是搬起石头砸自己的脚，那时他可就要倒霉了哟。"

看着谈话将近结束，袁团长站起来，说："请主席放心，我们一定按照您的指示去做。同时我们也有个要求，现在敌人进攻很猛，请主席早些转移到河东去。"

毛主席做了个手势，请袁团长坐下，说："是呀！敌人是来者不善，气势非常凶，要以'消灭共产党，活捉毛泽东'为目标。他们想在大军通过延安时，空投降落伞部队，两路夹攻。把你们调回来就是准备打伞兵的。如果敌人伞兵活捉了我，你们是要做检讨的喽。"这幽默的话，又把人都说笑了。

毛泽东收住笑，又严肃地说："好多地方也来电报催我过黄河。中央有个安定的环境，对指挥全国作战也的确有好处。不过，我有一个想法，就是撤出延安，也还想留在陕北。我们在延安住了十几年，都一直是处在和平环境之中，现在一有战争就走，怎么对得起老百姓？所以，我决定和陕北老百姓一起，什么时候打败胡宗南，什么时候再过黄河。我不离开陕北，还有一个理由，现在有几个解放区刚刚夺得主动，如果蒋介石把胡宗南投入别的战场，那里就会增加困难。中央在这里，蒋介石就会多下些本钱。这样，咱们负担重些，就能把敌人拴住，不让他走，最后还要消灭他。"

（参考资料：阎长林，《警卫毛泽东纪事》，吉林人民出版社，2001年8月版，42—46页）

（参考资料：唐春元，黄先健，《毛泽东的说服与攻心之道》，湖南人民出版社，2002年10月版，223—225页）

▍▍▍▍ 魅力感悟 ▍▍▍

一见面，毛泽东就用了自己惯用的幽默"你们看，要搬家了，要给胡宗南腾出延安嘛"，来缓解战士们的紧张。在"放弃延安"的问题上，毛泽东先说延安的重要，"保卫延安是应当的"，来说明中央与大家一样都不愿意放弃延安，但是之所以做出放弃延安这个决定也是再三考虑，利弊权衡的结果。看见大家个个都因为"放弃延安"而悲观不甘心之时，毛泽东又用了"你完全可以在这里打几枪'欢迎'胡宗南嘛。告诉他，我们定了，延安这个包袱，交给你去背吧"来风趣打散大家悲观的情绪。

首先，毛泽东运用反证法，用了我军历史上"第五次反'围剿'"的失败来说明计较土地的暂时得失而造成部队的伤亡，这是完全错误。现在如果要死守延安的土地，也必将造成像之前第五次反'围剿'一样的失败。这是前车之鉴。随后，毛泽东又运用打比方的形式，用高武艺的人背着金银财宝与强盗打架来浅显易懂地说明"将欲取之，必先予之"的道理。再后，毛泽东开始分析当前的局势，提出了战争的三大困难，总的来说都是因为敌强我弱、敌多我少的原因。但是如果让敌人占领延安后情形就会发生变化，很多困难便迎刃而解，敌人虽然多但是就会分散，利于我们消灭、转化。毛泽东运用"假设法"，让战士们清楚地想到了"放弃延安"后的好处。通过了三个阶段的说服，毛泽东将不"放弃延安"的坏处与"放弃延安"的好处——摆明，让战士们充分清楚地理解了中央"放弃延安"是高瞻远瞩的正确决策。

最后毛泽东用"如果敌人伞兵活捉了我，你们是要做检讨的喽"来风趣地给战士们压力，用轻松的话语传递了让战士们"好好打仗"的意思。而坚决"留在陕北"，也是在表明自己与百姓们、战士们同在，给即将面对一场艰难战争的战士们打气、鼓劲。

第四章

豪迈奔放
——毛泽东的演讲功力

　　大凡政治家，都是天生的辩论家与演讲家。作为新中国的缔造者与领导人，毛泽东的演讲口才尤为突出，他一生指导的波澜壮阔、艰巨复杂的中国革命与国家建设，都是通过他的巨人之口，宣传思想，传播真理，捍卫正义，鞭笞丑恶。

　　他的演说有的满怀豪情，激情四射，听之激励人心，鼓舞士气；有的演说高瞻远瞩，雄辩滔滔，让人茅塞顿开，化疑解难；还有的演说嬉笑怒骂、酣畅淋漓，启人深思，知理明事；更有的演说妙语连篇，高论纷呈，让人倾倒，叹为观止。毛泽东的演说，人人皆懂，人人愿听，人人都喜闻乐见，这是他演讲口才最大的魅力所在。在他无比丰富的演讲艺术中，我们能探求到许多提升口才的方法与技巧。

第一节　思想：观点鲜明，论据充分

观点明确，层次清晰
——毛泽东说鲁迅

　　1937年10月19日，毛泽东在延安陕北公学纪念鲁迅逝世一周年的大会上，即兴演讲，发表了题为《论鲁迅》的演讲，以全面而完整的观点论述了鲁迅，赋予了鲁迅全新的"三大特点"。在这篇言简意明的讲话中，毛泽东并没有讲述鲁迅被一般人所熟知文学艺术，反而是结合着当时国内抗日战争的形势及陕北公学培养抗日先锋队的任务，创造性地提出了"鲁迅精神"，并对此做了精辟的论述。这篇演讲稿，不仅是一篇在当时当地激动人心的优秀演讲稿，也是一篇十分出彩的作家论。

《论鲁迅》

同志们：

　　今天我们陕北公学主要的任务是培养抗日先锋队的任务。当着这伟大的民族自卫战争迅速地向前发展的时候，我们需要大批的积极分子来领导，需要大批的精练的先锋队来开辟道路。这种先锋分子是胸怀坦白的，忠诚的，积极的与正直的；他们是不谋私利的，唯一地为着民族与社会的解放；他们不怕困难，在困难面前总是坚定的，勇往直前；他们不是狂妄分子，不是风头主义者，而是脚踏实地富于实际精神的人们。他们在革命的道路上起着向导的作用。目前的战局只是单纯政府与军队的抗战，没有广大的人民参加，这是绝对没有最后胜利的保障的。我们现在需要造就一大批为民族解放而斗争到底的先锋队，要他们去领导群众，组织群众，来完成这历史的任务。首先全国的广大的先锋队要赶紧组织起来。我们共产党是无产阶级的先锋队，同时又是最彻底的民族解放的先锋队。我们要为完成这一任务而苦战到底。

我们今天纪念鲁迅先生，首先要认识鲁迅先生，要懂得他在中国革命史中所占的地位。我们纪念他，不仅因为他的文章写得好，是一个伟大的文学家，而且因为他是一个民族解放的急先锋，给革命以很大的助力。他并不是共产党组织中的一人，然而他的思想、行动、著作，都是马克思主义的。他是党外的布尔什维克。尤其在他的晚年，表现了更年青的力量。他一贯地不屈不挠地与封建势力和帝国主义作坚决的斗争，在敌人压迫他、摧残他的恶劣的环境里，他忍受着，反抗着，正如陕北公学的同志们能够在这样坏的物质生活里勤谨地学习革命理论一样，是充满了艰苦斗争的精神的。陕北公学的一切物质设备都不好，但这里有真理，讲自由，是造就革命先锋分子的场所。

鲁迅是从正在溃败的封建社会中出来的，但他会杀回马枪，朝着他所经历过来的腐败的社会进攻，朝着帝国主义的恶势力进攻。他用他那一支又泼辣又幽默又有力的笔，画出了黑暗势力的鬼脸，画出了丑恶的帝国主义的鬼脸，他简直是一个高等的画家。他近年来站在无产阶级与民族解放的立场，为真理与自由而斗争。鲁迅先生的第一个特点，是他的政治的远见。他用望远镜和显微镜观察社会，所以看得远，看得真。他在一九三六年就大胆地指出托派匪徒的危险倾向，现在的事实完全证明了他的见解是那样的准确，那样的清楚。

鲁迅在中国的价值，据我看要算是中国的第一等圣人。孔夫子是封建社会的圣人，鲁迅则是现代中国的圣人。我们为了永久纪念他，在延安成立了鲁迅图书馆，在延长开办了鲁迅师范学校，使后来的人们可以想见他的伟大。

鲁迅的第二个特点，就是他的斗争精神。刚才已经提到，他在黑暗与暴力的进袭中，是一株独立支持的大树，不是向两旁偏倒的小草。他看清了政治的方向，就向着一个目标奋勇地斗争下去，决不中途投降妥协。有些不彻底的革命者起初是参加斗争的，后来就"开小差"了。比如德国的考茨基、俄国的普列汉诺夫就是明显的例子。在中国这等人也不少。正如鲁迅先生所说，最初大家都是"左"的，革命的，及到压迫来了，马上有人变节，并把同志拿出去献给敌人作为见面礼。鲁迅痛恨这种人，同这种人做斗争，随时教育着训练着他所领导下的文学青年，教他们坚决斗争，打先锋，开辟自己的路。

鲁迅的第三个特点是他的牺牲精神。他一点也不畏惧敌人对于他的威胁、利诱与残害，他一点不避锋芒地把钢刀一样的笔刺向他所憎恨的一切。他往往是站在战士的血痕中，坚韧地反抗着、呼啸着前进。鲁迅是一个彻底的现实主义者，他丝毫不妥协，他具备坚决的心。他在一篇文章里，主张打落水狗。他说，若果不打落水狗，它一旦跳起来，就要咬你，最低限度也要溅你一身的污泥。所以他主张打到底。他一点没有假慈悲的伪君子的色彩。现在日本帝国主义这条疯狗，还没有被我们打下水，我们要一直打到它不能翻身，退出中国国境为止。我们要学习鲁迅的这种精神，把它运用到全中国去。

综合上述这几个特点，形成了一种伟大的"鲁迅精神"。鲁迅的一生就贯穿了这种精神。所以，他在文艺上成了一个了不起的作家，在革命队伍中是一个很优秀的很老练的先锋分子。我们纪念鲁迅，就要学习鲁迅的精神，把它带到全国各地的抗战队伍中去，为中华民族的解放而奋斗!

（载自：《毛泽东文集》第二卷，人民出版社，1993年12月版）

ⅠⅠⅠⅠⅠ 魅力感悟 ⅠⅠ

这篇演讲最大的特点是观点明确、层次清晰。这篇演讲稿分为三大部分，条理清楚，甚至是主体部分的小观点之间也有着缜密的逻辑。

第一、二段为演讲的第一部分，因为是在陕北公学的演讲，毛泽东首先阐述陕北公学的任务就是"培养抗日先锋队"，而对于"先锋分子"的要求是极高的。再讲纪念鲁迅，"因为他是一个民族解放的急先锋"。用"先锋"将陕北公学与鲁迅巧妙地联系在一起。叶圣陶先生曾说："作文要有所为而作"，演讲也要"有所为而作"，毛泽东之所以不选文学、不选作品，而是选择了这样一个角度来论述鲁迅，就是因为演讲的大环境"抗日战争"和演讲的小环境"陕北公学的任务"所致，结合实际、结合环境所做的演讲才能吸引人，具有巨大的现实的指导作用。

第三到六段是演讲第二部分，也是文章的主体，采用了总分的结构。详细阐述了"鲁迅精神"的三大特点，政治远见、斗争精神和牺牲精神。在论述三大特点之前，毛泽东对鲁迅战斗道路给予了概括："鲁迅是从正在溃败的封建社会中出来的，但他会杀回马枪，朝着他所经历过来的腐败的社会进攻，朝着帝国主义的恶势力进攻。他用他那一支又泼辣，又幽默，又有力的笔，画出了黑暗势力的鬼脸，画出了丑恶的帝国主义的鬼脸，他简直是一个高等的画家。他近年来站在无产阶级与民族解放的立场，为真理与自由而斗争。"将鲁迅的背景及以笔斗争的文字风格生动地展现出来。从这个总体概括中引出鲁迅的"三大特点"：政治的远见、斗争精神、牺牲精神。这三个特点环环相扣，不能颠倒、不能换位，足见毛泽东演讲逻辑的缜密。只有"看清了政治的方向"，才能"向着一个目标奋勇地斗争"，只有在斗争中，才能体现出不惧"威胁、利诱与残害"、"丝毫不妥协"的"牺牲精神"。

演讲的结尾，第三部分，把鲁迅的三大特点总结归纳为"鲁迅精神"，指出正因为这种精神，鲁迅才成为"一个很优秀的很老练的先锋分子"，呼应着文章开头陕北公学的任务培养"先锋分子"，号召大家学习鲁迅将自己培养为"先锋分子"。

虽然这是一篇规矩的演讲稿，但是言语之间处处彰显着毛泽东革命人的宏大气魄与无限激情，"他看清了政治的方向，就向着一个目标奋勇地斗争下去，决不中途投降妥协"，"他往往是站在战士的血痕中，坚韧地反抗着、呼啸着前进"等等，这些精彩的话语今天读起来仍让人心潮澎湃。

论据翔实，论证严密
——毛泽东论持久战

1938年5月，在延安抗日战争研究会上，近十天的会议中，毛泽东做了多次演讲，最后这些演讲被人汇集成册，成了最为著名的军事论著——《论持久战》。《论持久战》是一篇长篇论著，近五万字的文章，一共包含了二十一个问题，几乎回答了当时社会上对待抗日战争的各种疑问，不仅有力地批驳了当时在抗日战争问题上存在的"亡国论"与"速胜论"，还对抗日战争的发展、演变进行了预测，坚定了全国人民抗日的决心与意志。日本东京大学教授近藤邦康这样评价《论持久战》："日本被中国打败是当然的，这样非常好的战略著作在日本是没有的。日本特资方面和科学技术方面都优于中国，武器优越于中国，但没有这样的以哲学为基础的宏远战略眼光，日本没有。日本的军队是速决战，中国的战略是持久战，结果，日本被中国的持久战打败了。"

《论持久战》虽然是一篇著名的军事论著，但同时它也是一篇卓越的演讲稿。从演讲的角度，《论持久战》属于一篇议论文体的演讲稿，而议论文演讲能够使人信服与赞同的关键就在于它的论据与论证。我们引述这篇演讲稿的两个问题做一分析就可以看到它翔实的论据与严密的论证，足以令人折服。

驳亡国论

亡国论者看到敌我强弱对比一个因素，从前就说"抗战必亡"，现在又说"再战必亡"。如果我们仅仅说，敌人虽强，但是小国，中国虽弱，但是大国，是不足以折服他们的。他们可以搬出元朝灭宋、清朝灭明的历史证据，证明小而强的国家能够灭亡大而弱的国家，而且是落后的灭亡进步的。如果我们说，这是古代，不足为据，他们又可以搬出英灭印度的事实，证明小而强的资本主义国家能够灭亡大而弱的落后国家。所以还须提出其他的根据，才能把一切亡国论者的口封住，使他们心服，而使一切从事宣传工作的人们得到充足的论据去说服还不明白和还不坚定的人们，巩固其抗战的信心。

这应该提出的根据是什么呢？就是时代的特点。这个特点的具体反映是日本的退步和寡助，中国的进步和多助。

我们的战争不是任何别的战争，乃是中日两国在二十世纪三十年代进行的战争。在我们的敌人方面，首先，它是快要死亡的帝国主义，它已处于退步时代，不但和英灭印度时期英国还处于资本主义的进步时代不相同，就是和二十年前第一次世界大战时的日本也不相同。此次战争发动于世界帝国主义首先是法西斯国家大崩溃的前夜，敌人也正是为了这一点才举行这个带最后挣扎性的冒险战争。所以，战争的结果，灭亡的不会是中国而是日本帝国主义的统治集团，这是无可逃避的必然性。再则，当日本举行战争的时候，正是世界各国或者已经遭遇战争或者快要遭遇战争的时候，大家都正在或准备着为反抗野蛮侵略而战，中国这个国家又是同世界多数国家和多数人民利害相关的，这就是日本已经引起并还要加深地引起世界多数国家和多数人民的反对的根源。

中国方面呢？它已经不能和别的任何历史时期相比较。半殖民地和半封建社会是它的特点，所以被称为弱国。但是在同时，它又处于历史上进步的时代，这就是足以战胜日本的主要根据。所谓抗日战争是进步的，不是说普通一般的进步，不是说阿比西尼亚抗意战争的那种进步，也不是说太平天国或辛亥革命的那种进步，而是说今天中国的进步。今天中国的进步在什么地方呢？在于它已经不是完全的封建国家，已经有了资本主义，有了资产阶级和无产阶级，有了已经觉悟或正在觉悟的广大人民，有了共产党，有了政治上进步的军队即共产党领导的中国红军，有了数十年革命的传统经验，特别是中国共产党成立以来的十七年的经验。这些经验，教育了中国的人民，教育了中国的政党，今天恰好作了团结抗日的基础。如果说，在俄国，没有一九〇五年的经验就不会有一九一七年的胜利；那末，我们也可以说，如果没有十七年以来的经验，也将不会有抗日的胜利。这是国内的条件。

国际的条件，使得中国在战争中不是孤立的，这一点也是历史上空前的东西。历史上不论中国的战争也罢，印度的战争也罢，都是孤立的。惟独今天遇到世界上已经发生或正在发生的空前广大和空前深刻的人民运动及其对于中国的援助。俄国一九一七年的革命也遇到世界的援助，俄国的工人和农民因此胜利了，但那个援助的规模还没有今天广大，性质也没有今天深刻。今天的世界的人民运动，正在以空前的大规模和空前的深刻性发展着。苏联的存在，更是今天国际政治上十分重要的因素，它必然以极大的热忱援助中国，这一现象，是二十年前完全没有的。所有这些，造成了和造成着为中国最后胜利所不可缺的重要的条件。大量的直接的援助，目前虽然还没有，尚有待于来日，但是中国有进步和大国的条件，能够延长战争的时间，促进并等候国际的援助。

加上日本是小国，地小、物少、人少、兵少，中国是大国，地大、物博、人多、兵多这一个条件，于是在强弱对比之外，就还有小国、退步、寡助和大国、进步、多助的对比，这就是中国决不会亡的根据。强弱对比虽然规定了日本能够在中国有一定时期和一定程度的横行，中国不可避免地要走一段艰难的路程，抗日战争是持久战而不是速决战；然而小国、退步、寡助和大国、进步、多助的对比，又规定了日本不能横行到底，必然要遭到最后的失败，中国决不会亡，必然要取得最后的胜利。

阿比西尼亚为什么灭亡了呢？第一，它不但是弱国，而且是小国。第二，它不如中国进步，它是一个古老的奴隶制到农奴制的国家，没有资本主义，没有资产阶级政党，更没有共产党，没有中国这样的军队，更没有如同八路军这样的军队。第三，它不能等候国际的援助，它的战争是孤立的。第四，这是主要的，抗意战争领导方面有错误。阿比西尼亚因此灭亡了。然而阿比西尼亚还有相当广大的游击战争存在，如能坚持下去，是可以在未来的世界变动中据以恢复其祖国的。

如果亡国论者搬出中国近代解放运动的失败史来证明"抗战必亡"和"再战必亡"的话，那我们的答复也是时代不同一句话。中国本身、日本内部、国际环境都和过去不相同。日本比过去更强了，中国的半殖民地和半封建地位依然未变，力量依然颇弱，这一点是严重的情形。日本暂时还能控制其国内的人民，也还能利用国际间的矛盾作为其侵华的工具，这些都是事实。然而在长期的战争过程中，必然要发生相反的变化。这一点现在还不是事实，但是将来必然要成为事实的。这一点，亡国论者就抛弃不顾了。中国呢？不但现在已有新的人、新的政党、新的军队和新的抗日政策，和十余年以前有很大的不同，而且这些都必然会向前发展。虽然历史上的解放运动屡次遭受挫折，使中国不能积蓄更大的力量用于今日的抗日战争。这是非常可痛惜的历史的教训，从今以后，再也不要自己摧残任何的革命力量了。然而就在既存的基础上，加上广大的努力，必能逐渐前进，加强抗战的力量。伟大的抗日民族统一战线，就是这种努力的总方向。国际援助一方面，眼前虽然还看不见大量的和直接的，但是国际局面根本已和过去两样，大量和直接的援助正在酝酿中。中国近代无数解放运动的失败都有其客观和主观的原因，都不能比拟今天的情况。在今天，虽然存在着许多困难条件，规定了抗日战争是艰难的战争，例如敌人之强，我们之弱，敌人的困难还刚在开始，我们的进步还很不够，如此等等，然而战胜敌人的有利条件是很多的，只须加上主观的努力，就能克服困难而争取胜利。这些有利条件，历史上没有一个时候可和今天比拟，这就是抗日战争必不会和历史上的解放运动同归失败的理由。

（载自：《毛泽东选集（第二卷）》，人民出版社，1991年版）

为什么是持久战？

现在我们来把持久战问题研究一下。"为什么是持久战"这一个问题，只有依据全部敌我对比的基本因素，才能得出正确的回答。例如单说敌人是帝国主义的强国，我们是半殖民地半封建的弱国，就有陷入亡国论的危险。因为单纯地以弱敌强，无论在理论上，在实际上，都不能产生持久的结果。单是大小或单是进步退步、多助寡助，也是一样。大并小、小并大的事都是常有的。进步的国家或事物，如果力量不强，常有被大而退步的国家或事物所灭亡者。多助寡助是重要因素，但是附随因素，依敌我本身的基本因素如何而定其作用的大小。因此，我们说抗日战争是持久战，是从全部敌我因素的相互关系产生的结论。敌强我弱，我有灭亡的危险。但敌尚有其他缺点，我尚有其他优点。敌之优点可因我之努力而使之削弱，其缺点亦可因我之努力而使之扩大。我方反是，我之优点可因我之努力而加强，缺点则因我之努力而克服。所以我能最后胜利，避免灭亡，敌则将最后失败，而不能避免整个帝国主义制度的崩溃。

既然敌之优点只有一个，余皆缺点，我之缺点只有一个，余皆优点，为什么不能得出平衡结果，反而造成了现时敌之优势我之劣势呢？很明显的，不能这样形式地看问题。事情是现时敌我强弱的程度悬殊太大，敌之缺点一时还没有也不能发展到足以减杀其强的因素之必要的程度，我之优点一时也没有且不能发展到足以补充其弱的因素之必要的程度，所以平衡不能出现，而出现的是不平衡。

敌强我弱，敌是优势而我是劣势，这种情况，虽因我之坚持抗战和坚持统一战线的努力而有所变化，但是还没有产生基本的变化。所以，在战争的一定阶段上，敌能得到一定程度的胜利，我则将遭到一定程度的失败。然而敌我都只限于这一定阶段内一定程度上的胜或败，不能超过而至于全胜或全败，这是什么缘故呢？因为一则敌强我弱之原来状况就是相对的，不是绝对的；二则由于我之坚持抗战和坚持统一战线的努力，更加造成这种相对的形势。拿原来状况来说，敌虽强，但敌之强已为其他不利的因素所减杀，不过此时还没有减杀到足以破坏敌之优势的必要的程度；我虽弱，但我之弱已为其他有利的因素所补充，不过此时还没有补充到足以改变我之劣势的必要的程度。于是形成敌是相对的强，我是相对的弱；敌是相对的优势，我是相对的劣势。双方的强弱优劣原来都不是绝对的，加以战争过程中我之坚持抗战和坚持统一战线的努力，更加变化了敌我原来强弱优劣的形势，因而敌我只限于一定阶段内的一定程度上的胜或败，造成了持久战的局面。

然而情况是继续变化的。战争过程中，只要我能运用正确的军事的和政治的策略，不犯原则的错误，竭尽最善的努力，敌之不利因素和我之有利因素均将随战争之延长而发展，必能继续改变着敌我强弱的原来程度，继续变化着敌我的优劣形势。到了新的一定阶段时，就将发生强弱程度上和优劣形势上的大变化，而达到敌败我胜的结果。

目前敌尚能勉强利用其强的因素，我之抗战尚未给他以基本的削弱。其人力、物力不足的因素尚不足以阻止其进攻，反之，尚足以维持其进攻到一定的程度。其足以加剧本国阶级对立和中国民族反抗的因素，即战争之退步性和野蛮性一因素，亦尚未造成足以根本妨碍其进攻的情况。敌人的国际孤立的因素也方在变化发展之中，还没有达到完全的孤立。许多表示助我的国家的军火资本家和战争原料资本家，尚在唯利是图地供给日本以大量的战争物资，他们的政府亦尚不愿和苏联一道用实际方法制裁日本。这一切，规定了我之抗战不能速胜，而只能是持久战。中国方面，弱的因素表现在军事、经济、政治、文化各方面的，虽在十个月抗战中有了某种程度的进步，但距离足以阻止敌之进攻及准备我之反攻的必要的程度，还远得很。且在量的方面，又不得不有所减弱。其各种有利因素，虽然都在起积极作用，但达到足以停止敌之进攻及准备我之反攻的程度则尚有待于巨大的努力。在国内，克服腐败现象，增加进步速度；在国外，克服助日势力，增加反日势力，尚非目前的现实。这一切，又规定了战争不能速胜，而只能是持久战。

（载自：《毛泽东选集（第二卷）》，人民出版社，1991年版）

‖‖‖‖ **魅力感悟** ‖‖

《驳亡国论》一节属于驳论，就是驳斥别人错误的观点，同时树立自己正确的观点。毛泽东并未开门见山地驳斥"亡国论"，而是先提出了另一个驳斥亡国论的论据"大国胜小国"。这个观点是普遍的，也是大家都能够想到的观点，然而毛泽东却将这个观点再三驳斥，来告诉人们单独一个论据是不充足的，用来引出自己的"充足的论据"，这是一个牢牢抓住人心的开头。随后毛泽东以自问自答的方式提出自己的论据，自问自答的方式在演讲中常用来引出主题，这是对主题的一种强调，容易被听者牢记。毛泽东增加的论据是"进步、多助"胜"退步、寡助"，而这个论据提出的根据是"时代的特点"。如下，毛泽东用了对比的方法分别阐述了敌我双方的情况，得出最终的论据"小国、退步、寡助和大国、进步、多助"的对比，中国决不会亡，必然要取得最后的胜利。毛泽东并未就此结束演讲，而是列举了阿比西尼亚的例子，"小国、落后、孤立"的灭亡来证明自己的论据。在最后毛泽东用亡国论者的疑问，再一次的强调了自己论据提出的根据是"时代的特点"，就是告诉大家之所以亡国论者每每做出的类比都是中国会灭亡，根本在于他们类比的方法是简单的，是没有加入时代特点的，所以结论也必定的错误的。

在《为什么是持久战？》一节中，毛泽东首先说明得出这个结论的出发点，必须是"依据全部敌我对比的基本因素"，如果出发点就错了，只会偏离结论背道而驰。论战争的持久，需要驳斥"亡国"与"速胜"两个方面。首先毛泽东从四个基本要素出发，敌人是三短一长（虽然强，但小国、退步、寡助），我是三长一短（虽然弱，但大国、进步、多助），来预测出战争的演变，最终将从敌优我劣转变为敌败我胜，破了"亡国"这方面。随后毛泽东又对国际国内因素加以分析，认为这四个因素此消彼长的过程是缓慢的、需要时间的，破了"速胜"这个方面。滴水不漏地论证了自己的观点"持久战"。

第二节　控场：调动情绪，营造气氛

用心讲话，激发情感共鸣
——毛泽东的悼念词

毛泽东有三篇短小而著名的演说合称"老三篇"，一是《纪念白求恩》，二是《为人民服务》，三是《愚公移山》。在这三篇演讲中，《纪念白求恩》与《为人民服务》都是悼念类的演讲，所悼念的白求恩和张思德都是延安时期非常有名的两个模范人物，他们两人都为中国革命事业献出了自己宝贵的生命。虽然是悲伤的事情，但毛泽东却用他的妙口才从"死亡"这个悲观的话题上引申出更深、更高层次的"人生观"、"生死观"的问题，让人们在寄托哀思的同时收获了更多的感悟。

纪念白求恩

白求恩同志是加拿大共产党员，五十多岁了，为了帮助中国的抗日战争，受加拿大共产党和美国共产党的派遣，不远万里，来到中国。去年春上到延安，后来到五台山工作，不幸以身殉职。一个外国人，毫无利己的动机，把中国人民的解放事业当作他自己的事业，这是什么精神？这是国际主义的精神，这是共产主义的精神，每一个中国共产党员都要学习这种精神。列宁主义认为：资本主义国家的无产阶级要拥护殖民地半殖民地人民的解放斗争，殖民地半殖民地的无产阶级要拥护资本主义国家的无产阶级的解放斗争，世界革命才能胜利。白求恩同志是实践了这一条列宁主义路线的。我们中国共产党员也要实践这一条路线。我们要和一切资本主义国家的无产阶级联合起来，要和日本的、英国的、美国的、德国的、意大利的以及一切资本主义国家的无产阶级联合起来，才能打倒帝国主义，解放我们的民族和人民，解放世界的民族和人民。这就是我们的国际主义，这就是我们用以反对狭隘民族主义和狭隘爱国主义的国际主义。

白求恩同志毫不利己专门利人的精神，表现在他对工作的极端的负责任，对同志对人民的极端的热忱。每个共产党员都要学习他。不少的人对工作不负责任，拈轻怕重，把重担子推给人家，自己挑轻的。一事当前，先替自己打算，然后再替别人打算。出了一点力就觉得了不起，喜欢自吹，生怕人家不知道。对同志对人民不是满腔热忱，而是冷冷清清，漠不关心，麻木不仁。这种人其实不是共产党员，至少不能算一个纯粹的共产党员。从前线回来的人说到白求恩，没有一个不佩服，没有一个不为他的精神所感动。晋察冀边区的军民，凡亲身受过白求恩医生的治疗和亲眼看过白求恩医生的工作的，无不为之感动。每一个共产党员，一定要学习白求恩同志的这种真正共产主义者的精神。

白求恩同志是个医生，他以医疗为职业，对技术精益求精；在整个八路军医务系统中，他的医术是很高明的。这对于一班见异思迁的人，对于一班鄙薄技术工作以为不足道、以为无出路的人，也是一个极好的教训。

我和白求恩同志只见过一面。后来他给我来过许多信。可是因为忙，仅回过他一封信，还不知他收到没有。对于他的死，我是很悲痛的。现在大家纪念他，可见他的精神感人之深。我们大家要学习他毫无自私自利之心的精神。从这点出发，就可以变为大有利于人民的人。一个人能力有大小，但只要有这点精神，就是一个高尚的人，一个纯粹的人，一个有道德的人，一个脱离了低级趣味的人，一个有益于人民的人。

（载自：《毛泽东选集（第二卷）》，人民出版社，1991年版）

为人民服务

我们的共产党和共产党所领导的八路军、新四军，是革命的队伍。我们这个队伍完全是为着解放人民的，是彻底地为人民的利益工作的。张思德同志就是我们这个队伍中的一个同志。

人总是要死的，但死的意义有不同。中国古时候有个文学家叫做司马迁的说过："人固有一死，或重于泰山，或轻于鸿毛。"为人民利益而死，就比泰山还重；替法西斯卖力，替剥削人民和压迫人民的人去死，就比鸿毛还轻。张思德同志是为人民利益而死的，他的死是比泰山还要重的。

因为我们是为人民服务的，所以，我们如果有缺点，就不怕别人批评指出。不管是什么人，谁向我们指出都行。只要你说得对，我们就改正。你说的办法对人民有好处，我们就照你的办。"精兵简政"这一条意见，就是党外人士李鼎铭先生提出来的；他提得好，对人民有好处，我们就采用了。只要我们为人民的利益坚持好的，为人民的利益改正错的，我们这个队伍就一定会兴旺起来。

我们都是来自五湖四海，为了一个共同的革命目标，走到一起来了。我们还要和全国大多数人民走这一条路。我们今天已经领导着有九千一百万人口的根据地，但是还不够，还要更大些，才能取得全民族的解放。我们的同志在困难的时候，要看到成绩，要看到光明，要提高我们的勇气。中国人民正在受难，我们有责任解救他们，我们要努力奋斗。要奋斗就会有牺牲，死人的事是经常发生的。但是我们想到人民的利益，想到大多数人民的痛苦，我们为人民而死，就是死得其所。不过，我们应当尽量地减少那些不必要的牺牲。我们的干部要关心每一个战士，一切革命队伍的人都要互相关心，互相爱护，互相帮助。

今后我们的队伍里，不管死了谁，不管是炊事员，是战士，只要他是做过一些有益的工作的，我们都要给他送葬，开追悼会。这要成为一个制度。这个方法也要介绍到老百姓那里去。村上的人死了，开个追悼会。用这样的方法，寄托我们的哀思，使整个人民团结起来。

（载自：《毛泽东选集（第三卷）》，人民出版社，1966年7月版，954—955页）

‖‖‖‖ 魅力感悟 ‖‖‖‖‖‖‖‖‖‖‖‖‖‖‖‖‖‖‖‖‖‖‖‖‖‖‖‖‖‖‖‖‖

在《纪念白求恩》的演讲中，毛泽东首先对白求恩做了简单的介绍，这也是悼念词惯用的开头。随后毛泽东并没有简单地去罗列白求恩的事迹与贡献，而是以夹叙夹议的方式总结概括出白求恩的三种精神——国际主义的精神、毫不利己专门利人的精神、对技术精益求精的精神。尤其是文章的结尾，毛泽东用了一个排比句式"一个高尚的人，一个纯粹的人，一个有道德的人，一个脱离了低级趣味的人，一个有益于人民的人"，来号召大家向白求恩学习。五个句子由短到长，气势愈发磅礴，犹如诗句一般，极富感染力与号召力，足以震动人心。也是这最出彩的最后一句话使得整篇演讲词不再是简单的纪念与怀念演说，而是升华到了该怎样"做人"的"人生观"问题上来，意义非凡。

《为人民服务》这篇演讲，虽是悼念普通革命战士张思德的短文，但是其中却也包含了丰富的内容。毛泽东通过张思德引出党"为人民服务"的宗旨，又围绕着这一宗旨阐述了正确的"生死观"，阐述了该如何面对批评、该如何对待困难、该如何团结同事。在"生死观"中毛泽东借用了司马迁在《报任少卿书》中的一段话对死的意义和价值做了精辟的分析，说明了"为人民利益而死，就比泰山还重"的革命生死观，在这之后，他曾为"四八"遇难烈士题词"为人民而死，虽死犹荣"，为十五岁就英勇就义的刘胡兰题词"生得伟大，死得光荣"，都是这一"生死观"的体现。在演讲的结尾，毛泽东并没有像一般悼文一样发出感慨或号召，而是讲到了追悼会的目的与意义——寄托哀思，团结人民。"只要他做过一些有益的工作的，我们都要给他送葬，开追悼会"，毛泽东用"只要"，"都要"的句型，再一次表达了革命的生死观——只要是为人民服务而死的，都值得人民怀念。

这两篇悼念演讲，毛泽东并没有调动起大家悲伤的情绪，反而化悲痛为强大的精神力量，调动起了大家的思想境界与精神世界，让每一个人的心灵都深深震撼，去努力做一个有益于人民的人，去努力地全心全意为人民服务。

交流互动，调动听众热情
—— 毛泽东对在苏联的中国留学生讲话

1957年11月，毛泽东访苏，在莫斯科大学，他为数千名中国留苏学生和实习生做了题为《世界是你们的》的演讲。演讲中，他亲切和蔼，风趣幽默，台上台下，有问有答，充分地调动了听众的热情，活跃了气氛。使得演讲会场变成了其乐融融、欢声笑语的乐园。这次演讲中的话语还被编写做了歌曲，那句生动形象的比喻——"青年人好像早晨八九点钟的太阳"，至今仍流传甚广，成为青年人自我奋斗的座右铭。当年参加会见的一位中国留学生，把毛泽东的这次演讲和现场情况详细地记录了下来，我们从其中的节录可以看出毛泽东出色的演讲台风、风趣的舞台互动以及卓越的语言感染力。

"世界是你们的"

毛主席从广阔的台上由左边一直走到右边，这才绕到桌子后边，却还没有就坐下来，轻轻地拿起水瓶来向玻璃杯中倒了一杯水，端起来慢慢地喝。这时在最前边的人就一边鼓掌一边喊："毛主席！您好！"毛主席听见了就故意把杯子举向前面，高高地，好像要和大家碰杯的样子。这时我们真是想跳起来奔向前去，当然，没有一个人实际上这样做。等着毛主席喝了这杯水，安详地把双手在胸前一握，站到了扩音器旁边时，我们马上安静下来。

首先是由毛主席向大家介绍代表团的全体人员。等全体都介绍过后，大家依次坐下来，只有毛主席仍旧安详地站在扩音机旁。这时我们有多激动啊！生平第一次当面就要听到毛主席给我们讲话了！毛主席好像也了解了我们这一点，所以第一句就亲切地说："同志们！我问你们好！"接着毛主席右手轻轻一抬向前推动了一下说："世界是你们的！"好像用他那巨大的手掌把这样一个深湛的鼓励与期望稳稳地送给了我们似的。毛主席接着又补充了一句说："也是我们的。但是归根结底是你们的。"

稍停了一下，毛主席自问自答地说："为什么说世界归根结底是你们的，而不是我们的呢？你们看，像我们这些人都老得不成个样子了嘛！"这一下子我们可就哄嚷起来了，高声说："毛主席不老！不老！不老！"毛主席轻轻摇了摇头说："不然，各人有各人的想法。我们这些人老了，也有我们的长处，那就是富有经验，老于世故！"这一下我们才又连笑带鼓起掌来。毛主席看到这么热烈的情形，不免又说："你们青年人朝气蓬勃，正在兴旺时期，好像早晨八九点钟的太阳。希望寄托在你们身上。"毛主席接着又半开玩笑地说："你们有朝气，我们有暮气，这叫各有长短。"惹得大家又笑起来了！

毛主席这时像谈家常似地向大家说："最近几天在莫斯科开了个会，你们知道吗？"其实我们只是几小时以前才听代表团同志讲的，这时就连声答应说："知道，知道！"毛主席说："这次会开得很好，苏联同志很能够和各国同志商量问题，会议开得生动活泼，和八年前我那次来时很不相同，既有集中，又有民主，这就是列宁的民主集中制。"

"现在世界上的风向变了，去年的气候对我们很不利，今年的气候好了。社会主义阵营和资本主义阵营之间的斗争，不是西风压倒东风，就是东风压倒西风。这两句话是谁说的呀？你们读过《红楼梦》吗？（有人说读过）这两句话是《红楼梦》里的一个人说的。一个社会主义阵营，一个资本主义阵营，当中还有一个中间地带。据联合国的统计，全世界共有二十七亿人口，我们社会主义阵营约有十亿，帝国主义阵营约有四亿，剩下的该是多少呢？（台下有人说：十三亿。）对！你们都是数学家，一下就算出来了。这十三亿基本分布在三个洲：亚洲，非洲，拉丁美洲。十三亿当中已经有七亿多取得了民族独立。像印度、印尼、巴基斯坦、缅甸、埃及、苏丹、突尼斯、摩洛哥，还有个黄金海岸等等。剩下的还有六亿，像日本、伊朗、南朝鲜、南越、土耳其等。帝国主义阵营中间德、意现在不想打仗，也打不起来。英、美、法不合作。中间地带这十三亿人口，两个阵营都在争夺。现在看起来，他们大多数是倾向我们的，我们的影响比帝国主义的影响还是大一些。因为英法有老殖民主义，美国有新殖民主义，我们却什么殖民主义也没有。"

"我们中国现在是六亿四千万人口。我们中国是个大国，又是个小国。在政治上我们是个大国，在经济上我们是个小国，和比利时一比较，我们还比不上呢！同志们，你们听了不高兴吗？"（真的有人说：不高兴！）这时毛主席大声地说："我们说，比得上就比得上，比不上就比不上，有什么可以高兴不高兴的？"这样我们才又大鼓掌了！

"同志们！这次庆祝十月革命节四十周年，一共有六十四个国家的共产党和工人党派代表来参加。这是自从马克思恩格斯以来的共产主义运动中最盛大的一次集会。这几天，社会主义国家的共产党和工人党的代表在开会，商量了很多事情。这个会开得很好，决定了很多事情，决定社会主义阵营以苏联为首，你们不反对吧？（当然，我们就大声嚷：不反对！）这两天在开六十四个国家共产党的会议，今天是星期日，休息一天，估计明后天就能结束。"

"同志们！目前是世界局势的一个转折点。在人类历史上，十月革命是一个伟大的转折点，此外还有很多转折点，像斯大林格勒战役是第二次世界大战的转折点。现在，苏联有两个人造卫星上天，六十四个国家的共产党开会，又是一个大的转折点，这是世界上两个阵营力量对比的转折点。从今以后，西风压不倒东风，东风一定要压倒西风。"听了这样振奋人心的语句，怎能让人不尽力欢呼和使劲鼓掌呢？"你们年轻人应该具备两点：一是朝气勃勃，二是谦虚谨慎。"我们就使劲鼓掌，表示我们一定要照着毛主席的话去做。

"今年在我们国内五月到六月间是乌云满天，右派分子骂我们共产党不行，什么都搞糟了。那时我们有一招，叫作'硬起头皮顶住'。"说着说着毛主席用自己的手指向宽阔的前额上一指，而且用力向前顶了顶，大家体会了中央这一英明的方针，不由得又会心地大笑了。"右派的进攻被我们打垮了，但是我们工作中的缺点还是存在的。八年来我们工作中的缺点和错误是有的。这次整风就是要改正这些错误和缺点，所以是一件大事，我们要认真地改。同志们，世界上怕就怕'认真'二字，共产党就最讲'认真'。"

"我们的目的就是让全国六亿四千万人一起动手，人人振奋，移风易俗，改造我们的国家。要做到这一点，当然不是很轻易的，问题很复杂。你们看过农业发展纲要四十条没有？（回答：看过！）现在新的四十条出来了。我们要在第二个五年计划内使全部合作社在生产和消费上都超过富裕中农。我曾和不少的省委书记、地委书记谈过话，问他们能否做得到？他们都说完全可能，有的还说能超过。我们现在生产力还很低，钢只有五百二十万吨。过了第二个五年计划后，将有一千二百万吨。再过一个五年计划，钢的产量可以到二千二到二千四百万吨。到第四个五年计划完成时，就会有四千多万吨。我问过波立特同志，再过十五年英国的钢产量可以到多少？他说现在是两千万吨，再过十五年顶多达到三千万吨。那么，再过十五年，苏联超过美国，中国超过英国，那时候世界的面貌就要大大改变了。要完成这个任务还需要十五年，或者为了保险起见，再加一个小尾巴，说：再经过三个五年计划或者再多一点的时间，我们要在钢产量上超过英国。这个责任就落在你们身上了。你们要好好地完成五年计划。我也有个五年计划：再工作五年；如果能再活十五年那我就心满意足了。"（这下子我们可就喊起毛主席万岁来了，喊得毛主席也笑起来了）他老人家说："如果能超额完成任务，那当然更好。可是还得估计到：天有不测风云，人有旦夕祸福，这也是自然辩证法。"

这时我们不少人还接着喊毛主席万岁！等稍为平静一点，不知哪个小伙子直着脖子猛喊了一声"毛主席万岁！"声音真响，毛主席听了又笑了，好像是向着这个小伙子似的说："什么？假如孔夫子到现在还不死，两千多年前的人到现在还都活着，那还得了啊！那你们可怎么活着呢？那不就不成一个世界了吗？所以我一开头就说了，世界是你们的，现在我再说一遍：祝贺你们！世界是你们的！！"这时我们又不由得从心底涌起来无限的欢欣，的确，世界是我们的！还有什么比这更高兴的、令人无限振奋的展望呢？

毛主席离开了扩音器，安详地坐下来，又和前排的同志们聊起家常来了。虽然没有扩音器广播，但是大家都极安静，所以声音仍是清晰得很。毛主席问："你们怎样锻炼身体的呀？你们喜欢爬山运动吗？我今年登过黄山，还有别的山，一共五次。"又问："你们有湖南人吗？在湘江里游泳过吗？我去年游过三次，还横渡过长江两次。"说着毛主席用他的大手轻轻比画了两下，好像横渡长江丝毫也不费力似的。这时前排有几个同学齐声说："祝毛主席身体健康！"毛主席又问："你们和苏联同志相处得怎样呀？"又嘱咐说："你们一定要和苏联同志结成亲密的朋友！"终于，毛主席向左右环顾了一下，说："怎样？咱们走吧！"说着，其他同志也都依次站起来，我们也跟着一起站起来，为了再多看毛主席一眼，多留一个幸福的印象，礼堂后边的人索性就站到椅子上去。我们目送着毛主席离开我们，所有的水银灯光又都集中到主席台上，仿佛主席台上留下了一片五彩的云锦。

（载于：《毛泽东传1949—1976（上）》，中央文献出版社，2003年版，752—759页）

|||||| **魅力感悟** ||||||||||||||||||||||||||||||||||||||||||||||||||||||||||||||

1957年，已经六十四岁的毛泽东要给一群二十岁左右的小年轻们做演讲，如何才能吸引住这群小听众？然而年龄上的悬殊并未使得这场演讲枯燥乏味，反而毛泽东运用了独特的开场白，问答穿插的形式、幽默的互动和形象的肢体语言使得整场演讲气氛活跃、生动有趣。

演讲的开场白毛泽东用了"世界是你们的！也是我们的，但归根结底是你们的！"来深深地吸引住听众。因为这句话看似一个肯定句，但是却会让听众产生为何要这样说的疑问，就必须听下去。毛泽东接下来并未很快揭晓答案，而是将听众心中的疑问自己问出来："为什么这样说？"可是就在听众们急切地等待答案的时候，毛泽东选择了"犹抱琵琶半遮面"将答案先隐藏了起来，因为此时的气氛还未充分地活跃起来，便自嘲而风趣地说"因为像我们这些人都老的不成个样子了嘛"。果然，风趣而幽默的自嘲语一出，会场的气氛立刻调动了起来，演讲者与听众开始了轻松的互动，毛泽东看到听众们不再拘谨，才将话题转到开场白的答案："你们青年人朝气蓬勃，正在兴旺时期，好像早晨八、九点钟的太阳。希望寄托在你们身上"，这句话也隐含着他自己此次演讲的目的就是寄希望于青年。

在整篇演讲中，毛泽东讲到了世界的格局、讲到了祖国的发展，他多次采用了问答的形式来和听众们互动，用这种生动活泼的方式将自己的道理传输给年轻人。演说的过程中他还适时加入了自己的肢体语言和即兴幽默。像是说到"世界是你们的"他用"右手轻轻一抬向前推动"，说到"硬起头皮顶住"用自己的手指向宽阔的前额上一指。有人喊"毛主席万岁"时，他风趣地解说"什么？假如孔夫子到现在还不死，两千多年前的人到现在还都活着，那还得了啊！那你们可怎么活着呢？那不就不成一个世界了吗？"这都是演讲中与听众拉近距离、消除障碍的方式。

毛泽东总是将自己最重要的话语或者对听众的寄语放在演讲中每个

大主题的最后，是为了更好的强调。像是"你们青年人朝气蓬勃，正在兴旺时期，好像早晨八九点钟的太阳。希望寄托在你们身上"，"你们年轻人应该具备两点：一是朝气勃勃，二是谦虚谨慎"，"世界上怕就怕'认真'二字，共产党就最讲'认真'"，这些话语都成了闪耀智慧与魅力的箴言被记忆与流传。

第三节　语言：巧释妙解，善于修辞

整齐划一，铿锵有力
——毛泽东侃翻"党八股"

　　《反对党八股》是1942年毛泽东在延安干部会议上的讲演，笔者认为这是毛泽东所有演说中的精品之作，让其独具魅力的口才得以充分展现。通篇演说妙语迭出、俯仰皆是，嬉笑怒骂、畅快淋漓，俗语、成语信手拈来，比喻、举例恰如其分。尤其是列举的党八股的"八大罪状"，表达凝练，用词辛辣，抒情畅达，讽刺入骨，言之节奏分明，听之铿锵有力，一口气读下来，不得不叫人击掌称绝。下面是节录演讲中列举党八股"八大罪状"的部分。

反对党八股（节选）

　　现在来分析一下党八股的坏处在什么地方。我们也仿照八股文章的笔法来一个"八股"，以毒攻毒，就叫做八大罪状吧。

　　党八股的第一条罪状是：空话连篇，言之无物。我们有些同志欢喜写长文章，但是没有什么内容，真是"懒婆娘的裹脚，又长又臭"。为什么一定要写得那么长，又那么空空洞洞的呢？只有一种解释，就是下决心不要群众看。因为长而且空，群众见了就摇头，哪里还肯看下去呢？只好去欺负幼稚的人，在他们中间散布坏影响，造成坏习惯。去年六月二十二日，苏联进行那么大的反侵略战争，斯大林在七月三日发表了一篇演说，还只有我们《解放日报》一篇社论那样长。要是我们的老爷写起来，那就不得了，起码得有几万字。现在是在战争的时期，我们应该研究一下文章怎样写得短些，写得精粹些。延安虽然还没有战争，但军队天天在前方打仗，后方也唤工作忙，文章太长了，有谁来看呢？有些同志在前方也喜欢写长报告。他们辛辛苦苦地写了，送来了，其目的是要我们看的。可是怎么敢看呢？长而空不好，短而空就好吗？也不好。我们应当禁绝一切空话。但是主要的和首先的任务，是把那些又长又臭的懒婆娘的裹脚，赶快扔到垃圾桶里去。或者有人要说：《资本论》不是很长的吗？那又怎么办？这是好办的，看下去就是了。俗话说："到什么山上唱什么歌。"又说："看菜吃饭，量体裁衣。"我们无论做什么事都要看情形办理，文章和演说也是这样。我们反对的是空话连篇言之无物的八股调，不是说任何东西都以短为好。战争时期固然需要短文章，但尤其需要有内容的文章。最不应该、最要反对的是言之无物的文章。演说也是一样，空话连篇言之无物的演说，是必须停止的。

党八股的第二条罪状是：装腔作势，借以吓人。有些党八股，不只是空话连篇，而且装样子故意吓人，这里面包含着很坏的毒素。空话连篇，言之无物，还可以说是幼稚；装腔作势，借以吓人，则不但是幼稚，简直是无赖了。鲁迅曾经批评过这种人，他说："辱骂和恐吓决不是战斗。"科学的东西，随便什么时候都是不怕人家批评的，因为科学是真理，决不怕人家驳。主观主义和宗派主义的东西，表现在党八股式的文章和演说里面，却生怕人家驳，非常胆怯，于是就靠装样子吓人；以为这一吓，人家就会闭口，自己就可以"得胜回朝"了。这种装腔作势的东西，不能反映真理，而是妨害真理的。凡真理都不装样子吓人，它只是老老实实地说下去和做下去。从前许多同志的文章和演说里面，常常有两个名词：一个叫做"残酷斗争"，一个叫做"无情打击"。这种手段，用了对付敌人或敌对思想是完全必要的，用了对付自己的同志则是错误的。党内也常常有敌人和敌对思想混进来，如《苏联共产党（布）历史简要读本》结束语第四条所说的那样。对于这种人，毫无疑义地是应该采用残酷斗争或无情打击的手段的，因为那些坏人正在利用这种手段对付党，我们如果还对他们宽容，那就会正中坏人的奸计。但是不能用同一手段对付偶然犯错误的同志；对于这类同志，就须使用批评和自我批评的方法，这就是《苏联共产党（布）历史简要读本》结束语第五条所说的方法。从前我们那些同志之所以向这些同志也大讲其"残酷斗争"和"无情打击"，一方面是没有分析对象，一方面就是为着装腔作势，借以吓人。无论对什么人，装腔作势借以吓人的方法，都是要不得的。因为这种吓人战术，对敌人是毫无用处，对同志只有损害。这种吓人战术，是剥削阶级以及流氓无产者所惯用的手段，无产阶级不需要这类手段。无产阶级的最尖锐最有效的武器只有一个，那就是严肃的战斗的科学态度。共产党不靠吓人吃饭，而是靠马克思列宁主义的真理吃饭，靠实事求是吃饭，靠科学吃饭。至于以装腔作势来达到名誉和地位的目的，那更是卑劣的念头，不待说的了。总之，任何机关做决定，发指示，任何同志写文章，做演说，一概要靠马克思列宁主义的真理，要靠有用。只有靠了这个才能争取革命胜利，其他都是无益的。

党八股的第三条罪状是：无的放矢，不看对象。早几年，在延安城墙上，曾经看见过这样一个标语："工人农民联合起来争取抗日胜利。"这个标语的意思并不坏，可是那工人的工字第二笔不是写的一直，而是转了两个弯子，写成了"—ㄣ—"字。人字呢？在右边一笔加了三撇，写成了"（人彡）"字。这位同志是古代文人学士的学生是无疑的了，可是他却要写在抗日时期延安这地方的墙壁上，就有些莫名其妙了。大概他的意思也是发誓不要老百姓看，否则就很难得到解释。共产党员如果真想做宣传，就要看对象，就要想一想自己的文章、演说、谈话、写字是给什么人看、给什么人听的，否则就等于下决心不要人看，不要人听。许多人常常以为自己写的讲的人家都看得很懂，听得很懂，其实完全不是那么一回事，因为他写的和讲的是党八股，人家哪里会懂呢？"对牛弹琴"这句话，含有讥笑对象的意思。如果我们除去这个意思，放进尊重对象的意思去，那就只剩下讥笑弹琴者这个意思了。为什么不看对象乱弹一顿呢？何况这是党八股，简直是老鸦声调，却偏要向人民群众哇哇地叫。射箭要看靶子，弹琴要看听众，写文章做演说倒可以不看读者不看听众吗？我们和无论什么人做朋友，如果不懂得彼此的心，不知道彼此心里面想些什么东西，能够做成知心朋友吗？做宣传工作的人，对于自己的宣传对象没有调查，没有研究，没有分析，乱讲一顿，是万万不行的。

党八股的第四条罪状是：语言无味，像个瘪三。上海人叫小瘪三的那批角色，也很像我们的党八股，干瘪得很，样子十分难看。如果一篇文章，一个演说，颠来倒去，总是那几个名词，一套"学生腔"，没有一点生动活泼的语言，这岂不是语言无味，面目可憎，像个瘪三吗？一个人七岁入小学，十几岁入中学，二十多岁在大学毕业，没有和人民群众接触过，语言不丰富，单纯得很，那是难怪的。但我们是革命党，是为群众办事的，如果也不学群众的语言，那就办不好。现在我们有许多做宣传工作的同志，也不学语言。他们的宣传，乏味得很；他们的文章，就没有多少人欢喜看；他们的演说，也没有多少人欢喜听。为什么语言要学，并且要用很大的气力去学呢？因为语言这东西，不是随便可以学好的，非下苦功不可。第一，要向人民群众学习语言。人民的语汇是很丰富的，生动活泼的，表现实际生活的。我们很多人没有学好语言，所以我们在写文章做演说时没有几句生动活泼切实有力的话，只有死板板的几条筋，像瘪三一样，瘦得难看，不像一个健康的人。第二，要从外国语言中吸收我们所需要的成分。我们不是硬搬或滥用外国语言，是要吸收外国语言中的好东西，于我们适用的东西。因为中国原有语汇不够用，现在我们的语汇中就有很多是从外国吸收来的。例如今天开的干部大会，这"干部"两个字，就是从外国学来的。我们还要多多吸收外国的新鲜东西，不但要吸收他们的进步道理，而且要吸收他们的新鲜用语。第三，我们还要学习古人语言中有生命的东西。由于我们没有努力学习语言，古人语言中的许多还有生气的东西我们就没有充分地合理地利用。当然我们坚决反对去用已经死了的语汇和典故，这是确定了的，但是好的仍然有用的东西还是应该继承。现在中党八股毒太深的人，对于民间的、外国的、古人的语言中有用的东西，不肯下苦功去学，因此，群众就不欢迎他们枯燥无味的宣传，我们也不需要这样蹩脚的不中用的宣传家。什么是宣传家？不但教员是宣传家，新闻记者是宣传家，文艺作者是宣传家，我们的一切工作干部也都是宣传家。比如军事指挥员，他们并不对外发宣言，但是他们要和士兵讲话，要和人民接洽，这不是宣传是什么？一个人只要他对别人讲话，他就是在做宣传工作。只要他不是哑巴，他就总有几句话要讲的。所以我们的同志都非学习语言不可。

党八股的第五条罪状是：甲乙丙丁，开中药铺。你们去看一看中药铺，那里的药柜子上有许多抽屉格子，每个格子上面贴着药名，当归、熟地、大黄、芒硝，应有尽有。这个方法，也被我们的同志学到了。写文章，做演说，著书，写报告，第一是大壹贰叁肆，第二是小一二三四，第三是甲乙丙丁，第四是子丑寅卯，还有大ABCD，小abcd，还有阿拉伯数字，多得很！幸亏古人和外国人替我们造好了这许多符号，使我们开起中药铺来毫不费力。一篇文章充满了这些符号，不提出问题，不分析问题，不解决问题，不表示赞成什么，反对什么，说来说去还是一个中药铺，没有什么真切的内容。我不是说甲乙丙丁等字不能用，而是说那种对待问题的方法不对。现在许多同志津津有味于这个开中药铺的方法，实在是一种最低级、最幼稚、最庸俗的方法。这种方法就是形式主义的方法，是按照事物的外部标志来分类，不是按照事物的内部联系来分类的。单单按照事物的外部标志，使用一大堆互相没有内部联系的概念，排列成一篇文章、一篇演说或一个报告，这种办法，他自己是在做概念的游戏，也会引导人家都做这类游戏，使人不用脑筋想问题，不去思考事物的本质，而满足于甲乙丙丁的现象罗列。什么叫问题？问题就是事物的矛盾。哪里有没有解决的矛盾，哪里就有问题。既有问题，你总得赞成一方面，反对另一方面，你就得把问题提出来。提出问题，首先就要对于问题即矛盾的两个基本方面加以大略的调查和研究，才能懂得矛盾的性质是什么，这就是发现问题的过程。大略的调查和研究可以发现问题，提出问题，但是还不能解决问题。要解决问题，还须作系统的周密的调查工作和研究工作，这就是分析的过程。提出问题也要用分析，不然，对着模糊杂乱的一大堆事物的现象，你就不能知道问题即矛盾的所在。这里所讲的分析过程，是指系统的周密的分析过程。常常问题是提出了，但还不能解决，就是因为还没有暴露事物的内部联系，就是因为还没有经过这种系统的周密的分析过程，因而问题的面貌还不明晰，还不能做综合工作，也就不能好好地解决问题。一篇文章或一篇演说，如果是重要的带指导性质的，总得要提出一个什么问题，接着加以分析，然后综合起来，指明问题的性质，给以解决的办法，这样，就不是形式主义的方法所能济事。因为这种幼稚的、低级的、庸俗的、不用脑筋的形式主义的方法，在我们党内很流行，所以必须揭破它，才能使大家学会应用马克思主义的方法去观察问题、提出问题、分析问题和解决问题，我们所办的事才能办好，我们的革命事业才能胜利。

党八股的第六条罪状是：不负责任，到处害人。上面所说的那些，一方面是由于幼稚而来，另一方面也是由于责任心不足而来的。拿洗脸作比方，我们每天都要洗脸，许多人并且不止洗一次，洗完之后还要拿镜子照一照，要调查研究一番，（大笑）生怕有什么不妥当的地方。你们看，这是何等地有责任心呀！我们写文章，做演说，只要像洗脸这样负责，就差不多了。拿不出来的东西就不要拿出来。须知这是要去影响别人的思想和行动的啊！一个人偶然一天两天不洗脸，固然也不好，洗后脸上还留着一个两个黑点，固然也不雅观，但倒并没有什么大危险。写文章做演说就不同了，这是专为影响人的，我们的同志反而随随便便，这就叫做轻重倒置。许多人写文章，做演说，可以不要预先研究，不要预先准备；文章写好之后，也不多看几遍，像洗脸之后再照照镜子一样，就马马虎虎地发表出去。其结果，往往是"下笔千言，离题万里"，仿佛像个才子，实则到处害人。这种责任心薄弱的坏习惯，必须改正才好。

第七条罪状是：流毒全党，妨害革命。第八条罪状是：传播出去，祸国殃民。这两条意义自明，无须多说。这就是说，党八股如不改革，如果听其发展下去，其结果之严重，可以闹到很坏的地步。党八股里面藏的是主观主义、宗派主义的毒物，这个毒物传播出去，是要害党害国的。

上面这八条，就是我们申讨党八股的檄文。

党八股这个形式，不但不便于表现革命精神，而且非常容易使革命精神窒息。要使革命精神获得发展，必须抛弃党八股，采取生动活泼新鲜有力的马克思列宁主义的文风。这种文风，早已存在，但尚未充实，尚未得到普遍的发展。我们破坏了洋八股和党八股之后，新的文风就可以获得充实，获得普遍的发展，党的革命事业，也就可以向前推进了。

（载自：《毛泽东选集（第三卷）》，人民出版社，1991年版）

ⅠⅠⅠⅠ 魅力感悟 ⅠⅠⅠⅠⅠⅠⅠⅠⅠⅠⅠⅠⅠⅠⅠⅠⅠⅠⅠⅠⅠⅠⅠⅠⅠⅠⅠⅠⅠ

在列举党八股的八大罪状时，毛泽东十分讲究，巧妙地全部运用"四字格"来概括每个罪状："空话连篇，言之无物"、"装腔作势，借以吓人"、"有的放矢，不看对象"、"语言无味，像个瘪三"、"甲乙丙丁，开中药铺"、"不负责任，到处害人"、"流毒全党，妨害革命"、"传播出去，祸国殃民"，节奏一致，整齐划一，让人记忆深刻。

而在每个罪状的描述中，毛泽东活用了各种类型的妙语。一是俗语、谚语：在第一大罪状中，他运用了俗语"懒婆娘的裹脚，又长又臭"形象地说明长篇空话，用"到什么山上唱什么歌"来说明讲话要分对象。二是俚语、乡语：在党八股第二条罪状中用了"无赖"来形容装腔作势，第四条罪状中用了"瘪三"来形容语言无味。三是成语、创语，在第三大罪状中，作者将两个成语给以创新运用，将"有的放矢"变做"无的放矢"，将"对牛弹琴"反语正用，来批判党八股是不看对象，乱讲一顿。在第六条罪状中，作者自创了成语"下笔千言，离题万里"来说明文章不切主题。大量民间化、形象化的"妙语"将党八股的"嘴脸"刻画得鞭辟入里。

其次，演说中还不乏比喻与引用的修辞。在第五条罪状里，把形式主义、没有真切内容、简单罗列观点的文章比作开"中药铺子"，在第六条罪状里，用洗脸打比方，来说明写文章要负责。再次，作者还引用了斯大林的演说、鲁迅的话语使得演讲更具有说服力。

锦言佳句，巧用修辞
——毛泽东妙语话"学习"

《改造我们的学习》、《整顿党风》与《反对党八股》三篇文章是毛泽东在延安整风运动期间的演讲。《改造我们的学习》主要是针对的是党内在学风中存在的问题，演讲分四个部分，第一部分简单讲了当前进步和成绩，第二部分重点讲了目前的缺点，第三部分对照了两种对立的态度——主观主义态度与马克思列宁主义的态度，第四部分给出了具体建议，下面节录了演说的第二、三部分。培根曾说"逻辑修辞使人善辩"，毛泽东这篇演说最大的特点就是善修辞，修辞不仅多而且种类丰富，不仅"修辞必严"而且"修辞必妙"。

改造我们的学习（节录）

二

但是我们还是有缺点的，而且还有很大的缺点。据我看来，如果不纠正这类缺点，就无法使我们的工作更进一步，就无法使我们在将马克思列宁主义的普遍真理和中国革命的具体实践互相结合的伟大事业中更进一步。

首先来说研究现状。像我党这样一个大政党，虽则对于国内和国际的现状的研究有了某些成绩，但是对于国内和国际的各方面，对于国内和国际的政治、军事、经济、文化的任何一方面，我们所收集的材料还是零碎的，我们的研究工作还是没有系统的。二十年来，一般地说，我们并没有对于上述各方面作过系统的周密的收集材料加以研究的工作，缺乏调查研究客观实际状况的浓厚空气。"闭塞眼睛捉麻雀"，"瞎子摸鱼"，粗枝大叶，夸夸其谈，满足于一知半解，这种极坏的作风，这种完全违反马克思列宁主义基本精神的作风，还在我党许多同志中继续存在着。马克思、恩格斯、列宁、斯大林教导我们认真地研究情况，从客观的真实的情况出发，而不是从主观的愿望出发；我们的许多同志却直接违反这一真理。

其次来说研究历史。虽则有少数党员和少数党的同情者曾经进行了这一工作，但是不曾有组织地进行过。不论是近百年的和古代的中国史，在许多党员的心目中还是漆黑一团。许多马克思列宁主义的学者也是言必称希腊，对于自己的祖宗，则对不住，忘记了。认真地研究现状的空气是不浓厚的，认真地研究历史的空气也是不浓厚的。

其次说到学习国际的革命经验，学习马克思列宁主义的普遍真理。许多同志的学习马克思列宁主义似乎并不是为了革命实践的需要，而是为了单纯的学习。所以虽然读了，但是消化不了。只会片面地引用马克思、恩格斯、列宁、斯大林的个别词句，而不会运用他们的立场、观点和方法，来具体地研究中国的现状和中国的历史，具体地分析中国革命问题和解决中国革命问题。这种对待马克思列宁主义的态度是非常有害的，特别是对于中级以上的干部，害处更大。

上面我说了三方面的情形，不注重研究现状，不注重研究历史，不注重马克思列宁主义的应用。这些都是极坏的作风。这种作风传播出去，害了我们的许多同志。

确实的，现在我们队伍中确有许多同志被这种作风带坏了。对于国内外、省内外、县内外、区内外的具体情况，不愿作系统的周密的调查和研究，仅仅根据一知半解，根据"想当然"，就在那里发号施令，这种主观主义的作风，不是还在许多同志中间存在着吗？

对于自己的历史一点不懂，或懂得甚少，不以为耻，反以为荣。特别重要的是中国共产党的历史和鸦片战争以来的中国近百年史，真正懂得的很少。近百年的经济史，近百年的政治史，近百年的军事史，近百年的文化史，简直还没有人认真动手去研究。有些人对于自己的东西既无知识，于是剩下了希腊和外国故事，也是可怜得很，从外国故纸堆中零星地捡来的。

几十年来，很多留学生都犯过这种毛病。他们从欧美日本回来，只知生吞活剥地谈外国。他们起了留声机的作用，忘记了自己认识新鲜事物和创造新鲜事物的责任。这种毛病，也传染给了共产党。

我们学的是马克思主义，但是我们中的许多人，他们学马克思主义的方法是直接违反马克思主义的。这就是说，他们违背了马克思、恩格斯、列宁、斯大林所谆谆告诫人们的一条基本原则：理论和实际统一。他们既然违背了这条原则，于是就自己造出了一条相反的原则：理论和实际分离。在学校的教育中，在在职干部的教育中，教哲学的不引导学生研究中国革命的逻辑，教经济学的不引导学生研究中国经济的特点，教政治学的不引导学生研究中国革命的策略，教军事学的不引导学生研究适合中国特点的战略和战术，诸如此类。其结果，谬种流传，误人不浅。在延安学了，到富县就不能应用。经济学教授不能解释边币和法币，当然学生也不能解释。这样一来，就在许多学生中造成了一种反常的心理，对中国问题反而无兴趣，对党的指示反而不重视，他们一心向往的，就是从先生那里学来的据说是万古不变的教条。

当然，上面我所说的是我们党里的极坏的典型，不是说普遍如此。但是确实存在着这种典型，而且为数相当地多，为害相当地大，不可等闲视之的。

三

为了反复地说明这个意思，我想将两种互相对立的态度对照地讲一下。

第一种：主观主义的态度。

在这种态度下，就是对周围环境不作系统的周密的研究，单凭主观热情去工作，对于中国今天的面目若明若暗。在这种态度下，就是割断历史，只懂得希腊，不懂得中国，对于中国昨天和前天的面目漆黑一团。在这种态度下，就是抽象地无目的地去研究马克思列宁主义的理论。不是为了要解决中国革命的理论问题、策略问题而到马克思、恩格斯、列宁、斯大林那里找立场，找观点，找方法，而是为了单纯地学理论而去学理论。不是有的放矢，而是无的放矢。马克思、恩格斯、列宁、斯大林教导我们说：应当从客观存在着的实际事物出发，从其中引出规律，作为我们行动的向导。为此目的，就要像马克思所说的详细地占有材料，加以科学的分析和综合的研究。我们的许多人却是相反，不去这样做。其中许多人是做研究工作的，但是他们对于研究今天的中国和昨天的中国一概无兴趣，只把兴趣放在脱离实际的空洞的"理论"研究上。许多人是做实际工作的，他们也不注意客观情况的研究，往往单凭热情，把感想当政策。这两种人都凭主观，忽视客观实际事物的存在。或作讲演，则甲乙丙丁、一二三四的一大串；或作文章，则夸夸其谈的一大篇。无实事求是之意，有哗众取宠之心。华而不实，脆而不坚。自以为是，老子天下第一，"钦差大臣"满天飞。这就是我们队伍中若干同志的作风。这种作风，拿了律己，则害了自己；拿了教人，则害了别人；拿了指导革命，则害了革命。总之，这种反科学的反马克思列宁主义的主观主义的方法，是共产党的大敌，是工人阶级的大敌，是人民的大敌，是民族的大敌，是党性不纯的一种表现。大敌当前，我们有打倒它的必要。只有打倒了主观主义，马克思列宁主义的真理才会抬头，党性才会巩固，革命才会胜利。我们应当说，没有科学的态度，即没有马克思列宁主义的理论和实践统一的态度，就叫做没有党性，或叫做党性不完全。

有一副对子，是替这种人画像的。那对子说：

墙上芦苇，头重脚轻根底浅；

山间竹笋，嘴尖皮厚腹中空。

对于没有科学态度的人，对于只知背诵马克思、恩格斯、列宁、斯大林著作中的若干词句的人，对于徒有虚名并无实学的人，你们看，像不像？如果有人真正想诊治自己的毛病的话，我劝他把这副对子记下来，或者再勇敢一点，把它贴在自己房子里的墙壁上。马克思列宁主义是科学，科学是老老实实的学问，任何一点调皮都是不行的。我们还是老实一点吧！

第二种：马克思列宁主义的态度。

在这种态度下，就是应用马克思列宁主义的理论和方法，对周围环境作系统的周密的调查和研究。不是单凭热情去工作，而是如同斯大林所说的那样：把革命气概和实际精神结合起来。在这种态度下，就是不要割断历史。不单是懂得希腊就行了，还要懂得中国；不但要懂得外国革命史，还要懂得中国革命史；不但要懂得中国的今天，还要懂得中国的昨天和前天。在这种态度下，就是要有目的地去研究马克思列宁主义的理论，要使马克思列宁主义的理论和中国革命的实际运动结合起来，是为着解决中国革命的理论问题和策略问题而去从它找立场，找观点，找方法的。这种态度，就是有的放矢的态度。"的"就是中国革命，"矢"就是马克思列宁主义。我们中国共产党人所以要找这根"矢"，就是为了要射中国革命和东方革命这个"的"的。这种态度，就是实事求是的态度。"实事"就是客观存在着的一切事物，"是"就是客观事物的内部联系，即规律性，"求"就是我们去研究。我们要从国内外、省内外、县内外、区内外的实际情况出发，从其中引出其固有的而不是臆造的规律性，即找出周围事变的内部联系，作为我们行动的向导。而要这样做，就须不凭主观想象，不凭一时的热情，不凭死的书本，而凭客观存在的事实，详细地占有材料，在马克思列宁主义一般原理的指导下，从这些材料中引出正确的结论。这种结论，不是甲乙丙丁的现象罗列，也不是夸夸其谈的滥调文章，而是科学的结论。这种态度，有实事求是之意，无哗众取宠之心。这种态度，就是党性的表现，就是理论和实际统一的马克思列宁主义的作风。这是一个共产党员起码应该具备的态度。如果有了这种态度，那就既不是"头重脚轻根底浅"，也不是"嘴尖皮厚腹中空"了。

（载自：《毛泽东选集（第三卷）》，人民出版社，1966年7月版，754—759页）

▌▌▌▌ 魅力感悟 ▌▌

在这篇演讲稿中，毛泽东对于修辞法的运用可谓达到炉火纯青的地步，修辞无处不见，无处不妙。一是比喻。把主观主义者比作"闭塞眼睛捉麻雀""瞎子摸鱼"；把留学生照搬外国东西比作"留声机"；把主观主义者乱发号令比作"钦差大臣"。各个形象生动。二是用典。作者引用明代解缙的对联"墙上芦苇，头重脚轻根底浅；山间竹笋，嘴尖皮厚腹中空"来为主观主义者画像，讽刺得惟妙惟肖，入木三分。三是指代。"言必称希腊"，用"希腊"指代外国的东西；"从外国故纸堆中零星地捡起来"，用"故纸堆"指代外国过时的旧观点。四是对偶、对比。"不以为耻，反以为荣。""不是有的放矢，而是无的放矢。""无实事求是之意，有哗众取宠之心。""华而不实，脆而不坚。"其中的前三句既是对偶又形成了对比。五是层递排比。"在这种态度下，就是对周围环境不作系统的周密的研究，单凭主观热情去工作，对于中国今天的面目若明若暗。在这种态度下，就是割断历史，只懂得希腊，不懂得中国，对于中国昨天和前天的面目漆黑一团。在这种态度下，就是抽象地无目的地去研究马克思列宁主义的理论。""这种作风，拿了律己，则害了自己；拿了教人，则害了别人；拿了指导革命，则害了革命。"句句深入，层层叠进，节奏铿锵，朗朗上口。

第四节　声韵：声声激情，气势磅礴

雄浑洪亮，抒情畅达痛快
——毛泽东总结"长征"

　　中国两万五千里惊心动魄的长征，深深地吸引了无数人的关注。在中国作家魏巍的笔下，长征是"地球的红飘带"；在美国作家索尔兹伯里笔下，长征是"前所未闻的故事"；在德国友人王安娜笔下，长征是"人类历史上一个伟大的业绩"；在埃德加·斯诺的笔下，长征是"惊心动魄的史诗"；在英国学者迪克·威尔逊笔下，长征是"中国人民重要的精神财富"；在美国军事史学家格里菲斯笔下，长征是"一次更加雄伟的壮举"……1935年11月，经过万里长征，中央红军到达陕北，毛泽东发表了振奋人心的长征总结，演讲中他豪迈地喊出极富诗意的语句："长征是宣言书，长征是宣传队，长征是播种机。"

"长征是……"

　　1935年11月9日，陕西甘泉县南面象鼻子湾一个打谷场上，经过一年多长途征战的红一方面军举行全军干部会议。这是1934年10月开始长征以来举行的第一次全军干部会议。满面倦容的毛泽东伸手向后梳理了一下长长的头发，站起来做长征总结：

　　"同志们，辛苦了！"会场上立刻报以热烈的掌声。毛泽东两眼放着光芒屈起手指接着说道："从瑞金算起，十二个月零二天，共三百六十六天，战斗不超过三十五天，休息不超过六十五天，行军约二百六十七天，如果夜行军也计算在内，就不止二百六十七天。我们走过了赣、闽、粤、湘、黔、桂、滇、川、康、甘、陕，共十一个省，根据一军团的统计，最多的走了二万五千里，这确实是一次远征，一次名副其实的、前所未有的长征！"

"二万五千里中，红军占领了几十个中小城镇，筹款数百万元。扩红军数千人，建立了数百个县、区的苏维埃政府，我们走遍了五岭山脉、苗山、雷公山、娄山、云雾山、大凉山、六盘山，渡过了于都河、信丰河、潇水、湘江、清水江、乌江、赤水河、北盘江、金沙江、大渡河、白龙江、渭水河，经过了苗、瑶、彝、回、藏等兄弟民族地区。我们完成的空前伟大的远征，是历史上从来没有过的。"

全场再次响起轰鸣的掌声。毛泽东甩了甩头发，用更加激昂豪迈的语调说道："长征是历史记录上的第一次，长征是宣言书，长征是宣传队，长征是播种机。自从盘古开天地，三皇五帝到于今，历史上曾经有过我们这样的长征么？十二月光阴中间，天上每日几十架飞机轰炸，地下几十万大军围追堵截，路上遇着了说不尽的艰难险阻，我们却开动了每个人的两只脚，长驱两万余里，纵横十一个省。请问历史上曾有过我们这样的长征么？没有，从来没有的。长征又是宣言书。它向全世界宣告，红军是英雄好汉，帝国主义者和他们的走狗蒋介石等辈则是完全无用的。长征宣告了帝国主义和蒋介石围追堵截的破产。长征又是宣传队。它向十一个省内大约两万万人民宣布，只有红军的道路，才是解放他们的道路。不因此一举，那么广大的民众会如此迅速地知道世界上还有红军这样一篇大道理呢？长征又是播种机。它散布了许多种子在十一个省内，发芽、长叶、开花、结果，将来是会有收获的。总而言之，长征是以我们胜利、敌人失败而告结束。"

毛泽东那洪亮的湖南乡音在打谷麦场四周的山谷里久久地回响。

（载自：蒋建农、郑广瑾，《长征途中的毛泽东》，红旗出版社，1993年3月版，引言1—2页）

‖‖‖ 魅力感悟 ‖‖‖

这篇如史诗般的长征演讲至今读来仍然震撼人心，动人心弦，让人不知不觉热血沸腾，这便是口才的魅力。

演讲的开始毛泽东以浪奔云涌的气势历数长征经历的时间、空间（省）、青山、绿水，来表达战胜了时空、战胜了万水千山的长征是"前所未有"的、是"空前远大"的。一面是不以人的意志为转移的事物，一面是人能动性的充分体现，两方面强烈的对比更加突出了长征的"壮举"。接下来毛泽东对长征意义发表了最有代表性的概括论述："长征是历史记录上的第一次，长征是宣言书，长征是宣传队，长征是播种机。"三个比喻层层递进，在之后又以排比的形式层层详解。演说中，毛泽东两次激问"历史上曾经有过我们这样的长征么？"语气坚定有力，以势不可挡之气势来表达艰苦卓绝的长征是人类历史上空前的壮举，歌颂了红军动感天地的英雄业迹。

豪情万丈，令人深受鼓舞
——毛泽东演讲《中国人民站起来了》

1949年9月21日，毛泽东在中国人民政治协商会议第一届全体会议上发表了著名的演说——《中国人民站起来了》。整篇演说回顾了革命胜利的光辉历史、展望了未来，提出了期望与告诫，以其恢弘雄壮的气势震撼了全国人民的心灵，激发起了每个中华儿女的民族自豪感和民族自信心。

"中国人民站起来了！"

诸位代表先生们，全国人民所渴望的政治协商会议现在开幕了。

我们的会议包括600多位代表，代表着全中国所有的民主党派，人民团体，人民解放军，各地区，各民族和国外华侨。这就说明，我们的会议是一个全国人民大团结的会议。这种全国人民大团结之所以能够成功，是因为我们战胜了美国帝国主义所援助的国民党反动政府。在3年多的时间内，英勇的世界上少有的中国人民解放军，战胜了美国援助的国民党反动政府所有的数百万军队的进攻，并使自己转入反攻和进攻。现在，数百万人民解放军的野战军已经打到接近台湾、广东、广西、贵州、四川和新疆的地区去了，中国人民的大多数已经获得了解放。在3年多的时间内，全国人民团结起来，援助人民解放军，反对了自己的敌人，取得了基本的胜利。在这个基础上，召开了今天的人民政治协商会议。

我们的会议之所以称为政治协商会议，是因为3年以前我们曾和蒋介石国民党一道开过一次政治协商会议。那次会议的结果是被蒋介石国民党及其帮凶们破坏了，但是已在人民中留下了不可磨灭的印象。那次会议证明，和帝国主义的走狗蒋介石国民党及其帮凶们一道是不能解决任何有利于人民的任务的。即使勉强地做了决议也是无益的，一待时机成熟他们就要撕毁一切决议，并以残酷的战争反对人民。那次会议的唯一收获是给了人民以深刻的教育，使人民懂得：和帝国主义的走狗蒋介石国民党及其帮凶们决无妥协的余地，或者是推翻这些敌人，或者被这些敌人所屠杀和压迫，二者必居其一，其他的道路是没有的。中国人民在中国共产党的领导之下，在3年多的时间内，很快地觉悟起来，并且把自己组织起来，形成了全国规模的反对帝国主义、封建主义、官僚资本主义及其集中的代表者国民党反动政府的统一战线，援助人民解放战争，基本上打倒了国民党反动政府，推翻了帝国主义在中国的统治，恢复了政治协商会议。

现在的中国人民政治协商会议是在完全新的基础上召开的，它具有代表全国人民的性质，它获得全国人民的信任和拥护。因此，中国人民政治协商会议宣布自己执行全国人民代表大会的职权。中国人民政治协商会议在自己的议程中将要制定中国人民政治协商会议的组织法，制定中华人民共和国中央人民政府的组织，制定中国人民政治协商会议的共同纲领，选举中国人民政治协商会议的全国委员会，选举中华人民共和国中央人民政府委员会，制定中华人民共和国的国旗和国徽，决定中华人民共和国国都的所在地以及采取和世界大多数国家一样的年号。

诸位代表先生们，我们有一个共同的感觉，这就是我们的工作将写在人类的历史上，它将表明：占人类总数四分之一的中国人从此站立起来了。中国人从来就是一个伟大的勇敢的勤劳的民族，只是在近代落伍了。这种落伍，完全是被外国帝国主义和本国反动政府所压迫和剥削的结果。一百多年以来，我们的先人以不屈不挠的斗争反对内外压迫者，从来没有停止过，其中包括伟大的中国革命先行者孙中山先生所领导的辛亥革命在内。我们的先人指示我们，叫我们完成他们的遗志。我们现在是这样做了。我们团结起来，以人民解放战争和人民大革命打倒了内外压迫者，宣布中华人民共和国的成立了。我们的民族将从此列入爱好和平自由的世界各民族的大家庭，以勇敢而勤劳的姿态工作着，创造自己的文明和幸福，同时也促进世界的和平和自由。我们的民族将再也不是一个被人侮辱的民族了，我们已经站起来了。我们的革命已经获得全世界广大人民的同情和欢呼，我们的朋友遍于全世界。

我们的革命工作还没有完结，人民解放战争和人民革命运动还在向前发展，我们还要继续努力。帝国主义者和国内反动派决不甘心于他们的失败，他们还要作最后的挣扎。在全国平定以后，他们也还会以各种方式从事破坏和捣乱，他们将每日每时企图在中国复辟。这是必然的，毫无疑义的，我们务必不要松懈自己的警惕性。

我们的人民民主专政的国家制度是保障人民革命的胜利成果和反对内外敌人的复辟阴谋的有力的武器，我们必须牢牢地掌握这个武器。在国际上，我们必须和一切爱好和平自由的国家和人民团结在一起，首先是和苏联及各新民主国家团结在一起，使我们的保障人民革命胜利成果和反对内外敌人复辟阴谋的斗争不致于孤立地位。只要我们坚持人民民主专政和团结国际友人，我们就会是永远胜利的。

人民民主专政和团结国际友人，将使人们的建设工作获得迅速的成功。全国规模的经济建设工作业已摆在我们面前。我们的极好条件是有4.75亿的人口和960万平方公里的国土。我们面前的困难是有的，而且是很多的，但是我们确信：一切困难都将被全国人民的英勇奋斗所战胜。中国人民已经具有战胜困难的极其丰富的经验。如果我们的先人和我们自己能够渡过长期的极端艰难的岁月，战胜了强大的内外反动派，为什么不能在胜利以后建设一个繁荣昌盛的国家呢？只要我们仍然保持艰苦奋斗的作风，只要我们团结一致，只要我们坚持人民民主专政和团结国际友人，我们就能在经济战线上迅速地获得胜利。

随着经济建设的高潮的到来，不可避免地将要出现一个文化建设的高潮。中国人被人认为不文明的时代已经过去了，我们将以一个具有高度文化的民族出现于世界。

我们的国防将获得巩固，不允许任何帝国主义者再来侵略我们的国土。在英勇的经过了考验的人民解放军的基础上，我们的人民武装力量必须保存和发展起来。我们将不但有一个强大的陆军，而且有一个强大的空军和一个强大的海军。

让那些内外的反动派在我们面前发抖罢，让他们去说我们这也不行那也不行罢，中国人民的不屈不挠的努力必将稳步地达到自己的目的。

在人民解放战争和人民革命中牺牲的人民英雄永垂不朽！

庆贺人民解放战争和人民革命的胜利！

庆贺中华人民共和国的成立！

庆贺中国人民政治协商会议的成功！

（载自：《毛泽东军事文集（第六卷）》，中央文献出版社，1993年12版）

ⅢⅢ 魅力感悟 ⅢⅢⅢⅢⅢⅢⅢⅢⅢⅢⅢⅢⅢⅢⅢⅢⅢⅢⅢⅢⅢⅢⅢⅢⅢⅢⅢⅢ

这篇演说最大的特点有二。

一是，大量强调词语的使用。例如："中国人从来就是一个伟大的勇敢的勤劳的民族""我们的先人以不屈不挠的斗争反对内外压迫者，从来没有停止过""但是我们确信，一切困难都将被全国人民的英勇奋斗所战胜""中国人民的不屈不挠的努力必将稳步地达到自己的目的。"两个"从来"、一个"确信"、一个"必将"，这些强调词语以毋庸置疑的态度和绝对的自信，给人一种斩钉截铁、无限自信的感觉与力量，给人以巨大的鼓舞。

二是，在演说中，作为领袖，毛泽东运用了大量"我们"的句子，"我们团结起来""我们已经站起来了""我们就会是永远胜利的""我们将以一个具有高度文化的民族出现于世界"，等等，有力地突出了全体人民，突出了每一个中华儿女，将革命胜利的豪情与喜悦赋予每一个人，感染每一个人。

在演说最出彩的"诸位代表先生……"这一段，毛泽东就是将强调词语与"我们"句子繁复而高频的使用，酣畅淋漓的抒发革命胜利的自豪感，以最有力度、最有气势、最为宏大的词句表明了"中国人民站起来了"这一主题。

第五章

亦庄亦谐
——毛泽东的幽默天赋

　　莎士比亚说："幽默和风趣是智慧的闪光。"毛泽东是一位幽默的语言大师，不仅他的文章涉笔成趣，他的谈吐也幽默风趣。无论在怎样的场合，集会、演讲、交谈、闲聊，面对怎样的人物，国外朋友、工作人员、名流记者、普通群众，他都能随意地说出妙趣横生的幽默，合时合地，又富有情趣。

　　毛泽东的幽默，复杂而多样，或是当作武器，讨伐对手，嘲讽敌人；或是感染别人，带来欢乐，注入乐观；或是取笑自己，自嘲自讽，揭示哲理；或是调节气氛，消除距离，轻松愉快。

第一节　调侃：鞭笞丑恶，柔中带刚

讽刺"锋芒逼人"
——毛泽东以口做枪，鞭笞丑恶

女作家韩素英这样形容毛泽东的幽默："毛的幽默感来自辩证法。在任何情况下，他都能一眼看到实物的对立面。正是这一点成了他语言的特色，也是他所制定方针政策的特色。他的幽默有时真是锋芒逼人。"毛泽东对丑恶的讽刺，常常是以幽默诙谐的形式展现，这幽默不仅形象、生动，让讽刺者自己也无地自容，更重要的是，它还能一针见血地揭示了事物的本质，高瞻远瞩预见了事态的发展，让人印象深刻。

"一切反动派都是纸老虎"

1946年，国民党开始对解放区展开疯狂进攻，叫嚣"三个月消灭共军"、"活捉毛泽东"。胡宗南带领了20余万人的军队向陕甘宁边区进攻，共产党此时延安的兵力仅有2万余人，敌我力量悬殊之大，形势十分严峻。美国女记者安娜·路易斯·斯特朗在此时来到了延安，采访了毛泽东，这次谈话让斯特朗印象深刻，她评价："毛直率的谈吐，渊博的知识和诗意的描述使他的这次谈话成为我所经历过的最激动人心的谈话。"也是在这次谈话中，毛泽东提出了"一切反动派都是纸老虎"的著名论断。

傍晚时分，毛泽东与斯特朗坐在所住山坡上四孔窑洞面前的土台子上，边饮茶边开始了这次特殊的采访。他们首先谈到了蒋介石打内战和共产党对内战的态度问题。

斯特朗问道："共产党能够支持多久？"

毛泽东坚定地说："就我们自己的愿望说，我们连一天也不愿意打。但是如果迫使我们不得不打的话，我们是能够一直打到底的。"

斯特朗又追问："如果美国人民问起来共产党是为了什么要打的，我们怎样回答呢？"

毛泽东又说："因为他们要杀死中国的和平居民，这些人要活命就必须自卫。这是美国人能够理解的。"

随后，在论及苏美关系时，毛泽东借用起桌子上的茶杯和小酒杯来说明。"关于美苏战争的侈谈，就目前来说，这仅是一种烟幕，这是美国反动派想用以隐藏更当前的矛盾而放的烟幕。这些更当前的矛盾便是美国反动派与美国人民之间以及美帝国主义与资本主义世界其余地方之间的矛盾。"

停了一下，他在桌子上的一边放一只大杯子，然后在大杯子周围放了一圈小杯子，说："比如这就是美国反动派，在他们周围首先是美国人民。"随后，他又在桌子的另一边放上一只茶杯说："这就是苏联。在苏联和美国之间都是其他资本主义国家。"毛泽东一边笑一边在两只大杯子间放上火柴与香烟。

"现在美帝国主义者怎样能同苏联打呢？首先他们必须进攻美国人民。美国反动派已经在进攻美国人民了，美国反动派从政治上经济上压迫美国的工人与民主分子。美国反动派为欲掀动战争，就将不得不更厉害得多地进攻美国人民。他们准备在美国实施法西斯主义，美国人民应当起来抵抗美国的反动派，我相信他们会这样做。现在假定反动派越过了美国人民，接着就碰到了世界上其他资本主义国家。美国大资本家正在利用反苏的恐惧作为一个托辞，而使其余一切资本主义国家置于美国控制之下。美国反动派的诡计很像日本帝国主义那样……他们曾经利用同样的托辞以掩盖其对中国人民的进攻。现在在太平洋，美国控制了比英国过去势力范围全部还要多的地方。美国控制着日本、中国、半个朝鲜以及南太平洋。它早已控制着中南美。它还想控制整个大英帝国和西欧。这对于这些国家及其广大人民并不是愉快的事情。现在美国在全世界已经建立与准备建立的那一切的海军基地和空军基地，有人说这都是反对苏联的。不错，这些可以用去反对苏联。但是，在现时，首先受到美国的压迫的不是俄国人，而是所有其他资本主义国家的人。美国用财政去控制英国和各资本主义国家，美国用商业去压迫一切资本主义国家的经济。不要很久，英国将想到，真正压迫它的是谁。苏联呢，还是美国？贝文的联美反苏政策将受到英国人民的反对。美国反动派总有一天将发现他们自己处在全世界人民的反对中。我不是说，美国反动派不要打苏联。他们是要的，他们梦想消灭这个社会主义国家。美国反动派企图统治全世界，包括苏联在内。苏联是阻碍美国反动派建立世界霸权的强有力的因素，因此美国反动派非常恨苏联。但是在目前，在第二次世界大战结束不久的时候，美国反动派如此强调美苏战争，大吹大擂，闹得烟雾满天，不能不使人怀疑他们的目的。大家知道，美国要打苏联，必须经过大英帝国、法国和中国，即是说，美国反动派正在计划首先在实际上灭亡这些国家，将这些国家变为美国的殖民地，或附属国。在这种情形之下，难道这些国家的广大人民愿意坐以待亡吗？决不会，他们将起而反抗。我以为在美帝国主义的压迫下，美国人民与一切资本主义国家的人民，应当团结起来，反对美帝国主义及其在各国的走狗的进攻。只有这个斗争胜利了，第三次世界大战才可以避免，否则不能避免的。"

"你觉得我说得怎么样？"毛泽东在说完自己的论点后问斯特朗。

此时，斯特朗却提出了一个尖锐的问题："这是一个很好的说明。但是用起原子炸弹来呢？从他们在冰岛、冲绳岛以及中国的基地，美国人就可能轰炸苏联任何城市。"

毛泽东听了，大笑起来："原子弹是一只纸老虎，没有什么用处。在比基尼的岛上，不是还活着没有被原子弹炸死的羊吗？"

这时，出现了一个有趣的小插曲，给毛泽东当翻译的陆定一将"纸老虎"翻译成了"稻草人"，毛泽东立刻纠正道："我不是这个意思，这样译不好。纸老虎并不是吓唬乌鸦的死东西，它是用来吓唬孩子的。看起来像可怕的老虎，但实际上是纸板做的，一受潮就会发软，一阵大雨就会把它冲掉。"这样的解释让斯特朗觉得鲜明而诗意。

"一切反动派都是纸老虎！"毛泽东坚定地又补充道，"看起来，反动派样子是可怕的，但是实际上没有什么了不起的力量。在长远的观点上看问题，真正强大的力量不是属于反动派，而是属于人民。在1917年俄国'二月革命'以前，俄罗斯国内的力量究竟是属于哪一方面呢？从外表上看，当时的沙皇是有力量的。但是这个所谓的力量究竟怎样呢？'二月革命'一阵风，就把沙皇吹走了。归根结底，俄国的力量是在于工农兵苏维埃这方面，沙皇不过是一个纸老虎。希特勒不是曾经被人们看作很有力量的吗？但是历史已证明他是一只纸老虎。墨索里尼也是如此。日本帝国主义也是如此。"毛泽东笑着畅谈着各类纸老虎们。

毛泽东突然又笑着说："蒋介石也是一只纸老虎……"

"我是一个新闻记者，"斯特朗说，"我可以在报纸上这样写吗，说毛主席叫蒋介石是一只纸老虎……"

"不要光讲这么一句话，"毛泽东笑笑，"你必须讲这整个讨论的话。如果蒋介石拥护人民的利益，他就是铁。如果他脱离人民，举行反人民的战争，他就是一只纸老虎。10多年来蒋介石所做的，正是后者。美国的反动派也是纸老虎。提起美国反动派，人民似乎觉得它是强大得不得了的，中国的反动派正在拿美国的'强大'来吓唬中国人，但是它也和一切历史上的反动派一样，将被证明并没有什么力量。在美国，只有一类人真正有力量，这就是美国人民。"

（参考资料：丁晓平，方建康，《毛泽东印象》中《安娜·路易斯·斯特朗之印象记》一文，中央文献出版社，2003年9月版，217—221页，原选自1947年1月由东北书店印行、许之桢编译的《毛泽东印象记》一书）

（参考资料：《毛泽东国际交往录》，1995年版，中共党史出版社，194—195页）

▏▏▏▏▏**魅力感悟** ▏▏

毛泽东与斯特朗谈话中论及美苏关系时，随手拿起桌上的茶杯、烟与火柴，巧妙地解释了各种势力与团体之间的关系，既直观又有趣。这是利用"借题发挥"的方式，来制造幽默。晚年，毛泽东为了控制烟量曾经将烟折成两半，别人问他为何时，他却巧妙地抓住这个滑稽的问题用哲学的观点幽默地回答："任何事物都是一分为二的。"借题发挥，需要丰富的联想，将复杂的道理诙谐的借助简单的看似毫无关联的事物表达出来，让人笑后又几多深思。

在说明"反动派"的时候，毛泽东巧妙地运用了"纸老虎"一词。"纸老虎"一词并不是毛泽东发明的，《水浒传》中曾有"纸虎"一词，李鸿章也曾说过"纸糊的老虎"。但毛泽东却赋予了"纸老虎"崭新的含义，使得"纸老虎"一词广为流传，并推向世界。在1970年，毛泽东与基辛格谈话中曾说："我发明了一个英语词汇，纸老虎paper tiger。"毛泽东用"纸老虎"的比喻，绝不只是单纯的一点儿幽默、一点儿趣味或是展现自己无产阶级革命家的伟大气魄，而是包含着更深层次的东西。他以辩证的观点论述了"纸老虎"、"铁老虎"和"人民"之间的关系，精辟地指出了人民群众才是创造历史的英雄这一历史唯物主义观点。毛泽东在对蒋介石的评价中指出"蒋介石拥护人民的利益，他就是铁。如果他脱离人民，举行反人民的战争，他就是一只纸老虎"，是运用辩证法中矛盾的对立统一规律来说明一切事物都具有两重性，还一针见血地指出"铁老虎"与"纸老虎"之间转化的根源是人民群众的力量。

嘲弄"入骨三分"
——毛泽东风趣解说，柔中带刚

苏联文艺理论家埃利斯别尔格说过："在寓意深刻的幽默中包含有一种抵抗精神，这种精神适于进攻，适于斗争。"著名作家王蒙也认为："幽默也是刺，是进攻又是自卫的手段。"毛泽东的许多幽默，尤其是讽刺与嘲弄，就总是柔中带刚的，他不仅能够利用幽默当作武器，以看似柔和的方式给敌人有力的打击，更能够妙趣横生地将自己钢铁般的意志、坚定不移的决心、完胜困难的自信和敢于奋斗的勇气透过诙谐的词句展现出来。

"'金刚'不如老百姓的'腌菜缸'"

1947年8月，陕北沙家店战役结束的当天，毛泽东赶到西北野战军司令部驻地东原村，看望那里指挥作战的部分师领导和机关干部。窑洞小，炕上坐满了人，门里门外都挤满了人，大家都等着听毛泽东讲话。

毛泽东用他浓重的湖南口音说："陕北战争已经翻过了山坳坳，最吃力最困难的时期已经过去了。"他扳起手指头道："青化砭、羊马河、蟠龙、沙家店，整个凑起来吃掉了他六七个旅。我们打垮了胡宗南自命的常胜军，活捉了他四大金刚中的三个。"

"胡宗南说他有四大金刚，"毛泽东略一停，摇摇头，"我看他的'金缸'不如老百姓的腌菜缸。他们四座'金缸'被我们搬来三座：何奇、刘子奇、李昆岗。只剩下一口缸，叫什么？"

"叫李日基！"窑洞一角有人喊。

毛泽东用他湖南口音将"日"念成"二"，风趣地说："对了，叫李二吉，这次没抓住他，算他一吉，下次还许抓不住，再算一吉，第三次可就跑不了啦！"他接着说："我看国民党那些有名的人物，就像蒋介石、胡宗南之流，也许有个一吉两吉的，但终究是很不吉。不管他逃到哪里，总要缉拿归案，依法惩办。"

果然不出毛泽东所料，这个当时逃掉的少将旅长后来升为76军中将军长的李日基，在时隔一年三个月即1948年11月25日，在山西澄城永丰镇被我军俘虏。

其实，早在向井冈山进军途中，毛泽东在给干部战士讲话中，他说："诸位兄弟：大革命已经失败，工农遭疯狂屠杀，革命处在低潮。但是胜败乃兵家常事，失败是成功之母，革命高潮迟早还会到来。过去我们的失败，就是吃了没有枪杆子的亏。因此，我们一定要有革命的武装。有人说，蒋介石现在力量很大，我们的力量很小，担心搞不出什么名堂来。依我看，我们力量小只是暂时的。我们好比一块石头，蒋介石好比一个大水缸，我们这块小石头总有一天会打烂蒋介石那个大水缸。"

（参考资料：刘济昆，《毛泽东兵法》，中央文献出版社，2003年10月版）

（参考资料：《毛泽东笑谈胡宗南的"四大金刚"》，原摘自《共产党历程》，《党史文苑》中共江西省委党史研究室，1998年6月版，46页）

"草头将军"与"一个反手"

1945年重庆谈判期间，毛泽东曾向文艺界的部分名流做了一次生动的演讲。演讲结束后，有人提出尖锐的问题给毛泽东："假如谈判失败，国共全面开战，毛先生有没有信心战胜蒋先生？"

毛泽东回答："国共两党的矛盾，是代表着两党利益的矛盾。至于我和蒋先生嘛……蒋先生的蒋是将军的'将'字头上加一棵草，他不过是一个草头将军而已。"说完，毛泽东爽朗地笑起来。

"那毛……"有人不怀好意地问。

毛泽东笑着说："我的毛字不是毛手毛脚的毛字，而是一个'反手'。意思是说，代表大多数中国人民根本利益的中国共产党，要战胜代表少数人民利益的国民党，易如反掌。"毛泽东这一绝妙的解释，无懈可击，顿时博得了满堂喝彩。

（参考资料：刘光荣，《毛泽东的人际艺术》，中央党校出版社，1992年8月版，第4页）

"应该给赫鲁晓夫发一个一吨重的大勋章"

1960年，苏联撤走了在中国的全部专家，没留下一张图纸，讥讽说："离开外界的帮助，中国20年也搞不出原子弹。就守着这堆废铜烂铁吧。"

毛泽东得知这一消息后，虽然心情沉重，但热血沸腾地对正在召开中央工作会议的人员讲："不要怕，没什么了不起！我们还是要下决心搞尖端技术。赫鲁晓夫不给我们尖端技术，极好。如果给了，这个账是很难算的。"他还发出号召："自己动手，从头做起来，准备用8年时间，拿出自己的原子弹！"

1964年10月16日，中国成功地爆炸了第一颗原子弹。毛泽东没有忘记赫鲁晓夫给予中国的压力，风趣地说："应该给赫鲁晓夫发一个一吨重的大勋章。"

（参考资料：王守柱、李保华，《毛泽东的魅力 说与写卷》，2003年10月版，398—399页）

ⅢⅢ **魅力感悟** ⅢⅢⅢⅢⅢⅢⅢⅢⅢⅢⅢⅢⅢⅢⅢⅢⅢⅢⅢⅢⅢⅢⅢⅢⅢⅢⅢ

妙解姓名是毛泽东的拿手好戏，前面第一章已经做了介绍，但对于敌人的"嘲弄"的妙解，更加机智有趣。面对胡宗南的"四大金刚"妙解为"四大金'缸'"，说"金缸不如百姓的腌菜缸"，是在传达"人民战争必将胜利"。还机智地将"李日基"的名字唤作"李二吉"妙解了他为何能够逃跑，来告诉战士们"不要灰心，胜利终将属于我们"。在一场胜仗后，毛泽东用了同音字替换的技巧，幽默的对词语巧释妙解了一番，不仅鼓舞了战士们的士气，更让人们对革命前途坚定了信心。

在重庆谈判期间，谈到"全面开战"的问题上，毛泽东巧妙避开了两党战争的问题，因为重庆谈判共产党是抱着"和平"、"民主"的态度而来。而是幽默用自己与蒋介石的名字做起了文章，他不仅用了拆字法的"草头将军"讽刺了蒋介石，更以字形法"一个反手"的巧妙解释阐明了"代表大多数中国人民根本利益的中国共产党，要战胜代表少数人民利益的国民党，易如反掌"的道理。

"应该给赫鲁晓夫发一个一吨重的大勋章"，这是毛泽东一句幽默的反语，通常反语所产生的讽刺性，往往比正说更有力量。"一吨重的大勋章"中"一吨重"是一种极度的夸张，在这种夸张的强烈对比中反而使得讽刺的攻击更强。毛泽东常使用这种反语嘲弄敌人，他曾称国民党反动派为"我们的反人民的英雄们"，称美国国务卿艾奇逊是"不拿薪水上义务课的好教员"，都是在诙谐有趣中形成强烈的对比，将敌人的真面目予以彻底的曝光。

第二节 乐观：自信人生，奋斗不止

临危不惧，坐怀不乱
——毛泽东笑对战争

毛泽东是个乐观主义者，尤其是在深受打击、情绪低落、局势悲观之时，他始终能够保持一种乐观进取的态度和革命的乐观主义精神。毛泽东曾说："不论在自然界和在社会上，一切新生力量，就其性质来说，从来就是不可战胜的。而一切旧势力，不管它们的数量如何庞大，总是要被消灭的。因此，我们可以藐视而且必须藐视人世遭逢的任何巨大的困难，把它们放在'不在话下'的位置。这就是我们的乐观主义。"（《毛泽东选集（第五卷）》，人民出版社，1977年4月版，142页）在战火连天的革命岁月中，几乎与毛泽东有过接触的人，都会被他那爽朗的笑声和幽默的语言深深吸引。

"发财发财，能打两把菜刀"

1947年，胡宗南的部队在50多架的飞机配合下进攻延安，形势十分紧张。敌机不断地在上空盘旋，寻找目标进行轰炸。

毛泽东与周恩来、彭德怀三人在窑洞里仔细看着地图，研究战事，这时候，一颗重磅炸弹突然落在毛泽东的窑洞前，"轰隆"一声爆炸，声音震耳欲聋，遍地散落着弹片，窑洞前的大槐树也被削去一大片树皮。

窑洞里毛泽东正拿着笔在地图上画着。门突然被警卫参谋推开，警卫参谋贺清华正要说什么，毛泽东头也没抬，问道："客人走了吗？"

"谁，谁来了？"警卫参谋贺清华纳闷地问。

"飞机呀，"毛泽东用手中的笔朝上指着，接着说，"喧宾夺主，讨厌！"

大家听了，全都哈哈大笑起来。

警卫员拿着一块落在门前的弹片给毛泽东看，想劝毛泽东赶紧撤离。毛泽东接过来掂量掂量，幽默地说："恩，发财发财，能打两把菜刀呢。"接着，对警卫排长阎长林说："去，你们赶紧去查查群众受到什么损失没有？"说罢，又讨论起军事行动的计划。

晚上，阎长林调查回来报告："南门外炸死一头毛驴。"

"人呢？"毛泽东着急着问。

"赶毛驴的老汉被土埋住了，一个劲地骂蒋介石。"

"损失一头驴，这笔账我们迟早要跟蒋介石讨。"毛泽东说完接着又同周恩来、彭德怀讨论起军事行动的计划。

一天中午，又是轰隆隆一阵巨响，敌机扔下的炸弹又在门前不远处爆炸，门窗玻璃全部震碎了，气浪卷着黄土随风冲进屋来。毛泽东用手在身上轻轻一弹，拂去烟尘，笑道："他们的风不行，连我一个人也吹不动。我们的风起来就不得了，要将他们连根拔哩！"

顿时，窑洞里的人都放声大笑起来。

一连数日，敌机不断地对延安实行狂轰猛炸，大家全都劝说毛泽东赶紧撤离延安。

毛泽东却平静而坚定地说："我是要最后撤离延安的，我还要看看胡宗南的兵是个什么样子呢？"

彭德怀听了，立刻召集警卫员们说："主席一向说到做到，一向不顾个人安危。我们党要顾，你们要顾！不许由着他的性子来。必要时，抬也要把他抬走。"

几天后，东南方向突然枪声大作，国民党部队已经进犯到了延安附近。彭德怀跑步赶来，老远就喊着："主席怎么还不走？快走快走，一分钟也不要呆着。"喊完便又返回前线。

警卫员们都劝毛泽东："主席，时候到了，该走了。"

毛泽东听着门外已经没了彭德怀的声音，稳稳地坐在椅子上问："机关都撤完了吗？"、

"早撤完了。"几个人着急地喊着。

"群众呢？"毛泽东不慌不忙地问。

"全撤离了。"

"嗯！"毛泽东点点头，满意地说，"好嘛，吃饭！"

"啊？！"警卫们都目瞪口呆，耳听着枪声越来越近，饭早已装进了盆里准备带着上路吃，此时又不得不拿出来。警卫们不得已，又去请来彭老总。

彭德怀听说毛泽东还没撤离，急着跑来一脚踹开们吼着："主席怎么还不走！龟儿子的兵有什么好看的？走走走，部队代你看了，你一分钟也不要待了，马上给我走！"

毛泽东还一边扒着饭，一边若无其事地听着。可是看见彭德怀着急的样子，又觉得不合适，赶紧走出了窑洞。良久，他对着周恩来说："本来还想看看胡宗南的兵是个什么样子，可彭老总不干，让部队代看，我惹不起他，那就这样办吧！"

临等走之时，毛泽东又回过头，像发表宣言一般大声说："同志们走吧，我们一定会回来的！"

（参考资料：徐祖范、姚佩莲、胡东，《毛泽东幽默趣谈》，山东人民出版社，1995年12月版，8—9页）

（参考资料：叶勇，《中国出了个毛泽东（缔造卷）》，中国和平出版社，161—163页）

"丢炸弹有什么了不起，先给我点一支烟吸"

1948年，毛泽东带领中央机关一路视察各解放区工作，来到河北阜平

县城南庄的华北军区时，在这里召开了长达10天的会议。一连数天没有休息好的毛泽东，在起草完召开全国政治协商会议的通知后，对贴身卫士李银桥说："我休息会儿。"便很快入睡了。

就在这时，城南庄北边的山顶上，防空警报突然响起。警卫员们个个神情紧张地睁大眼睛仰视天空，徘徊在毛泽东屋前。大家都知道毛泽东休息少，常常连夜工作，好容易入睡，谁也不忍心叫醒他。这时，敌人的侦察机从上空飞过，大家知道轰炸机随后就会来袭了。

李银桥冲到毛泽东前面叫道："主席，主席，有情况！"

"哪个？"毛泽东被惊醒。

警卫排长阎长林不容分说把毛泽东一把扶起，大声报告："主席，敌机要轰炸了。刚才已经来了侦察机，现在防空警报又响了。肯定来的是轰炸机，请主席赶快到防空洞去。"

毛泽东这才明白事情，他毫不在意地说："给我拿烟来。"

"主席，来不及了。"李银桥忍不住叫起来。

毛泽东仍不慌不忙地问："丢炸弹了吗？"

阎长林急着直跺脚："丢下来就跑不及了……"

毛泽东皱了皱眉头："丢炸弹有什么了不起？先给我点一支烟吸。"

情况紧急，大家不容分说，搀扶着毛泽东就向防空洞跑，没跑出几步，敌机的炸弹就丢在了院子里，快跑到防空洞时，身后轰隆隆巨响，炸弹爆炸了。

毛泽东停下脚步说："不要紧了，它轰炸的目标是房子，我们离开房子就安全了，还慌什么？"毛泽东不进防空洞又幽默地说："给我点支烟吸，我还没吸烟呢。"

（参考资料：徐祖范、姚佩莲、胡东，《毛泽东幽默趣谈》，山东人民出版社，1995年12月版，371—373页）

‖‖‖‖ 魅力感悟 ‖‖‖‖‖‖‖‖‖‖‖‖‖‖‖‖‖‖‖‖‖‖‖‖‖‖‖‖‖‖‖‖‖‖‖‖‖

　　毛泽东将胡宗南的敌机称作"客人"，把敌机肆意投放炸弹称作"喧宾夺主"，又把投放的炸弹称作给自己送钢来做菜刀，把一场情势危急的战争轻描淡写成了一次老朋友登门造访。形象生动地表现出他自己所说要"在战略上藐视敌人，在战术上重视敌人"的战争策略。面对炸弹爆炸卷进的狂风，毛泽东结合着自己的肢体语言"轻轻一弹，拂去烟尘"，说"他们的风不行，连我一个人也吹不动。我们的风起来就不得了，要将他们连根拔哩！"既对敌人给予了强烈的藐视，又对自己给予了极大的鼓舞，毛泽东敢于同敌人作斗争、坚信革命必胜的英雄主义气概和乐观主义精神在他一个动作、一句幽默中显现无疑。在面对着不断临近的枪声即将撤离时，毛泽东还不忘乐观地幽默一把，"同志们走吧，我们一定会回来的"来坚定地表达革命必胜的信心与决心。毛泽东这些幽默的话语并不是单纯表现自己的无所畏惧，更是在给身边的同事们吃"定心丸"，感染和影响着每一个人，让他们放松紧张的情绪，坚定胜利的信心。

　　"好嘛，吃饭"，"丢炸弹有什么了不起？先给我点一支烟吸"，虽然是大敌当前，却谈起"吃饭"、"吸烟"这些无关紧要的话题，实在让人哭笑不得。但这些漫不经心的举动都充分地表现了毛泽东作为一个革命者"不怕"的素质——不怕战争、不怕困难、不怕牺牲。毛泽东在早年的学习笔记《讲堂录》中就曾记下这样一句话："泰山崩于前而色不动，猛虎蹴于后而魂不惊。"这就是苏洵所说的"为将之道，当先治心"。作为一党领袖，一军首领，倘若自己在危险面前都慌作一团、乱了手脚，那将士们又如何能拥有对敌的勇气与胜利的信心呢？毛泽东在革命岁月里，数十年出生入死，遭遇到的险情数不胜数，然而他却每次都能死里逃生、化险为夷，这种乐观主义精神所营造的无所畏惧的勇气与泰然自若的心态是一个重要的原因。

笑语劝人，寓庄于谐
——毛泽东趣味说理

乐观人人都会，但是有些人的乐观是单纯的自得其乐，是毫无目的阿Q精神胜利法，除了自我安慰以外，别无用处。然而毛泽东的乐观却可以成为一种"精神食粮"，在战争的艰苦岁月里让人欢乐的同时又明白些许道理。毛泽东善于借助场合、对象、环境来营造各式各样的幽默，亦庄亦谐。正如爱泼斯坦所说："毛泽东的性格内混杂着深沉的严肃性和俚俗的幽默，忍耐和决断，思想和行动，自信和谦逊……"

"先要吃饱饭，解决'肚先生'的问题"

1938年8月，毛泽东到抗大讲课，还没有进入正式授课前，毛泽东来了一段"开场白"。

"同学们，上课之前，我先给大家讲一件'小事'……"说着，毛泽东从他灰色上装的衣袋中取出几张纸条，放在桌子上用搪瓷缸压住，接着说："最近几天，有不少同学给中央和我写信，递条子，说我们是历尽千辛万苦才到延安来的，来到党中央身边，为什么不几天就要叫我们离开呢？我说对呀！中央的许多同志也很同情这些同志的想法。但是，就有那么一个人不同意，整天叽里咕噜地在那里发牢骚。可这个人是哪一个呢？姓甚名谁？"

毛泽东故意留了一半话，听课的同学们开始窃窃私语，听了片刻，毛泽东风趣地说："这个人就是'肚先生'，也就是大家的肚子！"

一句话，说得大家都笑起来。毛泽东继续说："大家不要笑嘛，不相信可以试一试，你们哪一个敢同这位'肚先生'较量较量？"

大家都没出声，毛泽东又说："中国古代有一位叫老子的道学家，他是非常信这个邪的。他说'民以食为天'，我说是'吃饭第一'！"

毛泽东看大家听得入神，便开始进入正题："我要讲的'小事'，就是动员大家去洛川'就食'，先要吃饱饭，解决'肚先生'问题。所谓'就食'呢，就是古人所说的'就粮'，也就是把人带到产粮、积粮多的地方去找饭吃。《后汉书》上说：'吾且休兵北道，就粮养士，以观其弊！'今日，我们党中央也学点古人的做法，动员你们去洛川'就食'，其目的只有一个，就是让大家吃饱肚子，学习好、训练好、做好抗日的准备！大家说，该去不该去呀？"

抗大的学员们纷纷说："该去！该去！我们都去！一定去！"

（参考资料：王守柱、李保华，《毛泽东的魅力 说与写卷》，2003年10月版，276—277页）

"脚比脸辛苦多了"

转战陕北时，卫士李银桥发现毛泽东只有一条毛巾，洗脸擦脚都用它。而且仅有的这一条毛巾也用的没有什么"毛"了，像个烂麻布。

李银桥便对毛泽东说："主席，再领条新毛巾吧？这条旧的擦脚用，擦脚擦脸应该分开嘛。"

毛泽东想了想说："行军打仗，脚比脸辛苦多了，我看不要分了，分了脚会有意见。"

李银桥一听，"扑哧"一声笑出声来，接着说："那就新毛巾擦脚，旧毛巾擦脸。"

毛泽东又摇了摇头："账还不能这么算。我领一条新毛巾好像不值多少钱，如果我们的干部战士每人节约一条毛巾，这笔钱就够打一个沙家店战役了。"

（参考资料：周弘让，《跟毛泽东学文》，红旗出版社，2008年6月版，340页）

"吃黑豆是个暂时困难"

转战陕北期间，由于胡宗南的进攻，到处闹粮荒，大家顿顿吃黑豆，条件极其艰困。由于日日吃黑豆，常常肚子胀气，放屁放得坐不稳，毛泽东便起来在院子里散步。

走到院子里，毛泽东看见门口站岗的警卫战士朱老四。他可能是因为长期吸烟，牙齿很黑，一咧嘴就露出两排黑牙。毛泽东便拿他打起趣来，他煞有其事睁大眼睛瞪着朱老四说："哎呀，老四同志，你的牙齿怎么那么黑那？吃黑豆吃的吧？"

朱老四正好在咧着嘴，一时不知道该如何回答，却"噗"地放了一个屁。

毛泽东装着好像听到回答一样不住地点头："不？噢，不是就好。"

这一下，朱老四忍不住了，红着脸，憨笑起来，院子里的警卫们也都跟着笑出声来。

毛泽东笑了一会儿，话锋一转说道："吃黑豆是个暂时的困难。陕北就是这么大个地方，每年打的粮食，就够自己吃的。现在敌人来了十几万，又吃又毁，粮食就更苦难了。不过，这不要紧，我们要渡过这一关，再过几个月，就不在这里吃了，到敌人那边吃去。"他盯住朱老四，抱不平似地问："你说，难道只许他们吃我们的，我们就不会吃他的？"

大家听了毛泽东的话都很激动，可是不知谁又在这时"噗"地放响一屁，而且还如惊雷一般地响，大家又都忍不住地笑起来，毛泽东爽朗地笑着说："响雷就要变天了，看来胡宗南的末日不远哩。"

（参考资料：王漫宇，《毛泽东谈话艺术》，山东人民出版社，1993年11月版，200—201页）

ⅠⅠⅠⅠⅠ 魅力感悟 ⅠⅠ

面对着满怀热情来到延安的革命青年，毛泽东该如何劝服他们离开延安去洛川又不伤害他们的革命热情呢？讲话开始毛泽东选择"卖关子"的方式，本是"小事"，却故作"严肃"，利用学员们的心理，想着领袖是要说什么重要的问题吧。就在这个时候，毛泽东话锋一转，变成幽默的与"肚先生"较量的话题。"肚先生"是将"肚子"拟人化，产生了笑点。在幽默的表达方法中，拟人是其中颇为重要的一种。宋朝郑文宝写的《江表志》中记载着这样一个故事：五代时期，南唐皇帝李昇横征暴敛，民间怨声载道。恰时天下大旱，一日，京郊突然降雨，而城内却滴雨不下。李昇便问大臣，此为何故，教坊长申渐高答："雨怕抽税，不敢入城。"皇帝顿时十分窘迫，反思已过，下令减税。申渐高幽默地把雨拟人，让皇帝减税。毛泽东则把肚子拟人，搬出老子的名言"民以食为天"与《后汉书》"就粮"的历史，轻松地便让学员们明白了前去洛川的道理，有理又有趣。

在用毛巾的问题上，毛泽东一样借用了拟人的方式来制造幽默。毛泽东给"脚"和"脸"赋予思想，让他们争宠，幽默地表达自己"不领新毛巾"的想法。随后，在轻松的气氛中告诉卫士勤俭节约的道理。倘若一开始毛泽东就板着脸给卫士们大讲革命道理，他们很可能听不进去，即便听进去了也是不情愿地被动接受。而毛泽东这样用机智的幽默传达的道理，使得他们不仅爱听，还印象深刻。

在吃黑豆的问题上，毛泽东巧妙地借用了当时的情况开展了一场即兴的"一波三折"的幽默。第一折，对象是朱老四的黑牙，环境是吃黑豆肚胀放屁，他用严肃的表情，煞有其事睁大眼睛，说一个滑稽的问题"牙齿怎么那么黑那？吃黑豆吃的吧？"，已经让人忍俊不禁。第二折，环境是朱老四放屁，毛泽东马上将屁转化成自己问题的答案"不？噢，不是就好。"与屁对话，更是让人笑破肚皮。就在大家都哈哈大笑之时，毛泽东却转入正题，由吃黑豆的艰难讲到目前战争的情势，讲到克服困难的方法，还指出了革命道路未来的光明与希望。第三折，环境是有人放了个响屁，毛泽东立刻把刚才所讲的战事联系起来，把"响屁"喻作"响雷"，说"响雷就要变天了，看来胡宗南的末日不远哩"，来更加坚定地告诉大家革命必将胜利。这场风趣的对话，一问一答，庄谐交替，确实别有一番趣味。

第三节　自嘲：妙趣横生，气度非凡

自奉俭薄，愿与人同
——毛泽东笑谈"待遇"

自嘲，顾名思义就是自我嘲笑，然而自嘲的真实意图却是"醉翁之意不在酒"。"自嘲"是语言运用中的高境界，它的运用常常是为了委婉地拒绝别人，做到既不伤人，也不丢掉自己的面子。毛泽东在谈及"待遇"问题时，常常以"自嘲"的口吻拒绝"特殊"，拒绝"名利"。作为领袖人物，毛泽东自甘放低身段、自甘贬低身份，不仅表现出其作为一名领袖愿与人同的浓浓人情味，也对一些错误思想起到了含沙射影的教育和警诫作用。

"让我穿上大元帅的制服，多不舒服呀！"

1955年，中央军委发出《关于评定军衔工作的指示》。在评衔工作汇报会上，彭德怀等老同志向毛泽东等中央领导同志汇报中国人民解放军评衔受勋工作的初步方案。在初步方案中，毛泽东被评为大元帅，周恩来、刘少奇、邓小平等评为元帅，后面还有大将。

毛泽东听完汇报后说："你们搞军衔，是很大的工作，也是很不好搞的工作。我这个大元帅就不要了，让我穿上大元帅的制服，多不舒服呀！到群众中去讲话、活动，也不方便。依我看呀，现在在地方工作的同志，都不评军衔为好！"

毛泽东转头问："少奇同志，你在军队里搞过，领导过军队，你也是元帅，这个元帅要不要？"

刘少奇说："不要评了。"

毛泽东转头又问周恩来、邓小平："你们的元帅军衔，还要不要啊？"

大家都说："不要评了！"

毛泽东又去问几位将军："你们几位的大将军衔，还要不要评啊？"

"不要评了。不要评了。"大家纷纷说着。

毛泽东带头辞去大元帅的职位，荣誉面前主动退后的做法，也教育和感染了很多同志，许多同志之后也纷纷提出降级申请，解决了全军军衔评定中的一些矛盾。

（参考资料：王守柱、李保华，《毛泽东的魅力 说与写卷》，2003年10月版，69页）

"我和你们一样，都是三级干部嘛"

1955年，我国开始在全军实行军衔制，在全国实行行政级别工资制。行政级别是从1级到24级。当时的这项工作由中央军委和政务院负责，在调查研究中考虑到军心、民意和国情等因素，反复起草修改整整一年的时间，最终拿出一个方案呈报毛泽东审阅。

这个方案大致如下：

职务：军委主席 行政级别：1级600元/月 人员：毛泽东（大元帅）

职务：副主席 行政级别：2级550元/月 人员：朱德、刘少奇、周恩来等

职务：元帅 行政级别：3级500元/月 人员：邓小平、陈云等和元帅

职务：大将 行政级别：4级450元/月 人员：粟裕、徐海东、陈赓等大将

职务：上将 行政级别：5级400元/月 人员：大军区、省、部正职

……

毛泽东仔细看完后，紧皱着眉头久久不语，一连吸了几支烟，然后

说："我看不妥，这样不利于团结，贫富差距要缩小嘛。"

后来，在一次党中央、国务院、中央军委召开的会议上，毛泽东又诙谐地说："你们让我当大元帅，是把我放在火炉子上烤我呀。一级干部就我毛泽东一个人，你们都是二级、三级。我毛泽东太不够意思、太不够朋友了。"毛泽东又笑着说："我们把一级让给马克思、恩格斯，把二级让给列宁、斯大林。我和你们一样，都是三级干部嘛。"与会者响起一片笑声和热烈的掌声。

之后，周恩来和他的助手们想出了一个折中方案：从元帅到准尉，从国家元首到办事员共划分为24个级别，工资从45元到594元不等，级与级之间最多相差50多元，最少只相差5元。因地区类别不同（全国划分为4—11类），同级地方干部相差10—40元。按照"血比汗值钱"的原则，军队干部比地方干部平均高出30元左右。

1960年之后的三年困难时期，身为党中央副主席的陈云，带头提出给自己降级、降薪。毛主席拍手称好，说："要降，我们一起降嘛！与全国人民共渡难关！"

1960年9月26日中共中央、国务院通知：三级降12%，四级降10%，五级降8%，六级降6%，七级降4%，八级降2%，九至十七级降1%。于是，一大批军队和地方干部都降了薪，用来支援国家和人民。

（参考资料：《纵横》，中国文史出版社，2006年2期，27—28，田文涛《我国军衔、工资级别制度的由来与趣闻》）

"还要陪着婆婆妈妈上街赶集，划不来"

1948年，中国人民银行领导小组成立。由董必武、南汉宸、何松亭、石雷组成，董必武任组长。在人行筹建过程中，大家对许多急待办理的关键性事宜认识一致，但对在票面上是否印毛泽东肖像出现了分歧。董必武认为事关重大，便安排工作人员向党中央发电报请示。

电报送到毛泽东手中。主席看了，十分慎重，在办公室里踱来踱去，思考着如何回复的问题。正如不准以伟人名字给街道、工厂、学校等命名一样，主席这次也不同意在票面上印自己的肖像。于是，主席自言自语起来："我南征北战、风风雨雨几十年，如今进城了，还要陪着婆婆妈妈上街赶集，划不来，划不来。"毛泽东的这句幽默话把在场的同志逗笑了。

后来，任弼时同志将毛主席的意见转告给了筹建中国人民银行的同志。旧版的人民币上就没有印毛泽东的人像。

（参考资料：王伯福，《毛泽东轶事大观》，山东人民出版社，1997年01月第1版，101页）

ⅠⅠⅠⅠⅠ **魅力感悟** ⅢⅢⅢⅢⅢⅢⅢⅢⅢⅢⅢⅢⅢⅢⅢⅢⅢⅢⅢⅢⅢ

在被封"大元帅"的问题上，毛泽东委婉地表达了为何不要大元帅的原因，"让我穿上大元帅的制服，多不舒服呀！到群众中去讲话、活动，也不方便"，语意上是在说衣服问题，实际上却是表示名利荣誉会把一个人高高架起，这样就不容易与群众亲密接触，无论何时何地都不能脱离了群众。毛泽东不仅"自嘲"自己不应当要"大元帅"，还鼓动在地方与群众打交道的干部们，"依我看呀，现在在地方工作的同志，都不评军衔为好"，也让他们放弃"军衔"，放弃这种脱离群众的"荣誉"。

在"工资待遇"的问题上，毛泽东幽默地说给自己单独的一级最高工资"是把我放在火炉子上烤"、是"不够意思"、"不够朋友"。还"自嘲"，自己根本不够一级，一级应该给马克思、恩格斯，二级给列宁、斯大林，自己与大家一起为三级。他从自己降工资的问题来告诫同志们"贫富差距要缩小"，要让大多数人享受社会发展的成果。

在人民币上印自己头像的问题上，毛泽东幽默地将"如今进城了，还要陪着婆婆妈妈上街赶集"的"小事"推却。这样的例子，在毛泽东身上很多，他拒绝将湖南大学改为毛泽东大学，拒绝将在宪法中写入"中华人民共和国主席为国家之元首"。在制定宪法草案会议上傅作义曾在发言中说："最后我愿意提到，在召集人会议上，大家一致同意写一条：中华人民共和国主席是国家元首。可是被毛主席抹去了。但是这并不能抹去亿万人民衷心的爱戴。愈谦逊愈伟大，愈伟大愈谦逊。"

在面对"名利"与"荣誉"的问题上，毛泽东总是甘愿与人同，不愿搞特殊，甚至有时对于这些还是"讨嫌"的（毛泽东在会见斯诺时曾对林彪题词说自己是伟大导师、伟大领袖、伟大统帅、伟大舵手评价："什么'四个伟大'，讨嫌！"）。他不仅严格要求自己，以身作则，还严格要求全党干部和党员都应时刻保持谦虚谨慎的作风。1953年8月，在全国财经工作会议上，毛泽东又一次强调一些规定："一曰不作寿。作寿不会使人长寿。主要是要把工作做好。二曰不送礼。至少党内不要送。三曰少敬酒。一定场合可以。四曰少拍掌。不要禁止，出于群众热情，也不泼冷水。五曰不以人名作地名。六曰不要把中国同志和马、恩、列、斯平列。这是学生和先生的关系，应当如此。遵守这些规定，就是谦虚态度。"

生死有命，泰然自若
——毛泽东趣说"死亡"

一般人往往忌讳谈及"死亡"，即便谈及也是低落而抑郁的心情。而对于毛泽东，关于"死亡"的话题不仅可以像吃饭喝水一样随时谈起，而且还能以活泼俏皮、幽默风趣的方式谈起。一个曾被人高呼"万寿无疆"的一代伟人，在面对"死亡"时却总能够出奇的冷静与理智，甚至还总要与死神打趣一番，这种面对死亡时的洒脱与坦然不得不让人深深佩服。毛泽东每每论及"死亡"，总能够将它与辩证法与唯物观相联系，让那些关于"死亡"的幽默话语闪烁出哲理的光辉。

"我赞成火葬，把骨灰丢到海里喂鱼"

蒙哥马利元帅是英国著名的军事家与政治家，第二次世界大战英国武装部队的领导人，退役后曾多次来到中国，与毛泽东亲密交谈。

1961年9月，当时中国正处在经济困难时期。毛泽东在武汉会见了蒙哥马利。当蒙哥马利走进会客厅时，毛泽东立刻迎上前去，微笑地用英语说："您好！"

蒙哥马利握着毛泽东的手，拿出为毛泽东准备的礼物，一盒英国的"三五牌"香烟。两人坐下后，蒙哥马利就开始兴致勃勃地给毛泽东讲他访华的感想，赞扬了中国的发展，他真诚地说："主席先生，你的人民是这样的拥戴你，你的共和国成立了12年，从战争的废墟和混乱的局面中崛起，你显然还有许多事情要做，你一定要保重身体，你的国家和人民都需要你，你必须有健康的身体和充沛的精力来领导这个国家。"

毛泽东听了，摇了摇头说："中国有句老话是'七十三，八十四，阎王不叫自己去'，如果能顺利地闯过这两关，就能活到一百岁，不过我不想活那么久，我最多活到七十三岁，那么我还能活四年。"

"为什么？您至少可以活到八十四岁。"蒙哥马利很惊讶，"这太悲观了。"

"不，我要去见我的上帝，我的上帝是马克思，我有许多事情要急于同他讨论。"毛泽东挥一挥手，幽默地说。

蒙哥马利叹了口气也幽默地回答："唉，要是我知道马克思在哪里，我一定找到他，同他谈一谈这个问题，告诉他中国离不开你。"

在座的人听到这一席谈话全都笑了。

9月24日，中秋节，毛泽东又再一次会见了蒙哥马利，又与他再次畅聊了"死亡"的问题。

谈及自己的接班人问题时，毛泽东笑着说："这个问题我们已经确定了，是刘少奇。"

"刘少奇之后呢？会不会是周恩来？"蒙哥马利接着问。

"不知道。刘少奇以后的事我不管，那个时候我将和马克思在一起了，我相信他们自己会解决这个问题。"

"中国这条船不能离开你。"蒙哥马利真诚地再一次强调。

"暂时离不开，"毛泽东挥了一下手，笑着说，"不过人早晚要死的，死亡大致有五种方式：被敌人开枪打死，坐飞机摔死，坐火车翻车撞死，游泳淹死，生病被细菌杀死。这五条我都准备了，我赞成火葬，把骨灰丢到海里喂鱼。"说完毛泽东朗声笑起来。

蒙哥马利被毛泽东这种死亡哲学深深震撼。

（参考资料：《毛泽东国际交往录》，中共党史出版社，1995年版，153—155页，158—159页）

"鱼儿呀，毛泽东给你们赔不是来了"

1963年12月16日罗荣桓逝世，毛泽东悲痛异常，到北京医院向罗荣桓的遗体告别。罗荣桓去世后，毛泽东非常怀念他，几天睡不好也吃不香，他就是在这种悲痛的激情中写了一首七律《吊罗荣桓同志》。

有一天，毛泽东睡不着觉找保健护士长吴旭君聊天，他回想起往事，谈到自己的母亲，谈起人的死亡问题。

毛泽东对吴旭君说："我这人就这么怪，别人越要回避的事，我越要挑起来说。在战争中我有好多次都要死了，可是没有死。人们都说我命大。可我不信。我相信辩证法。辩证法告诉我们，有生就有死，有胜利也有失败，有正确也有错误，有前进也有后退。冬天过去就是春天，夏天热完了就到了秋天等等。你都不研究这些呀？"

吴旭君说到医学研究的生老病死。

毛泽东听后，笑起来说："你承认生、老、病、死是生命在不同时期的表现。那好，按这个科学规律，我和罗荣桓同志一样也会死的，而且死了要火化，你信不信？"

吴旭君对毛泽东突然谈到自己死亡问题没有一点儿思想准备，便提出换个话题。

毛泽东则说："你不要回避问题嘛。话题不能换，而且我还要对你把这个问题讲透。给你一点儿思想准备的时间。我书架上有本《形式逻辑学》，你拿去读，明天我们再接着谈。"

第二天，毛泽东又接着跟吴旭君谈死亡。

毛泽东说："人都是要死的，这是个概念。根据概念，然后你作出判断：毛泽东是人，看来这个判断是正确的。那么，根据判断你再去推理。所以，毛泽东是会死的。"他停了一下，接着说："我设想过，我的死法不外乎有五种。两年前在武汉见蒙哥马利时我也对他讲过。第一，有人开枪把我打死。第二，外出乘火车翻车、撞车难免。第三，我每年都游泳，可能会被水淹死。第四，就是让小小的细菌把我钻死。可不能轻视这些眼睛看不见的小东西。第五，飞机掉下来摔死。"

说着，毛泽东自己笑起来："中央给我立了一条规矩，不许我坐飞机。我想，我以后还会坐。总之，七十三、八十四，阎王不请自己去喽。"说完这句，竟开怀大笑起来。

吴旭君听到这些不吉利的话，觉得心里很沉重，说："咱们能不能不说这些不吉利的话？"

毛泽东却用手指着吴旭君的鼻子说："你这个人呀，还有点儿迷信呢。你是个搞自然科学的，应该懂得自然规律的严肃性。我死了，可以开个庆祝会。你要打扮得漂漂亮亮的，最好穿颜色鲜艳的红衣服或花衣服，要兴高采烈、满面春风地参加庆祝会，然后你就大大方方地上台去讲话。"

吴旭君听到这里，一脸茫然地问："讲什么？"

毛泽东接着说："你就讲：同志们，今天我们这个大会是个胜利的大会。毛泽东死了。我们大家来庆祝辩证法的胜利。他死得好。如果不死人，从孔夫子到现在地球就装不下了，新陈代谢嘛。沉舟侧畔千帆过，病树前头万木春。这是事物发展的规律。"过了一会儿,毛泽东又认真地说:"我在世时吃鱼比较多,我死后把我火化,骨灰撒到长江里喂鱼。你就对鱼说:'鱼儿呀,毛泽东给你们赔不是来了。他生前吃了你们,现在你们吃他吧,吃肥了你们好去为人民服务。'这就叫物质不灭定律。"

(参考资料:《缅怀毛泽东 下》,中央文献出版社,1993年12月版,663—665页,吴旭君《毛泽东的心事》)

"死神面前,一律平等"

1975年的国庆节早晨,毛泽东自感身体一天不如一天,靠在床上看书,自言自语地说:"这也许是我过的最后一个国庆节了,最后一个'十一'了。"

坐在一旁的护士孟锦云隐约听见毛泽东的这句话,过了好一阵,毛泽东望着小孟又说了一遍:"这可能是我的最后一个'十一'了吧!"

小孟听到毛泽东谈起死亡,吓了一跳,说道:"怎么会呢?您别胡想了。"

毛泽东又反问一句:"怎么不会呢?怎么叫胡想呢?哪有不死的人呢?毛泽东岂能例外,死神面前,一律平等,万寿无疆,天大的唯心主义。"

见毛泽东开玩笑的口吻,小孟才放松下来,她说:"主席,今天是国庆节,是个大喜的日子,应该高兴才对,您别提那些死不死的事了。"

毛泽东反而平静地说:"孟夫子啊,我看你怕死噢。说说都怕,至少是个小小的唯心主义者。"毛泽东说着伸出右手的小拇指又风趣地补充:"这么个小小的唯心主义者,你怎么知道我不高兴,国庆节是个大喜的日子,可也得讲实话呀,这个世界上,哪一刻不在生,不在死啊!这叫生死不已,新陈代谢嘛。"

停了一会儿,毛泽东说:"你们这个年龄,可真让人羡慕得很,恐怕你到我这个年龄,也会有同感。"

小孟一听，随口答道："我们有什么值得美慕，什么成绩都没有，主席，您年轻的时候，想到过要建立一个共和国，当主席吗？"

毛泽东听了，笑着说："我可不是刘伯温，能前知500年，后知500载，那时候，既不晓得建立个什么共和国，更不曾想到要当什么主席，当时，想的只是国家兴亡，匹夫有责，本人不过是匹夫而已，很多事情是水到渠成嘛。"

小孟一听也来了兴致说："文化大革命，我们文工团里的青年人，一起来造反，野心可大啦，真想造反成功，当个什么，有些人就是狂妄无知。"

毛泽东感慨着："我们这个共和国，来之不易噢，死了多少人？有些人，比你现在还要年轻些，十几岁的娃娃，没见到共和国是什么样子，许多人连名字都没留下。"说着，毛泽东眼眶湿润了，小孟看着也自责起来，认为自己不该说那些话引起毛泽东伤心。

毛泽东发现了小孟的心思，笑着说："怎么回事，晴转多云了？"

小孟赶紧说："我刚才的话可能不该说，您的身体还是少动感情好。"

毛泽东笑着说："我这一辈子就是在刺激中过来的，受刺激也未必不是好事嘛。"

两人闲谈一阵，还是把话题扯回到了死亡上，毛泽东神采奕奕地坦然道："不少人就是想不开这个道理，人无百年寿，常怀千年忧，一天到晚想那些办不到的事情，连办得到的事情也耽误了！秦皇，汉武都想长生不老，到头来，落得个'万里长城今犹在，不见当年秦始皇'，其实，任何事物都不过是一个过程，人的一生也不过如此，有始必有终。"

毛泽东坦然面对死亡，毫不避讳，毫不畏惧，他晚年曾说过一段关于"死亡"的发人深思又耐人寻味的经典名言。他说："不要总以为缺了你就不行，没你在世界上，地球就不会转？党就不存在？你以为张屠夫死了，人家就要吃带毛的猪肉吗？不必担心什么人死。谁的死会真正成为一个巨大损失呢？马克思、恩格斯、列宁、斯大林，他们不都死了吗？革命还要继续下去。"

（参考资料：柏桦，《毛泽东口才》，海南出版社，1996年10月版，165—167页）

▥▥▥▥ **魅力感悟** ▥▥▥▥▥▥▥▥▥▥▥▥▥▥▥▥▥▥▥▥▥▥▥▥▥▥▥▥▥▥

　　与蒙哥马利的交谈中，毛泽东毫不忌讳地大谈自己即将死亡，说自己"要去同马克思讨论问题"，并且还设想出自己的五种死法，丝毫不见暮年的衰老与悲观之态。在与吴旭君谈死亡时，他让年轻人明白该如何正确地面对死亡，效仿着庄子鼓盆而歌庆祝妻子死亡的方式来给吴旭君生动形象地描述该如何庆祝自己的死亡，"毛泽东死了，我们大家来庆祝辩证法的胜利"。还运用拟人的手法，学鱼儿说话"鱼儿呀，毛泽东给你们赔不是来了。他生前吃了你们，现在你们吃他吧，吃肥了你们好去为人民服务"，来幽默地阐述物质不灭定律（质量守恒定律）。毛泽东曾在《关于哲学问题的讲话》中说："一个消灭一个，发生、发展、消灭，任何东西都是如此。不是让人家消灭，就是自己灭亡。人为什么要死？贵族也死，这是自然规律。森林寿命比人长，也不过几千年。没有死，那还得了。如果今天还能看到孔夫子，地球上的人就装不下去了，我赞成庄子的办法。庄子老婆死了，鼓盆而歌。死了人应当开庆祝会，庆祝辩证法的胜利，庆祝旧事物的灭亡。"在自己人生有所预感的最后一个"十一"，毛泽东与孟锦云又一次谈到死亡，依然没有丝毫的退缩与避讳，"死神面前，一律平等"、"生死不已，新陈代谢"，他无时无刻不表现出自己是一个彻底的坚定的唯物主义者。

　　单纯的不惧死亡是一种勇气与气度，但能够像毛泽东一样在哲学的境界里笑谈死亡那就确实需要绝妙的口才与超凡的人生境界。

第四节　亲切：热情诚恳，善解人意

领袖身，平民语
——善意幽默化解"不安"

作为领袖，毛泽东时刻都与群众保持着亲密的关系，他热爱群众、依靠群众、相信群众。但是群众面对领袖总会不太自在，会紧张，会不安。毛泽东总是善于运用一种善意的幽默，真诚而随和地给对方亲切而友好的感觉，轻易地消除伟人与平民之间的疏离感。面对群众，他从来不以领袖自居，不高高在上，反而始终放下身来，怀着"向人民学习"的态度。这种善解人意、热心诚恳的幽默，营造了轻松和谐的氛围，也使得毛泽东赢得了群众的信任与尊重。

"我们的队伍太多了，人马太多了，对不住大嫂了！"

转战陕北时，一天深夜，天空飘起细雨，毛泽东所率领的昆仑纵队来到了一个叫田次湾的小村庄。毛泽东和十几个战士被安排到一间窑洞休息，大家有的睡炕上，有的睡地板，十几个人相互挤着把窑洞装得满满的。

第二天一大早，毛泽东起床正好遇到房东大嫂走进来，她看见这么多战士住在一间窑洞里，知道他们肯定没有休息好，就怀着歉意不安地对毛泽东说："这窑洞太小了，地方太小了，对不住首长了！"

毛泽东学着房东大嫂的口吻、语气与神态说："我们队伍太多了，人马太多了，对不住大嫂了！"

此话一出，窑洞里"哄"的一声，大嫂、战士，还有毛泽东自己全都笑炸了锅。

（参考资料：徐祖范、姚佩莲、胡东，《毛泽东幽默趣谈》，山东人民出版社，1995年12月版，17—18页）

"不生产人口可以，不劳动不行"

1947年秋，毛泽东转战陕北，来到白云山下的南河底村，山上有著名的白云寺。一天，毛泽东带着警卫，在当地的县长陪同下，登上白云山。

路上，毛泽东碰见了一个老和尚。老和尚不认识毛泽东，但看着他身边的县长陪同，料到定是位首长，就忙合掌施礼。

毛泽东亲切地和他握手说："老师傅，我们来参观参观你这个大寺庙。"

老和尚弓腰说："欢迎欢迎，首长请。"

毛泽东笑道："你们过去是称'施主'么，不要破坏了规矩。"

老和尚听了，把毛泽东引进方丈室，请客人落座、斟茶。

毛泽东说："不要费事，我们坐下聊聊嘛。你们现在生活怎么样？"

老和尚看看县长，含糊着说："好，好得很哩。"

毛泽东笑笑，诚恳地说："出家人不打诳语。你们是超脱的，更要讲实话。"

老和尚感动地点点头说："不瞒施主，以前信神的多，出家人也多，布施的人多，收入也多，生活很好。后来信神的人少了，出家的人少了，布施的人也少了，生活一时有些困难。"

"嗯，"毛泽东点点头，"你能讲实话，这就好。有什么困难你都说说。"

"布施的人少，遇到庙会也收不了几个钱，吃穿都有些困难，庙里散去不少人。后来人民政府叫我们自力更生，种点地，搞些农业生产。开头不习惯，现在手脚灵便了，倒也能劳动。"

"这不错呀，这是一大改变呵！"毛泽东又问，'现在生活到底怎么样呢？"

"现在打的粮食够吃，其他穿衣、治病、修理寺院，一概由政府包下来。再加上收布施香火，生活倒也蛮好的了。出家人不打诳语，确实好的了。"

毛泽东笑笑说："你觉得这样安排还妥当吗？"

"托毛主席的福，安排得很周到。出家人也得随着社会进步啊！"老和尚经过县长介绍，已经得知眼前这位便是毛泽东。

"讲得好！社会变了，人也要变。过去，和尚一不生产人口，二不生产粮食。现在要变，不生产人口可以，不劳动不行。边区是保护宗教信仰的，但是要劳动。参加劳动后，身体好了，也不剥削人了，这就对了。今天我在你这里'取经'了。"

老和尚听着也笑起来，连声说："不敢不敢。"

毛泽东参观寺庙时又说："这些东西都是历史文化遗产，是我们这个民族的宝贵财富。一定要好好保护，不要把它毁坏了。"还嘱咐县长要拨一些经费，把寺庙修理一番。

（参考资料：李银桥、韩桂馨，《在毛泽东身边十五年（修订版）》，2006年9月版，55—56页）

"你的一个喷嚏打得死我吗？"

1958年秋天，毛泽东来到湖北孝感，对粮食生产摸底。毛泽东邀请了当地的干部与农民代表上车座谈，其中有一个农民代表叫晏桃香，因为开夜车迟到又感染了风寒，感冒打喷嚏，大家怕她传染了毛泽东，便没有让她进来座谈。

毛泽东得知了这件事，立即说："怕什么，少奇肝炎多年也没有传染给我。进来，小姑娘，请坐。"

晏桃香只得进来，哪知刚一坐下，就打了一个喷嚏，唾沫星子还喷到了毛泽东身上，在座的人全都紧张起来，小姑娘也面露惧色。毛泽东赶紧笑着说："不要紧，我是60多岁的老头子，不怕死，人家说身经百战，我也是身经百战不死，你的一个喷嚏打得死我吗？你比美帝国主义厉害？比日本侵略者厉害呀？比蒋委员长厉害吗？"

大家听了毛泽东的话，都跟着笑起来，气氛顿时热闹起来。

毛泽东又问小姑娘："你为什么感冒啊？"

晏桃香立刻站起来说："报告主席……"

毛泽东把她按在座位上，打断她："不要报告，大家平起平坐，随便谈心。"

晏桃香说："昨晚我通宵开夜车锄棉梗，天亮才通知我开座谈会。一直打喷嚏，来这之前我还先吃了药。"

毛泽东问："你开夜车点灯吗？"

晏桃香回答："300瓦电灯，20盏汽灯。"

毛泽东又接着问："你赞成开夜车吗？"

晏桃香诚恳地回答："说实话不赞成，但上面要我们开夜车，我是妇联主任，不能不开。我认为开夜车划不来，花钱很多，费力很大，第二天还打不起精神，大家都不愿意。"

毛泽东又问："你认为你所在的生产队粮食产量能达到指标么？"

晏桃香也很诚实地说："差十万八千里。"

毛泽东又问："那么你想如何办呢？"

晏桃香说："希望上面实事求是。"这时候，在座的有人鼓起了掌，也有人说老百姓已经开始饿肚子了。

毛泽东听到这些不觉眼睛湿润了，接着对大家说："不要同不让她（晏桃香）进来的人讲打喷嚏的事。对'皇帝'脸上打喷嚏，那还了得呵！我毛泽东是久经考验的人嘛。"

（参考资料：王守柱、李保华，《毛泽东的魅力 说与写卷》，中央文献出版社，2003年10月版，167—168页）

魅力感悟

"这窑洞太小了，地方太小了，对不住首长了"，毛泽东面对着群众的不安，并没有选择一本正经的感谢，因为客套始终无法拉近与群众的距离。毛泽东巧妙地将房东大嫂的词语进行置换，用同样的语态"我们队伍太多了，人马太多了，对不住大嫂了"来回应群众，巧妙的模仿与照应产生了幽默。而这句看似简单的幽默，既包含了对房东大嫂的谢意与歉意，两个"太多了"又向战士们传递了一种强烈的自豪感。在与白云寺老和尚交谈的过程中，毛泽东"看菜吃饭，量体裁衣"，用了"施主"、"出家人不打诳语"、"取经"这些佛家用语，充分表现出自己对对方的尊重，营造出轻松愉快的交际氛围。毛泽东幽默的将今昔做了对比，"过去，和尚一不生产人口，二不生产粮食。现在要变，不生产人口可以，不劳动不行"，以幽默的口吻来讲述宗教人员应该与社会共同进步的道理，诙谐又不强硬，让人易于接受。毛泽东对感冒的晏桃香说："你的一个喷嚏打得死我吗？你比美帝国主义厉害？比日本侵略者厉害呀？比蒋委员长厉害吗？"是幽默地表达自己并没有领袖的优越感，让她不必害怕与惊慌。

很多人会认为，领袖的幽默会降低个人的身份。恰恰相反，毛泽东这些善意的幽默似乎把自己贬低进了尘埃里，可是你越是这样扎根沃土，承接地气，人民却越把你在心中高高捧起。

领导身，平等语
——轻松交流，情趣生活

初到毛泽东身边工作的人，一开始总会紧张，有上下级之间的疏离感。然而，只要与毛泽东相处过一段时间的人，都会被他的幽默感染，相处得十分融洽。几乎在毛泽东身边工作过的人，无论是卫士还是医生，是列车员还是理发师，他们或多或少都能讲出关于毛泽东的随意亲切的幽默事件。毛泽东曾在讲话中严厉地批评"上下级悬殊，猫鼠关系"，他认为"革命者有分工，分工不同，但政治上一律平等，没有高低贵贱之分"。

"告诉大家，毛泽东原来只想当个教书匠"

新中国成立后，毛泽东工作繁忙，有很多外事活动，常常要接见外宾。每次接见外宾前，毛泽东总得让理发员王惠师傅给他先剃须。

一日，王惠又来给毛泽东剃须，他年事已高，视力也不是很好，眯着眼睛，左瞧右瞧，半天才下一刀。

毛泽东急着一个劲看表说："哎呀，老王，你快点嘛。"

"别着急，着什么急呀。"王惠慢条斯理地又换个位置。

毛泽东实在忍不住，抬抬屁股就准备起身，却被王惠从头顶按住："莫急，误不了事。"

毛泽东急得擦擦头上的汗，还想走。这回，换王惠急了："怎么不听话呢？你别着急嘛！"

毛泽东哭笑不得地说："我要你快点嘛。"

王惠居然在毛泽东后颈上拍了两下说："沉住气，听我的，给你刮干净再去。"周围围着一圈工作人员看得目瞪口呆，都觉得这王惠如此不知轻重，居然敢顶撞主席，还动手动脚。

毛泽东倒也不生气，无可奈何地叹了口气。王惠便又慢条斯理地开始剃须，边剃还边说："你是国家主席，主席要有主席的样子。啊，又是我的手艺，剃不好我也不光彩嘛……"

事后，毛泽东听见工作人员纷纷小声议论王惠放肆，不知天高地厚。便问卫士田云玉："小田啊，你怕不怕我？"

"不怕。"

毛泽东又接着问："其他工作人员怕不怕？"

田云玉老实回答："有的不怕，有的怕。新来的同志容易紧张害怕。"

毛泽东微笑着说："不要怕么，大家都是人，毛泽东也是个人，有什么可怕的。"

"您是主席啊。"

"主席不是皇帝，主席是人民的服务员。告诉大家，毛泽东也没想到他会当上共产党的主席，没想到当上国家主席。"毛泽东吸了口烟，又接着说，"告诉大家，毛泽东原来只想当个教书匠，当个教书匠也不容易哩。革命有分工，分工不同，但政治上一律平等，没有高低贵贱之分。比如王惠师傅，他就做得好。他工作认真负责，自尊自爱，他就不认为剃头的比当主席的低，他是从内心到言谈举止都将自己同国家主席放在了平等的政治地位上，这样的同志才值得我们尊重！"

（参考资料：王守柱、李保华，《毛泽东的魅力 说与写卷》，中央文献出版社，2003年10月版，56—58页）

"我是不会打小报告的"

1956年夏，毛泽东乘坐首长专列火车去北戴河，列车刚启动，毛泽东就像突然想起什么一样问道："今天是礼拜六，你们有没有约会呀？"

有的同志低头不语，有的同志则偷偷地笑，只有姚淑贤冒冒失失地脱口而出："有，我有。"话一出口，立刻就后悔了，可是没办法，说出去的话泼出去的水，无法收回，姚淑贤只能红着脸，低着头站在那里。

毛泽东面带微笑地问："跟什么人约会呀？"

姚淑贤不好意思，但又不能不回答，声音很低地说："跟男朋友。"

"哎呀，搅了你们的好事，怎么办？你们打算在哪儿约会？"毛泽东皱着眉头，有些着急地说。

"中山公园门口，不过没事。"姚淑贤赶紧说。

"怎么会没事呢？你告诉他了吗？"

"没有。"姚淑贤老实回答。

"你这个小姚啊！要是不见不散怎么办？"毛泽东说着望了望窗外，

"你就连个电话都没给他打？"

"我们只要接受任务，就不能告诉其他的人。主席，没事的，我们在一个处工作，他做食品检验工作，一会儿到专列上来采样，就知道了，我有任务，他会理解的。"姚淑贤解释着。

毛泽东摇了摇头说："久了会误会的。"

当天晚上，毛泽东特意叫住姚淑贤，递给她一张信笺说："小姚，有个东西你拿给你男朋友看一看。"姚淑贤接过来一看，信笺上是毛泽东抄录的一首古诗："静女其姝，俟我于城隅，爱而不见，搔首踟蹰。"

"主席，我们有纪律，凡是带字的东西都必须上交。"

"你为什么那么老实，现在没谁看到。我是不会打小报告的。"毛泽东说着做了个姿势说："藏起来，带给他。"

最后，姚淑贤在向卫士长汇报后，征得了同意将这张信笺收藏了起来。

（参考资料：黄允生，《毛泽东生平实录（下）》，红旗出版社，2010年版，111—112页）

ⅢⅢ 魅力感悟 ⅢⅢⅢⅢⅢⅢⅢⅢⅢⅢⅢⅢⅢⅢⅢⅢⅢⅢⅢⅢⅢⅢⅢⅢⅢⅢⅢⅢⅢ

"毛泽东原来只想当个教书匠"这看似是一句玩笑，实则是毛泽东真诚与朴实的流露，他想通过这句话来传达自己与大家一样，曾经也怀抱着自己的小理想，是个普通人。如果毛泽东说"我跟大家都一样"或者"同志间一律平等"这样的话语，就像是一位领导人的客套话，不仅严肃也不显真诚。他幽默地说起自己的小理想，就显得亲切而随和，因为每一个人都有过这样真实的小理想，在这句话中每一个人都可以笑着寻找到自己的影子。

因为自己的事情耽误了工作人员的约会。毛泽东为姚淑贤心急，为她抄情诗，甚至还替她隐瞒"错误"。此时，他已经完全忘记了自己是个领袖，而是把自己置身于了姚淑贤的位置上，替她出谋划策。"我是不会打小报告的"、"藏起来，带给他"，这些看似滑稽可笑却贴心关怀的语句，让上下级之间的隔阂荡然无存了。

　　毛泽东平日间人情味的率性流露，处处可见。他曾幽默地说卫士李银桥身体发胖，"银桥啊，你已经比较伟大了、发展下去就比我伟大了"，拍着他的肚皮说："你的肚子大了啊，快跟我媲美了。"（刘学琦，《毛泽东风范词典》，中国工人出版社，1991年版，530页）毛泽东把"伟大"、"媲美"这些"大词"赋予一个小卫士身上，不仅是单纯的幽默诙谐，更表现了一种人人平等的思想。他给在他面前放了响屁的卫士封耀松幽默地讲："活人哪个不放屁，屁者气也，五谷杂粮之味也……"（权延赤，《红墙内外》，昆仑出版社，1991年版，44页）。他询问医生治疗便秘的方法只有灌肠，便无奈而风趣地说："那好吧，明天屎先生还不来，就灌吧。"（王漫宇，《毛泽东谈话艺术》，天津人民出版社，1993年版，187页）"屁"、"屎"这些俗气的话题从一位伟人口中说出，妙趣逗乐，让人忍俊不禁，毛泽东也是利用这些在告诉对方，自己也只是个普通人，融化掉自身"领导"的光环。

第六章

独领风骚
——毛泽东的魅力风采

在中国的土地上，甚至在世界的领域里，有一种名为"毛泽东热"的浪潮总是经久不衰。一个已经远离滚滚红尘的人，在之后的数十年间仍然被人如此大规模、大范围，甚至超越国界与意识形态的不断念叨的实在不多。人们热爱、缅怀、敬仰、甚至崇拜毛泽东，是因为他身上集合着一种精神的力量，这种精神于世是追求人人平等、没有压迫的崇高理想，于国是民族自尊心与自信心凝结的英雄气概，于民是一心为民、无限深情的大公无私，于人是宏志向、硬脊梁、大智慧的铮铮铁骨。

第一节　品格：志存千里，胸怀天下

救国救民，奋斗一生
——为国舍家，功绩永载史册

历史上很多有所作为的人物，都是从小"志存高远"，毛泽东便是其一。他自少年、青年时便立下"救国救民"的远大志向，寻找到共产主义的信仰。东汉名将马援曾说："丈夫为志，穷当益坚，老当益壮。"毛泽东不仅从小心怀大志，而且在立志之后历经千辛万苦而矢志不渝地坚持自己的志向，为之奋斗一生。毛泽东不但自己舍家为国，还带领着全家共赴国难，舍小家、为大家，前仆后继、英勇奋斗，"为有牺牲多壮志，敢叫日月换新天"。

国家兴亡际，匹夫担责时

毛泽东少年时代就立志"救国救民"，并不断探索与寻求"救国救民"的真理和出路，倾其一生为民族解放、国家强盛、人民幸福而奋斗。

少年时代的毛泽东喜读书、爱读书，一次在读了一本名为《论中国有被列强瓜分之危险》的小册子后，忧国忧民的心情瞬间涌进他的内心。时隔多年，毛泽东在自传中还回忆起那段少年的情景："在这个时期，我开始有了某种程度的政治意识，尤其是在我读了一个谈论瓜分中国的小册子之后。我甚至现在还能记得这小册子的开头第一句：'呜呼，中国将亡矣！'它讲到日本占领高丽与台湾，中国失去安南、缅甸等。我读了这本书之后，我为我祖国的将来痛心，开始明了大家都有救国的责任。"

1910年，16岁的毛泽东留下一首言志诗，"孩儿立志出乡关，学不成名誓不还。埋骨何须桑梓地，人生无处不青山"，毅然告别家乡韶山冲，来到湘乡县东山高等小学读书。当时的入学考试题目为"言志"，当大多数同学都还在写尊孔读经的内容时，毛泽东却联想到民族的危急，人民的苦难，挥笔而就，写下自己救国救民的人生抱负。时任校长的李元甫在看到这篇文章后，大加赞赏，称："我们学堂里取了一名建国才！"毛泽东在这里写下的《救国图存论》等文章，教员称赞他的文章"似黄河之水，一泻千里"，给全班的同学"传观"。他还在这里借读了同学的《世界英雄豪杰传》，在读完后慷慨激昂地说："中国也要有这样的人物。我们应该讲求富国强兵之道，才不致蹈安南、高丽、印度的覆辙。你知道，中国有句古语，'前车之覆，后车之鉴'，而且我们每个国民都应该努力。顾炎武说的好：'天下兴亡，匹夫有责。'"

1912年，毛泽东又以第一名的成绩，考入了湖南省立第一中学，作文闻名全校，老师们纷纷称赞他"自是伟大之器"，"才气过人，前途不可限量"。一年后，他又以优异成绩考入湖南省立第一师范，在这里，他不仅饱读诗书，更利用寒暑假进行游学、考察，他在自己的课堂笔记中写道："闭门求学，其学无用。欲从天下国家万事万物而学之，则汗漫九垓，遍游四宇尚已。"师生们在传阅了他的游学笔记后，感慨他是"身无半文，心忧天下"。在第一师范学习的五年多时间里，教师杨昌济对毛泽东的学业、思想有很大帮助。毛泽东也在这段时间里结识了蔡和森、何叔衡等一大批有志青年，他们组织成立了新民学会，学会宗旨"革新学术，砥砺品行，改良人心风俗"（1920年，学会的宗旨改为"改造中国与世界"）。后来，毛泽东重忆起这段生活，写下了著名的《沁园春·长沙》："独立寒秋，湘江北去，橘子洲头。看万山红遍，层林尽染；漫江碧透，百舸争流。鹰击长空，鱼翔浅底，万类霜天竞自由。怅寥廓，问苍茫大地，谁主沉浮？携来百侣曾游，忆往昔峥嵘岁月稠。恰同学少年，风华正茂；书生意气，挥斥方遒。指点江山，激扬文字，粪土当年万户侯。

曾记否，到中流击水，浪遏飞舟？"诗句不仅表达了毛泽东博大的胸怀与雄伟的气魄，更表露出他无时无刻不记挂着国家兴衰和人民祸福。

1918年6月，在从第一师范毕业后，毛泽东来到北京，经在北京大学任教的杨昌济介绍，认识了北大图书馆主任李大钊，征得了蔡元培同意，被安排在北大图书馆当助理员。在这里，毛泽东又一次汲取了大量的知识，还认识了陈独秀、胡适等名流学者。在李大钊的带动和帮助下，他开始孜孜不倦地钻研马克思主义书籍。1949年3月25日，毛泽东由涿县乘火车到北京清华园。当火车过了北京城墙时，他无限感慨地说："整整三十年了！那时，为了寻求救国救民的真理，我到处奔波，来过北平。还不错，吃了点苦头，遇见一个大好人，就是李大钊同志。他是我真正的好老师呀。没有他的指点和帮助，我今天还不知在哪里呢。"（权延赤，《走下神坛的毛泽东》，中外文化出版公司，1989年4月版，72页）

1919年，五四运动爆发，毛泽东回到湖南，投身革命运动。他主编的《湘江评论》影响非常大。在其中一篇著名的《民众大联合》一文中他高呼："咳！我们知道了！我们醒觉了！天下者我们的天下。国家者我们的国家。社会者我们的社会。我们不说，谁说？我们不干，谁干？刻不容缓的民众大联合，我们应该积极进行！"

1920年，毛泽东第一次看到《共产党宣言》，年青的毛泽东在寻找救国救民的真理路途上，探索与比较之后，选择了马克思主义革命道路。他在后来同斯诺的交谈中说："我一旦接受了马克思主义是对历史的正确解释以后，我对马克思主义的信仰就没有动摇过。"（埃德加·斯诺，《西行漫记》，1977年1月版，南粤出版社，151页）1921年，毛泽东同何叔衡一道抵达上海，代表长沙共产主义小组出席中国共产党第一次全国代表大会。随后，毛泽东开始了多方面的革命活动，献身于民族解放的事业之中，以实现他自少年起就牢固树立的救国救民的理想与抱负。

（参考资料：萧三，《毛泽东的青少年时代》，湖南大学出版社，1988年版）

（参考资料：吴正裕、蒋建农，《中共党史人物传（第五十卷）》之《毛泽东》，陕西人民出版社，1991年版）

一门六忠烈，正气传千秋

为了中国革命的胜利，不计其数的家庭作出了牺牲。毛泽东一家一共牺牲了六位亲人，他们的鲜血遍洒大地，墓地散落在各个角落，妻子杨开慧在湖南长沙、大弟毛泽民在新疆塔里木、小弟毛泽覃在江西瑞金、堂妹毛泽建在湖南衡山、儿子毛岸英在朝鲜平安道、侄子毛楚雄在陕西镇安。尽管失去了如此多的亲人，毛泽东的内心十分沉痛，但他从没有把悲伤流露出来，从没有只想到自己。

1957年5月11日，毛泽东给杨开慧的同学李淑一回信，信中寄上了一首《蝶恋花·答李淑一》的词："我失骄杨君失柳，杨柳轻扬直上重霄九。问讯吴刚何所有，吴刚捧出桂花酒。寂寞嫦娥舒广袖，万里长空且为忠魂舞。忽报人间曾伏虎，泪飞顿作倾盆雨。"毛泽东将自己的英勇就义的妻子称作"骄杨"，说："女子革命而丧其元（头），焉得不骄！"没有凄凉，没有哀怨，而是把自己失去妻子的悲痛升华做了歌颂革命者勇于献身的精神，这是革命者的大境界与大精神。

在得知自己最疼爱的儿子毛岸英在朝鲜战场上牺牲的消息，已经暮年的毛泽东甚至悲痛得说不出话、拿不起烟。然而这个已至暮年的老人在遭受如此大的悲怆后仍然想到不只是自己的儿子，还有千千万万牺牲的战士，他说："革命战争总是要付出代价的。岸英是一位普通战士，为国际共产主义献出了年轻的生命。他尽了一个共产党员应尽的责任。不能因为他是我的儿子，就不应该为中朝两国人民共同事业而牺牲，世上哪有这样的道理呀？哪个战士的血肉之躯不是父母所生？"

建国之后，毛泽东在一次接见当年杨开慧的保姆陈玉英时说："开慧是个好人哩！岸英是个好伢子哩！革命胜利来之不易，我家就牺牲了六个，有的全家都牺牲了。"

（参考资料：陈开仁，《毛泽东的故事之十》，中共党史出版社，1996年版）

▐▌▌▌▌ 魅力感悟 ▌▌

很多有所作为的人都胸怀大志，有人为将相志，如吴起的"不为卿相，不复入卫"；有人为帝王志，如陈胜的"王侯将相宁有种乎"；而毛泽东却为"世人"志，早在1915年9月致萧子升的信中毛泽东就谈到学习的目的："有为人之学，有为国人之学，有为世界人之学。为人之学者，父子夫妇昆弟之道，布帛菽粟之宜也。为国人之学者，明其国历史、地理、政教、艺俗之学也。为世界人之学者，世界观、国际学也。"毛泽东认为求学，不仅为人之学，为国人之学，更要为世界人之学，自小便把自己的命运与民族的未来、人民的前途和人类的幸福紧密相连。把自己的志向"救国救民"与求学读书、掌握真理紧密相连。

古语云："立志不坚，终不济事。"人不仅要立大志，更要立长志。毛泽东自立志之始，便从未停息自己追求志向的脚步，开始了自己艰辛探索追求真理的一生，不断奋斗为国为民的一生，肩负起领导中国人民反帝、反封建、争取民族的独立解放、实现人民当家做主的历史重任。毛泽东的亲人们在他的感染下投身革命，又一个个为革命献身，他自己的家庭是真正的红色家庭，革命家庭，为中国革命做出了不可磨灭的贡献。1941年，毛泽东故乡韶山的族人修纂《毛氏族谱》，在族谱中称赞毛泽东"闳中肆外，国尔忘家"。

全心全意，为人民服务
——襟怀坦荡，赢得人民爱戴

在开国大典上，面对高呼"毛主席万岁"的人群，毛泽东用了"同志们万岁"、"人民万岁！"来回应他们。在大典结束回到住地，毛泽东对身边的工作人员说："人民喊我万岁，我也喊人民万岁，这才对得起人民呀！"（叶勇，《中国出了个毛泽东（缔造卷）》，中国和平出版社，203页）毛泽东成为了中国历史上第一个高呼"人民万岁"的人。无论是在革命时期，还是在解放之后，毛泽东总在各种场合强调"全心全意为人民服务"，强调人民群众的重要性，甚至在病入膏肓的临终日子里，他仍然喃喃重复："人民群众是真正的英雄，而我们自己则往往是幼稚可笑的……包括我自已。"

以身作则，榜样的力量

毛泽东作为一名领袖，深知"身教重于言传"的道理，无论是在工作作风方面还是生活作风，在战争里还是新中国成立后，甚至是极其细枝末节的小事，他都时刻注意着自己的一言一行，处处保持着劳动人民的本色，坚决反对领导干部的"特殊化"。

1931年4月，毛泽东和彭德怀到红八军四师二团防地去检查工事。中午吃饭的时候，毛泽东与彭德怀的桌上除了和大家一样的一块豆腐、一个炒笋芽外，另加了一道红烧腊肉。毛泽东看着战士们的桌上，一脸不高兴地对叶子庚说："叶团长，搞么子特殊哟，快把这盘腊肉分给大家吃。"叶子庚连忙解释说："首长难得在团里吃一次饭，这点子腊肉，是我自已掏的腰包。你们来碰上了。既然做了，就吃吧！"毛泽东听了便说："噢，还是你自个掏的腰包，这么说，你请客啰，"说着，他站起身，端起那盘腊肉，走到战士们的桌边，挨桌分腊肉，边分边说，"你们团长请客，大家分吃腊肉。"（《难忘的回忆——怀念毛泽东同志》，叶长庚《第一次见到毛委员》，中国青年出版社，1985年版，167-168页）毛泽东用自己的行动传达着"干部带头，官兵一致，一起同甘共苦"的原则。

不仅在吃上，在穿上毛泽东的衣服也都是补丁摞补丁。1940年冬，部队同志都穿上了新棉衣，毛泽东仍坚持穿着那件穿了四年，补了许多次的旧棉衣不肯换。警卫员们就趁着毛泽东睡觉给他换了件特意为他新做的蓝布棉衣。毛泽东起床后发现了，因为旧棉袄已经拆了，便说："这样吧，你们一定让我穿新的，那就把这件蓝布棉衣送回去，给我领件灰粗布的，和你们穿得一样。"（范平，姚桓，《延安时期毛泽东建党思想》，陕西人民出版社，1993年12月版，162页）

不仅是在战争时期，新中国成立后，毛泽东成为了一国领袖，也依然保持着艰苦奋斗的作风，绝不搞特殊。毛泽东身边的卫士李银桥回忆："从1953年底到1962年底，毛泽东没做过一件新衣服，总用清水洗脸，从未用过一块香皂，手染了墨或油污洗不掉，就用洗衣服的肥皂洗。他从没用过什么'霜'，什么'膏'，什么'油'之类的护肤品，甚至也没用过牙膏。他只是用牙粉……他的牙刷什么时候变成'不毛之地'，什么时候才肯换新。他一直使用毛竹筷子，大饭店里的象牙筷子他一次也不用。"（权延赤，《走下神坛的毛泽东》，中外文化出版社，1989年4月版，99-100页）2003年12月18日，在中国人民革命军事博物馆进行了《领袖家风》的大型展览，其中就包括了一张毛泽东54个补丁的毛巾被和毛泽东一家事无巨细的日常开支表，毛泽东的朴素作风与廉洁家风让每一个参观者为之动容。

毛泽东虽然有着崇高的地位，但在对待子女的问题上，他从来都要求他们与老百姓一样，不允许搞特殊化，对子女的严格他常说一句话："谁叫你是毛泽东的儿女呢？"他不允许儿子跟自己吃"中灶"，只许他与士兵一起吃"大灶"。严厉批评身边的卫士给挨饿的女儿送饼干。而对于每个在自己身边工作过的人员即将离开时，他也总会送上一句叮嘱："出去以后要夹着尾巴做人。"

1949年，毛泽东刚进京便收到杨开慧之兄杨开智的信，提出希望能在北京安排工作。毛泽东在回信中明确说道："不要有任何奢望，不要来北京……一切按正常规矩办事，不要使政府为难。"（《毛泽东书信选集》，人民出版社，1983年版，343页）毛泽东从来都不允许自己的亲属、贴身的人员以他的名义、地位、权势去为自己谋私利。毛泽东没给与自己关系亲密的人留下一分钱、一分利的物质财富，却留下了无限的精神财富。

一心为民，做人民公仆

毛泽东是党内最早提出"为人民服务"概念的，他把"为人民服务"当作对一切党员干部的普遍要求。毛泽东脑子里想的全是人民群众。

在革命时期，毛泽东提出军民鱼水关系，给军队制定"三大纪律、八项注意"要求军队对百姓的利益要做到秋毫不犯。1949年5月，解放军数十万部队即将进驻上海，对此，总前委讨论制定了《入城守则》，陈毅严格强调部队入城后一律不准进入民宅。毛泽东听后对这种露宿街头不扰民的规定十分赞同，连说了四个"很好"。1949年5月24日夜里，三野九兵团入攻上海市区，第二天居民晨起开门发现数万解放军官兵全部露宿街头时，全城百姓及中外舆论被深深震撼。

毛泽东对群众反映的意见历来是高度重视，甚至对群众的辱骂他都可以谦虚接受，对待人民群众总是亲切和蔼的。但是对于党内领导干部的贪污腐败，他却嫉恶如仇，容不得半点沙子。从延安反腐到建国初期处死刘青山、张子善，他绝不手软。毛泽东曾在关于张子善、刘青山事件的谈话中坚定地说："我们共产党不是明朝的崇祯，我们决不会腐败到那种程度。不过，谁要搞腐败那一套，我毛泽东就割谁的脑袋！我毛泽东若是搞腐败，人民就割我毛泽东的脑袋！"振聋发聩的誓言赢得了新中国的清正廉明。

毛泽东性格十分坚毅而乐观，即使遇到再大的困难和苦楚也绝不会轻易落泪。为了中国革命，毛家牺牲了六位亲人，毛泽东在得知他们牺牲的消息后有哀伤、有悔恨，但都未曾痛哭流泪。然而，卫士李银桥却回忆了毛泽东最动情的一次哭泣。

1957年的12月，卫士马维回家，带回了一个窝头，又黑又硬，掺杂大量粗糙的糠皮。马维说："乡亲们就是吃这个东西，我讲的是实话。"毛泽东看到后眉头紧皱，接过窝头时，双手都有些颤抖。他费劲地掰开窝头，将一块放入口中，才嚼了几口，眼圈就红遍了，泪水一下子充满眼眶。第一口咽下，泪水哗地如决堤的水一样淌下来。毛泽东一边流泪一边把窝头分给身边的同志说："吃，你们都吃，都要吃一吃。"毛泽东哭得都有些哽塞着说："吃啊，这是农民的口粮，是种粮的人，吃的口粮……"这一天，毛泽东没有吃午饭，也没有吃晚饭，他不断地念叨："我们是社会主义么，我们的农民不该还吃窝头么！不应该么……"过了很久又说："要想个办法，必须想个办法，怎么样才能加速实现社会主义？"（权延赤，《走下神坛的毛泽东》，中外文化出版社，1989年4月版，50—51页）

有人曾经采访给毛泽东当过翻译的李越然，问他："在平凡而伟大的毛泽东身上，您认为最突出的是什么？"李越然说："第一条，他随时想着人民，随时想着无产阶级和人民大众的利益。他探讨每一个问题都是从人民利益出发的。三年困难时期，他与人民群众同甘共苦，并坚持和身边工作人员一样，吃粮不超过定量。他对工作人员说：'你们想过没有，在这么困难时期，全国老百姓吃什么，照理说我们要吃一点也没什么困难，但这样行吗？全国人民这么困难，我们吃着舒服吗？人民的困难怎么解决，我们还没有找到好的办法，当然天灾是一条，那么我们自己的工作有什么不足啊？'在国家最困难的日子里，他曾7个月没吃过一口他喜欢吃的红烧肉。"

（张素华等，《说不尽的毛泽东》，辽宁人民出版社，1993年12月版，《访李越然》篇）

‖‖‖ **魅力感悟** ‖‖‖‖‖‖‖‖‖‖‖‖‖‖‖‖‖‖‖‖‖‖‖‖‖‖‖‖‖‖‖‖‖‖

孔子曰："其身正，不令而行；其身不正，虽令不从。"诸葛亮也曾说："人君先正其身，而后乃行其令。"先贤慧语无不告诉我们，若要求他人怎样做，最好的方式就是先自己身体力行。毛泽东要求党员干部全心全意为人民服务，严格自律，他自己就率先垂范，做人民的公仆，严格要求自己，不摆什么架子，不要什么威风，不搞特殊化。除了自己以身作则，毛泽东还十分重视对子女的教育，对他们近乎苛刻的要求就是为了防止他们萌生特殊化的思想。1959年6月，毛泽东在读苏联《政治经济学教科书》的谈话中指出："我很担心我们的干部子弟，他们没有生活经验和社会经验，可是架子很大，有很大的优越感。要教育他们不要靠父母，不要靠先烈，要完全靠自己。"这种襟怀坦荡，大公无私让多少为官者为之汗颜。澳大利亚前总理高夫·惠特拉姆在毛泽东逝世后评价："毛泽东以我们的时代或其他任何时代很少人具有的风格，指导了亿万人的命运并提出了他们国家的哲学。在他的指导下，中国在国际上受到尊敬，国内实现了几世纪来未有过的稳定，他的人民得益于中国从未有过的最廉洁最有效的政府。他对中国历史的影响将永世长存。"

今年，毛泽东已经逝世了41年，然而中国大地上仍然时不时地会有人民群众自发掀起"毛泽东热"，怀念与纪念这位伟大领袖。人民有着如此浓厚的"毛泽东情结"，那是因为毛泽东有着浓厚的"人民情结"。

第二节　造诣：文韬武略，智勇双全

豪情壮志贯古今，千古绝唱第一人
——毛泽东的诗词艺术

毛泽东的头衔很多，人们称他作政治家、思想家、军事家、战略家，除此之外，他还有一个为世人称道的头衔"诗人"。郭沫若有诗云："经纶外，诗词余事，泰山北斗"，说毛泽东在治理军国大事之余写点诗词，就足以称得上是诗词泰斗。毛泽东的诗词不仅吸引着一代代国人研究学习，还受到了世界人民的喜爱。在毛泽东诗词英译定稿小组工作的著名翻译家叶君健说："毛泽东诗词在世界流传之广，恐怕要超过《毛泽东选集》本身……远如南美的巴拉圭和地中海一角的希腊都有毛泽东诗词的译本。"

（叶君健，《一段回忆：毛泽东诗词的翻译》，《文学报》1990年4月26日）

指点江山，激扬文字

毛泽东的不凡的文学才华与雄才伟略自少年起就蓬勃而发。据《毛泽东故土家族探秘》（高菊村等著，西苑出版社，1993年9月版）记载，毛泽东12岁去毛宇居的私塾学习，可是毛宇居教学古板，禁止学生读"杂书"。一次上自习课，毛泽东因偷跑出去在树荫下读书而被先生责罚赋诗"赞井"。毛泽东沉思片刻即吟出一首打油诗："天井四方方，周围是高墙。清清见卵石，小鱼圈中央。只喝井里水，永远养不长。"既才思敏捷地完成了责罚，又一语双关指出先生的教学弊端，实在妙极。

1910年，十七岁的毛泽东离家求学，临走时留下了改写了宋朝月性和尚的著名诗句："孩儿立志出乡关，学不成名誓不还。埋骨何须桑梓地，人生无处不青山"，来表达自己的宏远抱负。然而踏出家乡求学的毛泽东，被外乡人嘲笑"老土"、"愚笨"。毛泽东在一次作业中改写了别人的诗，作了《咏蛙》："独坐池塘如虎踞，绿荫树下养精神。春来我不先开口，哪个虫儿敢作声。"这首托物言志的诗，让教师和学生们都为之一惊，这种敢为天下先的勇气与气魄让曾经欺负毛泽东的学生们自愧不如。

据《落日余辉——毛泽东秘闻》（东方骥，河北人民出版社，1989年版）中记载：1917年的秋天，在长沙师范的毛泽东游学到了安化，想求见该县劝学所所长夏默庵先生。夏先生是饱学之士，想着毛泽东区区一个游学小生不肯相见，便提出出一副上联要求毛泽东对出下联，以试才学高低，再以相见。夏先生给出上联"绿杨树上鸟声声，春到也，春去也？"毛泽东才思敏捷，即兴挥笔写出下联"春草池中蛙句句，为公乎，为私乎？"这句对联借用了《晋书·惠帝纪》中的典故，对仗工整，不仅对夏先生给予了含蓄的讽刺，又传达了自己"天下为公"的爱国情操。毛泽东的才华与境界让夏默庵惊异不已，不仅将他视为挚友、促膝长谈，还在临行时亲赠八块大洋以示惜才。

1918年，在好友罗章龙（纵宇一郎）赴日本留学之际，毛泽东写下一首《送纵宇一郎东行》相赠，为其壮行。"云开衡岳积阴止，天马凤凰春树里。年少峥嵘屈贾才，山川奇气曾钟此。君行吾为发浩歌，鲲鹏击浪从兹始。洞庭湘水涨连天，艟艨巨舰直东指。无端散出一天愁，幸被东风吹万里。丈夫何事足萦怀，要将宇宙看稊米。沧海横流安足虑，世事纷纭从君理。管却自家身与心，胸中日月常新美。名世于今五百年，诸公碌碌皆余子。平浪宫前友谊多，崇明对马衣带水。东瀛濯剑有书还，我返自崖君去矣。"即使在这样令人悲伤的离别之际，毛泽东的诗中依然处处彰显着少年的风华正茂与青春的雄心壮志。这首七言古风，句句用典，立意高远，李锐曾在《毛泽东早年两首诗》的文章中评价："从现在幸存的这两首长诗来看，不论内容、风格、意境、炼字、用典，就已看出毛泽东在一师求学时的不平凡诗才了。"

1925年，毛泽东途经长沙，回忆在一师求学的日子，挥笔写就倾倒多少读者的《沁园春·长沙》，"恰同学少年，风华正茂；书生意气，挥斥方遒。指点江山，激扬文字，粪土当年万户侯"，活脱脱地将一个勇于担当、蔑视反动者、敢于改造旧世界的革命青年展现在人们面前。此时的毛泽东书生意气已挥之远去，将天下系于身的革命豪情汹涌而来。1963年在编选《毛主席诗词》时，毛泽东特意将这首《沁园春·长沙》做为开卷之作，足见这首诗的分量。

吐字成阵，遣字成军

毛泽东曾经自豪地称自己为"马背诗人"，自1927年引兵井冈，毛泽东的诗词创作便成为了陪伴他革命岁月不可缺少的爱好，他开始笔触行军激战、革命风雷。

这些诗中，有激战的《西江月·井冈山》："山下旌旗在望，山头鼓角相闻。敌军围困万千重，我自岿然不动。早已森严壁垒，更加众志成城。黄洋界上炮声隆，报道敌军宵遁。"《渔家傲·反第一次大"围剿"》："万木霜天红烂漫，天兵怒气冲霄汉。雾满龙冈千嶂暗，齐声唤，前头捉了张辉瓒。二十万军重入赣，风烟滚滚来天半。唤起工农千百万，同心干，不周山下红旗乱。"寥寥数笔，短短数字，豪迈士气，激烈阵势，辉煌战果，动人心魄。

有行军的《如梦令·元旦》："宁化、清流、归化，路隘林深苔滑。今日向何方，直指武夷山下。山下山下，风展红旗如画。"《忆秦娥·娄山关》："西风烈，长空雁叫霜晨月。霜晨月，马蹄声碎，喇叭声咽。雄关漫道真如铁，而今迈步从头越。从头越，苍山如海，残阳如血。"虽是步步艰难，路路坎坷，人生沉浮，却显自信千里、豪情百倍、勇往直前。

有千山入词，托物言志。《十六字令》："山，快马加鞭未下鞍。惊回首，离天三尺三。山，倒海翻江卷巨澜。奔腾急，万马战犹酣。山，刺破青天锷未残。天欲堕，赖以拄其间。"《清平乐·六盘山》："天高云淡，望断南飞雁。不到长城非好汉，屈指行程二万。六盘山上高峰，红旗漫卷西风。今日长缨在手，何时缚住苍龙？"气势磅礴、豪壮雄肆。

有万水入诗，直抒胸臆。《七律·长征》，"红军不怕远征难，万水千山只等闲。五岭逶迤腾细浪，乌蒙磅礴走泥丸。金沙水拍云崖暖，大渡桥横铁索寒。更喜岷山千里雪，三军过后尽开颜。"《七律·人民解放军占领南京》，"钟山风雨起苍黄，百万雄师过大江。虎踞龙盘今胜昔，天翻地覆慨而慷。宜将剩勇追穷寇，不可沽名学霸王。天若有情天亦老，人间正道是沧桑。"激荡人心，高瞻远瞩。

《沁园春·雪》，震惊文坛

1945年8月，毛泽东来到重庆，进行重庆谈判。在住地曾家岩桂园会见了柳亚子，旧友相逢，柳亚子为毛泽东亲赴重庆，为国为民的勇气感动，特意赋诗称赞："阔别羊城十九秋，重逢握手喜渝州。弥天大勇诚能格，遍地劳民乱倘休。霖雨苍生新建国，云雷青史归同舟。中山卡尔双源合，一笑昆仑顶上头。"

之后，毛泽东抄赠了《沁园春·雪》给柳亚子，并致信一封："初到陕北看见大雪时，填过一首词，似于先生诗格略近，录呈审正。"柳亚子读了这首词后，对它给予了高度评价，在柳亚子的《索句后记》中写："一九四五年重晤渝州，握手惘然，不胜凌谷沧桑之感。余索润之写长征诗见惠，乃得其初行陕北看大雪《沁园春》一阕，读之余叹为中国有史以来第一作。高如苏犹未能抗耳，况余子乎，效颦技痒，辄复成此。"在"和词"中大赞《沁园春·雪》"才华信美多娇，看千古词人共折腰"，在给毛泽东手迹题跋中更是写道："毛润之《沁园春》一阕，余推为千古绝唱，虽东坡、幼安，犹瞠乎其后，更南唐小令，南宋慢词矣。"

11月14日，《新民报》刊出这首词："北国风光，千里冰封，万里雪飘。望长城内外，惟余莽莽；大河上下，顿失滔滔。山舞银蛇，原驰蜡象，欲与天公试比高。须晴日，看红装素裹，分外妖娆。江山如此多娇，引无数英雄竞折腰。惜秦皇汉武，略输文采；唐宗宋祖，稍逊风骚。一代天骄，成吉思汗，只识弯弓射大雕。俱往矣，数风流人物，还看今朝。"一时间，此词立刻轰动了重庆山城，被传诵一时，文人学者纷纷效仿写作唱和之作，掀起了一场"沁园春"热，成为了文学史上的奇观。甚至是有"国民党第一支笔"之称的蒋介石谋士陈布雷也赞颂该词"气度不凡，有气吞山河之势。是当今诗词中难得的精品啊！"

美国女记者安娜·路易斯·斯特朗说："毛泽东写的这首词震惊了重庆文坛，那些文化人以为他是一个从西北来的土宣传家，而看到的却是一个在哲学和文学方面都远远超过他们的人。"

世界之志，高山景行

"汉学伟人"萧涤非教授曾说："'推翻历史三千载，自铸雄奇瑰丽词。'这是已故南社诗人柳亚子先生赠毛主席的诗句，可作千秋定评！我们为伟大的祖国诞生毛泽东这样的风流人物而深感自豪！"

历史上的诗词大家，数不胜数，他们都各具风采，如李白的浪漫主义，杜甫的现实主义，李清照的婉约，辛弃疾的豪放，王维的"诗中有画，画中有诗"，陆游的"宏伟豪放，热情洋溢"。然而，毛泽东的诗词却以前所未有的"世界之志"推翻了历史，自铸瑰丽。

1935年9月，长征中的红军翻越岷山时，毛泽东在山顶举目远眺，吟出《念奴娇·昆仑》的诗篇："横空出世，莽昆仑，阅尽人间春色。飞起玉龙三百万，搅得周天寒彻。夏日消溶，江河横溢，人或为鱼鳖。千秋功罪，谁人曾与评说？而今我谓昆仑：不要这高，不要这多雪。安得倚天抽宝剑，把汝裁为三截？一截遗欧，一截赠美，一截还东国。太平世界，环球同此凉热。"这首词远不如《沁园春·雪》有名，也不如毛泽东其他诗词的雄伟壮丽、文采奕奕，但是作者认为此首词却是毛泽东百余首诗词中境界最高者，也最能体现毛泽东的"世界之志"。诗人已不再局限于自己的国家、自己的民族，而是放眼全世界，关注着全世界受压迫的人民，畅想着世界的未来——"太平世界，环球同此凉热"，这种愿"世界和谐，人类共进"的思想是值得每一个人钦佩的崇高境界。古往今来，爱国诗人无数，而能够跳出"自我"，以"异乎寻常"的博大胸怀心系"世界"的，毛泽东是古来第一人。曾经的重庆文坛，蒋介石纠集了大帮笔者批判毛泽东的《沁园春·雪》，是赤裸裸的称霸野心与帝王思想，却不知万千恶言相击，只一首《念奴娇·昆仑》便不攻自破。

古语云："高山仰止，景行行止。"毛泽东诗词艺术中所展现的熠熠文采与恢弘气魄让我们"虽不能往，而心向往之"，所展现的崇高境界与高尚品行更让我们"望尘莫及"。

ⅢⅢ 魅力感悟 ⅢⅢⅢⅢⅢⅢⅢⅢⅢⅢⅢⅢⅢⅢⅢⅢⅢⅢⅢⅢ

中央电视台曾经制作了电视文献片《独领风骚——诗人毛泽东》，在开篇，解说人动情地诉说着毛泽东的心路："1973年，刚刚大病一场的毛泽东，已经整整八十岁了。这年夏天，他用已经有些枯涩的情思，写了平生最后一首诗。这年冬天，他让身边的工作人员把自己一生的全部诗词作品，重新抄写了一遍。抄完后，他一一核对，对其中的一些词句作些修改。然后让工作人员又抄写一遍，抄清后，又再次核对。他似乎很想为后人留下一套完整的诗词定稿，又好像是在进行一次艺术上的自我总结。数量并不太多的七十来首诗词，正是毛泽东播撒在坎坷心路上的心灵花朵。"足见毛泽东对自己诗作的珍爱与重视，因为这所有的诗作如同史诗般记录了他的革命道路、立国历程，甚至心中的真情实感。

毛泽东的诗词如同他的伟业一样，在中国家喻户晓。他青年的诗风就透出自信与豪迈，如同他文章中所说："老先生最不喜欢的是狂妄。岂知古今真确的学理，伟大的事业，都系一些被人加着狂妄名号的狂妄人所发明创造出来的。"（《健学会之成立及进行》，1919年2月21日《湘江评论》增刊第1号）于是，他就带着这股"狂妄"的气势，开始了用诗歌咏诵相伴的革命生涯、奋斗人生。诗人笔下之处、胸怀之中处处是人民、国家、世界，诗词之中所涌现的才情、伟志、精神、境界都让人为之深深感染与震撼。

运筹帷幄之中，决胜千里之外
——毛泽东的军事才能

萧华在《长征组歌》里写过一句话"毛主席用兵真如神"，是用艺术的形式来称赞毛泽东杰出的军事艺术和战略才能。从与国民党的周旋到打败日本再到朝鲜战场，毛泽东几乎在不同冲突的任何战场上都能立于不败之地，他卓越的军事才能不仅赢得了自己的战友、同盟的称道，更赢得了对手的尊重。日本很早就成立了毛泽东研究会和毛泽东思想协会，著名军事研究员张家裕早年也曾说过："1961年，肯尼迪下令美国陆军要研究毛泽东游击战争的理论……"1989年上海一家报纸介绍，就连美国海军陆战队，至今还要求把毛泽东军事著作作为必读书。（张素华，《说不尽的毛泽东》，辽宁人民出版社，1993年12月版，《访张家裕》）

以弱胜强，人民战争

毛泽东回顾自己的戎马生涯曾说："我这一辈子就是在打仗中过的，共打了二十二年。从没有打仗的决心到有打仗的决心，从不会打仗到学会打仗。"（1963年12月5日接见哥伦比亚工学农运动代表团的谈话）毛泽东就是这样在战火中、在实践里不断地成长为一个伟大的军事统帅。

毛泽东所指挥的战争多是以少胜多、以弱胜强的战役，因此也有人称毛泽东是中国革命战争史乃至世界战争史上以弱胜强的大师。在土地革命时期，是用"弱小的红军"与"强大的敌人"周旋；在抗日战争时期，是四五万人的八路军、新四军对付强大的日本侵略军；在解放战争时期，是"小米加步枪"打赢了"飞机加大炮"的国民党军；在朝鲜战场，是低劣武装的中国人民志愿军逼迫了"武装到牙齿"的美国的十六国联军。正如刘伯承所说，毛泽东的军事思想就是"以人民的弱小武装战胜现代装备之强大敌人的军事学说"。而这种军事学说中包含了一整套完整的持久战、游击战和运动战的理论体系，以及符合当时环境与条件的机动灵活、人民战争的战略战术。

1928年，毛泽东把在战争实践中总结的"十六字诀"——"敌进我退、敌驻我扰、敌疲我打、敌退我追"确定为了红军的战略战术原则，使得中国革命战争第一次有了自己的战略战术。在第五次反"围剿"失败后，红军开始长征，期间的"四渡赤水"则是毛泽东一生最为得意的经典之战。毛泽东高度灵活地带领着红军与十倍于自己的敌人来回周旋，将数十万敌军牵制得晕头转向、疲惫不堪，先后歼灭王家烈5个团、吴奇伟2个师，彻底摆脱了敌人数十万重兵的围追堵截，不仅挽救了红军，也确定了其在红军中的领导地位。抗日战争爆发后，毛泽东先后完成了《抗日游击战争的战略问题》、《论持久战》等著名的军事论著，利用辩证唯物主义和历史唯物主义的观点系统总结了人民战争的特殊规律，指出了人民军队从小到大，由弱变强，达到"以弱制强"的战略和谋略，是抗战必胜的法宝。在解放战争中，辽沈战役、淮海战役、平津战役相继打响，红军一举歼灭蒋介石正规军144个师、非正规军29个师、歼敌154万余人。毛泽东在《目前的形势与我们的任务》中提出了著名的"十大军事原则"，只有593个字的精辟的语言概括了人民解放军的战略战术原则，成为毛泽东军事思想的精华。

笔下风雷、纸上狼烟

毛泽东既是一位战争指挥大师，又是一位军事理论巨匠。他不但留下了许许多多精彩的战例，更留下了众多的军事理论论著。毛泽东的理论著述数量份数超过了两万份，字数超过了两千万字以上，他可能是中国历史上著述最多的人。其中军事理论长长短短有五千多件，近500多万字，其中写的作战指挥的电报5000多份。

在中国历史上下五千年中，最具世界意义的两大军事家，古有孙武，现有毛泽东。孙武所著的《孙子兵法》与毛泽东的军事思想都已成为了世界各个国家军事院校的必修课。毛泽东众多的军事理论论著不但是奠定现代中国军事理论、军事思想的基础，成为现代中国军人学习军事，了解战争，研究战争的钥匙，而且还被世界各国政治家和军人的置于案头、研究学习。

美国前国务卿基辛格在《核子武器与外交政策》一书中指出："值得注意的是：关于共产党军事思想的最好阐述，不见诸苏联的著作，而见诸于中国的著作。"

日本1962年《防卫年鉴》指出："如果说古代孙子的兵书是哲学性的，克劳塞维茨的兵书是科学性的，那么毛泽东的兵书则是彻底的现实性的东西；如果说前两种是以学习兵法的人为对象的，那么毛泽东的著作则能使每一个士兵、民兵、群众所理解……"

美国的林恩·赖兰德尔说："毛是一位研究克劳塞维茨的学者。毛的军事著作体现了克劳塞维茨提出的许多用途更为广泛的军事原则。"

日本的伊藤皓文认为："毛泽东的战争论具有暴力和政治这样两种不同的特性。"比起克劳塞维茨的战争论来"是政治性更强的战争论"。

‖‖‖‖ 魅力感悟 ‖‖‖

古人云："书生报国无长物，唯有手中笔如刀。"毛泽东可以算作一个书生，但他这个书生不但在战火纷飞中指挥作战，还拿笔做刀，写下来恢宏的战争论著，给后人以丰富的精神财富。

在德国的国防部里悬挂着八位著名军事理论家和军事战略家的画像，

其中就有毛泽东，然而他们对此的解释是："这里挂有毛泽东像是因为他创立了'人民战争理论'，这个理论不但指导了中国的现代战争，而且也被世界上许多争取独立的民族所运用并取得成功。毛泽东是对世界产生影响最大的军事理论家和战略家之一。"（王金标，《从德国国防部内悬挂毛泽东像谈起》，《德国研究》，1994年2期，27页）

第三节　功勋：开天辟地，润泽东方

顶天立地，扬眉吐气
——毛泽东重树"中国尊严"

1949年10月1日，当毛泽东登上天安门向着全世界宣布："中华人民共和国中央人民政府今天成立了！"一个近代以来任人宰割、四分五裂、满目疮痍的中国已不复存在，一个民族失落已久的尊严得以重树。邓小平同志曾经深情地说："中国反帝反封建革命经历过无数次悲惨的失败。难道不是毛泽东思想才使约占全人类四分之一的中国人民找到正确的革命道路，并在1949年获得全国解放，在1956年基本上完成社会主义改造吗？这一系列伟大的胜利不但从根本上改变了中国的命运，也改变了世界的形势。"毛泽东的丰功伟绩，人人都有目共睹，已不必赘述，我们不妨从一些细枝末节上来阐述毛泽东遗留下的精神。

维护主权，藐视强权

作为新中国的伟大领袖，毛泽东在国际舞台上时刻牢记着自己代表着一个国家、一个民族，从不畏强暴、不低头颅，把祖国的利益放在至高无上的位置，处处表现出自己强烈的民族自尊与自信。

当东方头号帝国主义强国日本侵略中国时，毛泽东制定了全面的抗战路线，领导着中国共产党及人民军队，动员起全民的力量，把帝国主义赶出了中国，挽救了中华民族，维护了祖国领土的完整。当朝鲜战争的战火引到了鸭绿江旁边，毛泽东果断作出"抗美援朝，保家卫国"的决策，指挥中国人民志愿军一举打败了当时军力最强的美国军队。毛泽东一生追求民族解放、祖国独立，绝不容忍任何力量对祖国领土的侵犯。对于印度的入侵，他命令中国军队自卫还击，把印度赶出了中国边境。1969年，苏联边防军侵入珍宝岛，毛泽东命令中国军队不惜一切代价，维护国家的主权和领土完整；1974年，南越军队侵占西沙永乐群岛，毛泽东命令海军迅速出击，保卫祖国海疆。

在新中国成立后，毛泽东开始与一些国际朋友频繁的交往。无论亲疏，毛泽东对于原则问题都毫不退让，就连一些细节都处处要维护国家尊严。

1948年，米高扬代表苏共来华，在招待宴会上，一位苏联客人用叉子举着一条红烧鱼问："这鱼新鲜吗？是活鱼吗？"在得到肯定回复后才放入口中。这种对中国的不信任与侮辱毛泽东看在眼中，一年后他出访莫斯科，向随行的厨师指示，只能做活鱼吃，要送死鱼就给他们扔回去。很多人以为这是毛泽东对饮食的挑剔，而知情人都知道这是毛泽东所表现的强烈的民族自尊心。1956年，印尼总统访华，毛泽东看见桌子上放着一台外国收音机，皱着眉头说："中国也可以生产收音机，为什么要放外国的？放一台中国的'东方红'不是更好吗？"而对于穿黑色皮鞋穿黑色西服的国外惯例，毛泽东则一概不管，总是说："为什么听外国人的？我是中国人，按中国习惯穿。"

（参考资料：史宗义，《国际舞台上的毛泽东》，《文史月刊》，2009年11期，4—6页）

和平共处，自尊自强

在1945年召开的中共七大上，毛泽东提出了"将中国建设成为一个独立、自由、民主、统一和富强的新国家"的任务，并阐明了中国共产党关于外交问题的具体纲领，其基本原则是："在彻底打倒日本侵略者，保持世界和平，互相尊重国家的独立和平等地位，互相增进国家和人民的利益及友谊这些基础之上，同各国建立并巩固邦交，解决一切相互关系问题。"

1949年，毛泽东又先后提出了"另起炉灶"、"打扫干净屋子再请客"的外交方针。就是对国民党政府同各国建立的外交关系一律不予承认，将驻在旧中国的各国使节只当做普通侨民看待而不当作外交代表看待，对旧中国同外国签订的一切条约和协定要重新审查处理，把帝国主义国家在中国的势力和特权逐步加以肃清，在互相尊重领土主权的平等互利的基础上同世界各国建立新的外交关系。

这些方针，使得新中国的外交与旧中国的外交彻底决裂，以崭新的姿态屹立东方。1954年，周恩来对印度、缅甸进行国事访问，倡导"和平共处五项原则"，自尊自立自信自强的姿态得到了国际公正舆论的热烈响应，使得中国的国际地位和声望逐步提高。

治国安邦，自力更生

毛泽东曾多次提到梁鸿这个历史人物，《东观汉记·梁鸿》中曾记载他"不因人热"的故事："（鸿）常独坐止，不与人同食。比舍先炊已，呼鸿及热釜炊。鸿曰：'童子鸿，不因人热者也!'灭灶更燃火。"

1958年，毛泽东来到武汉的武昌，动情地回忆革命烈士雅声说："我在湖北省农民协会和武昌农讲所工作时，同雅声同志多次接触，谈革命和将来，谈诗词也很投机。我们交换过各自的诗，他的名句我至今还记得：'范叔一寒何至此? 梁鸿余热不因人。'这两句用典，很融洽，很活。我看比李商隐的好。用这种诗的语言，表现了诗人在当时白色恐怖中的硬骨头精神。"

1959年3月在郑州召开的中央工作会议上，毛泽东具体阐述了"不因人热"的故事。他说："东汉有个梁鸿，'举案齐眉'就是讲他的故事，他有个老婆叫孟光。他们穷得要死，给人舂米度日。有一个人对他说：'我这里有火，你用它来烧饭吧。'他说：我'小子鸿，不因人热者也'。你有热，我不沾光。这个人后来到了无锡，成了经学家。这个人是硬汉。"毛泽东鼓励干部要像梁鸿一样立这个志气，要自力更生，靠自己的双手起家。

毛泽东的英文秘书林克曾经回忆：1959年6月3日清晨，毛泽东刚刚起床，就跟我讲起梁鸿"不因人热"的故事。毛泽东说："过去我跟孩子们讲过这个故事，但他们年幼，没有懂得我的意思。"我领会主席是借这个故事，鼓励自己的子女和年轻人，要有志气，不依靠他人，而要独立自主，自立自强，艰苦创业。

新中国成立后，毛泽东多次提到梁鸿的硬骨头精神，上升到治理国家的层面，就是他一贯倡导的坚持"独立自主、自力更生"的原则。也是这个原则使他带领着中国人民二十多年走完了西方发达国家上百年才走完的工业化道路，成为世界主要工业强国。

（参考资料：张铁军、宇鸣，《硬汉·骨气·硬骨头》，《党的文献》2007年第4期，83—84页）

ⅠⅠⅠⅠ 魅力感悟 ⅠⅠⅠⅠⅠⅠⅠⅠⅠⅠⅠⅠⅠⅠⅠⅠⅠⅠⅠⅠⅠⅠⅠⅠⅠⅠⅠⅠⅠⅠⅠⅠⅠⅠⅠⅠⅠ

早年，在安源毛泽东告诉工人们他们是顶天立地的，整个世界都是他们的。在长征途中，强渡大渡河时毛泽东说："我们共产党人是顶天立地的英雄！"后来他还告诫过共青团八大的代表们："要做个顶天立地的人。"他把自己"顶天立地"的人生信念带给了整个中华民族。李敖曾说："毛泽东精神就是一种强烈的自信、自尊、自主、自立、自强的精神，就是一个人、一个民族要活得顶天立地的精神，它是从唐朝以来中华民族久失了的浩然之气和天行健、自强不息的精神，是1840年以来中华民族面对保国、保种、保教的三重危机的挑战而激应出的勇敢的应战的精神，它就是我们民族的精神。"在毛泽东的领导下，中国人民以"顶天立地"的精神获得了历史上从未有过的最大利益，翻身解放，扬眉吐气。

正者无敌，自强不息
——毛泽东掀起"正义力量"

在毛泽东心中，所有的一切无不烙印着"人民"的印记，他创建起人民的国家，热爱人民、相信人民、尊重人民。而他对"人民"的理解绝不是简单地停留在国家与民族的界限之内，而是扩展到全世界。这"人民"是全世界的劳苦大众，是全世界受压迫受剥削的人民。因此在世界范围内受压迫、受侵略的国家里也无不烙印着"毛泽东"的名号，他们一样热爱毛泽东、相信毛泽东、敬仰毛泽东。

第三世界的榜样，全世界反侵略反压迫的导师

抗美援朝战争中，中国志愿军打出了社会主义阵营的威风，将世界军事第一的美国打到了谈判桌上，这在历史上是绝无仅有的。这场胜利极大地鼓舞了全世界的反帝、反殖民主义的运动，促进了第三世界国家的民族独立和解放。这种势不可挡的正义的力量促使了全世界数十个国家先后摆脱了殖民统治，获得国家独立。

之后的抗美援越斗争中，面对美国数十万装备精良的侵略军和所谓的联合国军，中国应越南党和人民的请求参战，最终帮助越南打退美国，实现了越南的解放与统一，取得了全面的胜利，也掀起了第三世界对帝国主义的大反攻。

毛泽东向世界人民大声宣告："无数事实证明，得道多助，失道寡助。弱国能够打败强国，小国能够打败大国。小国人民只要敢于起来斗争，敢于拿起武器，掌握自己国家的命运，就一定能够战胜大国的侵略。这是一条历史的规律。"这样雄壮豪迈的底气壮大了全世界范围内正义的力量、鼓舞着世界各国人民反殖民主义的士气。亚洲、非洲和拉丁美洲人民的革命风暴猛烈兴起。毛泽东面对着世界革命的洪流，豪迈地喊出"四

海翻腾云水怒，五洲震荡风雷激"的激昂诗句。

在毛泽东逝世后，这些曾经被殖民、被压迫的国家也未曾忘记他为世界被压迫民族的解放和人类进步事业做出的重大贡献。阿尔及利亚领导人布迈丁主席称颂："毛泽东是第三世界的一个榜样"，"永远是各国人民的抵抗和斗争的象征"。几内亚总统杜尔悲伤地说："全世界无产阶级失去了现代史上世界革命的最伟大的人物之一。"

"三个世界"理论：为世界政治前途创造了新的发展条件

1974年2月22日，毛泽东在会见赞比亚总统卡翁达时提出了关于三个世界划分的观点。第一世界是指美国和苏联两个拥有最强军事和经济实力，在世界范围推行霸权主义的超级大国；第三世界是指亚非拉的发展中国家；第二世界指处于两者之间的发达国家。同年4月28日，邓小平在联合国第六次特别会议上，根据毛泽东的分析全面阐述了关于三个世界划分的战略思想，对当今的世界格局、三个世界在历史进程中的地位及面临的任务做了系统阐述。"三个世界"的理论一经提出，引起了世界各国的注意，尤其受到第三世界国家的欢迎。这个战略思想也为改善和发展中国与不同类型国家的友好合作关系提供了依据。在这之后，中国开始与更多的国家建交，中国的外交工作取得了巨大成就，直到毛泽东生前，当时世界独立的130多个国家中就有110多个与中国建交。

1979年3月30日，邓小平在会议上说："毛泽东同志在他的晚年为我们制定的关于三个世界的战略，关于中国站在第三世界一边，加强同第三世界的团结，争取第二世界国家共同反霸，并且同美国、日本建立正常外交关系的战略，是多么英明，多么富有远见。这一国际战略原则，对于团结世界人民反对霸权主义，改变世界政治力量对比，对于打破苏联霸权主义企图在国际上孤立我们的狂妄计划，改善我们的国际环境，提高我们的国际威望，起了不可估量的作用。"

（参考资料：沙健孙，《毛泽东思想概论》，北京出版社，1999年4月

版，252—254页）

‖‖‖‖ 魅力感悟 ‖‖‖

胡锦涛同志在毛泽东诞辰110周年的讲话中说："中国出了个毛泽东，这是中国共产党的骄傲，是中国人民的骄傲，是中华民族的骄傲。在为中国人民不懈奋斗的光辉一生中，毛泽东同志表现出了一个伟大革命领袖高瞻远瞩的政治远见、坚定不移的革命信念、炉火纯青的斗争艺术和杰出高超的领导才能。在中国革命和建设的壮丽历史画卷中，在祖国九百六十万平方公里的锦绣大地上，都留下了他作为一代伟人的风采。他不仅赢得了全党和全国各族人民的爱戴和敬仰，而且也赢得了世界上一切向往进步的人们的敬佩。毛泽东同志作为一个伟大的历史人物，属于中国，也属于世界。"

2012年，在阿尔及利亚驻华使馆举办了"阿尔及利亚独立贡献奖"颁奖仪式暨纪念阿尔及利亚独立50周年招待会。阿尔及利亚向已经辞世36年的毛泽东和周恩来颁发"阿尔及利亚独立贡献奖"。阿尔及利亚驻华大使拉贝西说："阿尔及利亚人民永远不会忘记毛泽东、周恩来两位伟人和中国人民对于阿尔及利亚人民摆脱殖民统治的解放事业所做的努力。"历史的指针在不断前进，但也无法忘记毛泽东积极帮助第三世界争取国家独立、民族解放斗争所作出的贡献。

第四节 影响：一代伟人，名震四方

一生英名扬寰宇
——世界人民眼中的毛泽东

毛泽东作为新中国的缔造者，不仅影响了全中国，在中国人心中有着极大的重量，其伟大成就和思想更影响了整个世界，在全世界各个国家都不乏崇敬者。1999年，为了迎接新千年的到来，美国《时代周刊》组织了编写班子，欲从二十世纪的一千年间选出最影响世界的一百人。在对世界政治和社会结构做出重大影响的二十人评选中他们没有把美国的开国元勋华盛顿列入其中，反而却把毛泽东列入其内。可见毛泽东早已超越了国界，获得了世人的普遍认可。

伟人逝世，震动世界——世界各国对毛泽东逝世的反应

1976年9月9日零时10分，毛泽东逝世。当这个消息传向世界时，立即引起了全世界的巨大反响。

联合国总部以历史上罕见的快速度在毛泽东逝世当天就降下半旗。联合国秘书长瓦尔德汉姆在联合国全体大会上发言盛赞毛泽东的丰功伟绩，他在向中国的唁电中说："我深切悲痛地获悉毛泽东主席逝世。毛泽东主席把他的整个一生贡献于建立一个新中国，致力于改造一个旧世界。他实现自己理想的勇气和决心将继续激励着世世代代，并保证在中国人民的历史中占有独一无二的地位。半个多世纪以来他的献身的领导使他赢得了本国人民的热爱和全世界人民的尊敬。"

随后的20天里，唁电如潮水般涌入，全世界五大洲138个国家的政府首脑用不同的语言文字表达着自己对一代伟人毛泽东的深切悼念和敬重。105个国家的领导人和他们的代表来到中国使馆吊唁，53个国家降下半旗致哀。世界各国的领袖与政府首脑，包括顽固的反共派，在此时却一致给予了毛泽东绝对的赞誉。美国总统福特的唁电说："在任何时代成为历史伟人的人是很少的。毛泽东是其中一位。他的领导是几十年来改造中国的决定因素。他给人类文化留下深刻的印记，他的确是我们时代的一位最杰出的人物。"日本首相三木武夫在唁电中说："毛泽东主席不仅是中华人民共和国的缔造者和中国人民领袖，而且是位世界级的政治家，在历史上留下了伟大的业绩。"

许多国家的、国际的会议都因为悼念毛泽东而临时中断了既定的议程，像是第三次联合国海洋法会议就于9月13日在联合国总部专为悼念毛泽东逝世举行了特别会议，会议开始100多个国家的与会代表为毛泽东默哀3分钟，60多个国家代表在悼念会上发言。世界大部分国家的电台、电视台、报刊都连续地、大篇幅地和大量地报道了哀悼毛泽东的活动、介绍了毛泽东的革命事迹、转载了毛泽东的著名文章。在法国、联邦德国、埃塞俄比亚、巴基斯坦、斯里兰卡以及刚果等国，各界人士还举行了各种形式的悼念游行。

斯里兰卡总理班达拉奈克夫人在追悼毛泽东的会上的讲话中说："从世界各国政府领导人的声明中可以看到他在国际舞台上的伟大形象。他的英名不仅将永远活在中国人民心中，而且也将永远活在全世界人民的心中。"

（参考资料：顾英奇、许奉生，《瀛洲纪事——保健医生的中南海印象》，人民出版社，2010年8月版，132—133页）

（参考资料：《举世悼念毛泽东主席》，人民出版社，1978年版）

无愧英名，长存人心——世界各国领袖对毛泽东的评价

不论我们的政治观点是什么，不论我们是右派、"左"派或中间派，也不论是否赞同中国制度的思想，我们只能对善于使中国人民得到应有尊严的举世无双的政治家毛泽东的功绩表示敬意。

——卢森堡前首相　加·托恩

毛主席是中国现代历史上的一位巨人。他是一位其行动深刻地影响了他本国发展的领导人。他对历史的影响将远远超出中国的国界。

——美国前总统　福特

毛泽东主席是一位勇气非凡和思想坚定的人。他不仅对他本国人民的问题，而且对世界形势的客观现实也有深刻的了解。这一点给我留下特别深刻的印象。我们在1972年建立的新关系应该归功于他的高瞻远瞩。毛泽东是一代伟大的革命领导人中的一位出类拔萃的领导人。

——美国前总统　尼克松

在毛主席的业绩中，尤其伟大的是，从殖民地制度下彻底解放了中国大陆。对于这一点，无论作多么高的评价，都是不过分的。

——日本前总理　福田赳夫

毛泽东是一位具有世界历史意义的人物，他把灾难深重的中国引进了新时代。……为了恰如其分地评价这样一位伟人，必须强调指出他的三大功绩：他成功地把四分五裂、以外国列强所左右的中国，不仅从政治上统一了起来，而且还使它摆脱了饥饿……这确实是一项伟大的成就。他的第二大功绩是消灭了瘟疫和流行病……这同样也是一项巨大的成就。他最大的功绩无疑是，他通过以他本人为象征的政策和学说，使八亿人民获得了在独立自主思想基础上的对内对外的政治自信心。我高度评价毛泽东的人格。他的生活绝对简朴，正如他所教导的那样。毛泽东曾是中国的心脏和发动机。这就使他享有我们对他在历史上的重要性的尊敬，尽管存在着意识形态观点上的原则分歧。

——西德基督教社会联盟主席　费朗茨·约瑟夫·施特劳斯

毛泽东是人类思想的灯塔。他使中国人民摆脱了昔日的屈辱，他以他行动上独有的魄力和果敢的思考成功地使他们处于历史所承认的中心地位。

——法国前总统 德斯坦

毛泽东是一位改变了世界面貌的人物。毛通过他的活动和追随他的那些人（周恩来是其中最伟大的人）的活动使中国再生，并使中国恢复了她正常的本来面目——世界大帝国之一。

——法国前总理 德姆维尔

在本世纪，毛主席的形象极其巨大，他以特有的符合中国和亚洲世纪的方式，确立和实践了共产主义思想。对全世界普通人来说，他是人类自由、解放的象征。

——意大利社会党前总书记 德马蒂诺

毛泽东不仅是我们这个世纪，而且是所有各个时代最伟大的政治人物之一。

——意大利社会民主党前书记 萨拉盖特

毛泽东是对世界历史进程产生了重大影响的为数不多的几个人之一。毛泽东把他的一生献给了建立一个严格的平等社会的理想，他把中国人民的极大干劲动员起来实现这一理想。毛泽东使中国第一次有了一个有效的政府，使遭到内战破坏的国家得以恢复，确保了中国人民的基本生活必须品。在他的领导下，中国在世界事务中发挥了重大作用。

——澳大利亚前总理 弗雷泽

毛泽东是世界历史上一位伟大的领导人。在他的领导下，中国摆脱了殖民主义和封建主义的深渊。毛泽东的作用不仅限于中国，他关于改造我们的生存条件的人的意志力量的思想，对全世界人民都产生了影响。

——瑞典前首相 帕尔梅

毛主席毕生为他的人民和国家作了不倦的努力。幅员辽阔的中国在当代所发生的变化和取得的巨大进步，主要归功于毛泽东的领导和他个人的努力。他的努力的意义远远超出了中国的国界，而使他在国际政治舞台上获得主导地位。

——挪威前首相 努尔德利

（载于：《外国人眼中的毛泽东》，《党的建设》，1994年5月刊，42，原文注：原载于辽宁《共产党员》）

▨▨▨▨ 魅力感悟 ▨▨

对毛泽东的评价，世界各国不同地区、不同性质、不同信仰的人所反映出的感情、态度都各不相同，然而他们在提到毛泽东时却都不一而同的充满了敬佩与尊重。究竟是什么样的魅力，让他吸引了中国人民、吸引了第三世界的穷朋友，甚至吸引了自己的思想向左的敌人？是因为他领导了占世界人口四分之一的人民群众，赶走了强大的侵略者、消灭了阶级剥削，建立了社会主义人民共和国，实现了人民当家做主。是因为他是集思想家、军事家、哲学家、战略家、理论家，甚至诗人为一身，却在各个方面都卓有成就。是因为他始终站在人民的角度，朝向弱者的方向，坚持维护着公平正义。美国学者施拉姆对此的解释是："毛泽东的一生，是在为全人类的最终命运战斗和操心的一生。他不仅是公平正义的化身，也是不畏强权的斗士。他不仅处处维护中国劳苦大众的利益，也为世界人民的民族解放事业费尽心血。毛泽东个人出色的战略眼光，让那个时代其他政治领袖黯然失色。"

从马晓九与杜建国所写的《海外"毛泽东热"持续升温》（《党史文汇》，2010年6月期，62-63页，原文注载编自《人物画报》2010年第4期）一文中可以看到，直到二十一世纪的今天，毛泽东仍然深深影响着大洋彼岸的目前综合国力世界第一的美国。美国白宫中的高级幕僚们几乎各个都能吟出毛泽东的一两句名言，他们人手一本《毛泽东语录》，美国高校中研究社会科学的学者们一直将毛泽东的著作视作必读书目，甚至连他们体育界世界拳王泰森都将毛泽东视为偶像纹上肩头，直言"毛泽东是拥有力量的伟人"。

"一百年之后，毛泽东仍是世界人民最为关注的思想家与军事家。"看来，毛泽东的伟大成就和深刻思想铸造起了他无与伦比的人格魅力，将持续地影响整个世界，让"毛泽东热"经久不衰。

中华民族北斗星
——毛泽东精神的向导力量

1972年12月18日，毛泽东在会见老朋友斯诺时说："比如什么'四个伟大'（伟大导师，伟大领袖，伟大统帅，伟大舵手），讨嫌！总有一天要统统去掉，只剩下一个Teacher，就是教员。因为我历来是当教员的，现在还是当教员。其他的一概辞去。"（张聂尔，《中国1971——风云"九一三"》，解放军出版社，1999年6月版，255页）有一首流传甚广的红歌唱道："抬头望见北极星，心中想念毛主席。困难时想你有力量，胜利时想你心里明。"无论是毛泽东自己还是人民都不约而同地赋予了他"导师"的名誉。

北极星，古语谓之"北辰"，是所有星辰的向导，孔子曾以它来比喻德政，说"为政以德，譬如北辰，居其所而众星共之"。中国古代的先贤们也曾提出了评价人"三不朽"的标准，"太上有立德，其次有立功，其次有立言，虽久不废，此之谓不朽"。（《左传》）为什么在毛泽东逝世三十余年间，人民却总是不断地怀念他，那让我们截取几个历史的镜头与细节就可以清晰地窥见他身上所折射出的道德情操与精神力量，让每一个平凡人都为之震撼，并油然而生"虽不能至，然心向往之"的感情。

关于"不屈服"的几句话

毛泽东曾说自己性格最大的特点是"虎气"，他不信邪，不屈服，敢于同强权作斗争，不仅自己身上带着一种独立人格的英雄气，在他带领下的中国也感染着这种精神，光荣地自立于世界民族之林。我们截取毛泽东在不同时期的一些话语就可以充分地看出他永不屈服的精神。

一九三六年八月，毛泽东发表了《中国共产党致中国国民党书》，文章的末尾他高呼："假如你们同我们统一战线，你们我们同全国各党各派各界的统一战线，一旦宣告成功的话，那末，你们我们及全国人就有权利高呼：让那些汉奸卖国贼以及一切无气节的奴才们，在日本帝国主义暴力前面高喊'中国无力抗日'吧！伟大的中华民族的子孙是誓不投降，誓不屈服的！我们要为大中华民族的独立解放奋斗到最后一滴血！中国决不是阿比西尼亚！四万万五千万人的中华民族，终会有一天在地球上的东方，雄壮地站起来，高举着民族革命最后胜利的旗帜，同全世界一切自由解放的民族携手，连那个帝国主义成分除外的日本民族也在内，统治着整个的地球，统治着光明灿烂的新世界！让我们的敌人在我们的联合战线面前发抖吧，胜利是一定属于我们的！"（《毛泽东文集（第一卷）》，人民出版社，1993年12月版，433页）这是强烈的民族自尊心与自信心的表现，坚挺脊梁，绝不低头！

1956年，毛泽东在探索社会主义建设上做了题为《论十大关系》的报告，报告中说道："我国过去是殖民地、半殖民地，不是帝国主义，历来受人欺负。工农业不发达，科学技术水平低，除了地大物博，人口众多，历史悠久，以及在文学上有部《红楼梦》等等以外，很多地方不如人家，骄傲不起来。但是，有些人做奴隶做久了，感觉事事不如人，在外国人面前伸不直腰，像《法门寺》里的贾桂一样，人家让他坐，他说站惯了，不想坐。在这方面要鼓点劲，要把民族自信心提高起来，把抗美援朝中提倡的'藐视美帝国主义'的精神发展起来。"（《毛泽东文集（第七卷）》，人民出版社，1999年6月版，43页）就是在告诉所有人，决定中国命运的是中国人自己，要独立自主，要自力更生。

1960年，毛泽东在同阿尔及利亚共和国临时政府代表团谈话时说道："我们很感谢你们看得起我们。我们没有原子弹，只有几支破枪给你们。再过十年，我们钢多了，也有原子弹时，你们的情况也就变了。被压迫的人民就是要不屈服，就是要有志气。现在不是戴高乐万岁，麦克米伦、艾森豪威尔万岁，而是各国人民万岁。"（《毛泽东外交文选》）

对"文化大革命"的深刻思索

他（毛泽东）曾对身边的护士长吴旭君说过："我多次提出主要问题，他们接受不了，阻力很大。我的话他们可以不听，这不是为我个人，是为将来这个国家、这个党，将来改变不改变颜色、走不走社会主义道路的问题。我很担心，这个班交给谁我能放心。我现在还活着呢，他们就这样！要是按照他们的做法，我以及许多先烈们毕生付出的精力就付诸东流了。"

"我没有私心，我想到中国的老百姓受苦受难，他们是想走社会主义道路的。所以我依靠群众，不能让他们再走回头路。"

"建立新中国死了多少人？有谁认真想过？我是想过这个问题的。"

（载自：逄先知、金冲及，《毛泽东传1949-1976》，中央文献出版社，2003年版，1389—1390页）

临终一刻：不忘书，不忘民

从9月7日到8日下午，已在垂危中的毛主席仍坚持要看文件、看书。7日这天，经过抢救刚苏醒过来的毛主席示意要看一本书。在工作人员帮助下，毛主席只看了几分钟，又昏迷过去。

医疗组的护理记录清楚地显示出这位伟人的不寻常之处："8日这一天，毛主席看文件、看书11次，共2小时50分钟。他是在抢救的情况下看文件看书的：上下肢插着静脉输液导管，胸部安有心电监护仪导线，鼻子里插着饲管，文件和书是由别人用手托着。"

毛主席最后一次看文件，是8日下午4时37分。在心律失常的情况下，看文件时间长达30分钟，这离他去世只有8个多小时了。

毛主席在垂危中仍然十分关心人民。7月28日凌晨3时42分，河北唐山、丰南一带发生了7.8级的强烈地震。拥有百万人口的工业城市唐山被夷为一片废墟。这时，毛主席经常处在昏迷半昏迷状态，靠鼻饲延续生命。但他清醒时仍十分关心唐山震情。中共中央《关于唐山丰南一带抗震救灾的通报》（8月18日），是毛主席生前圈阅的最后一份文件。

9月9日零时10分，经连续4个多小时的抢救无效，毛泽东的心脏停止了跳动。

（载自：顾英奇、许奉生，《瀛洲纪事——保健医生的中南海印象》，人民出版社，2010年8月版，132页）

‖‖‖ 魅力感悟 ‖‖

要说体现毛泽东精神的故事恐怕短短一个篇幅，甚至一本书也说不完、道不尽。人说"细微之处见精神"，整本书虽然在讲口才，但无数的小故事中无不包含着毛泽东超凡的人格精神与魅力。尤其是后面两个历史镜头，比起毛泽东的丰功伟绩它们实在是被人微不足道又常常忽略的小片段，然而就是在这样的细微之处的细微话语与细微举动却最能反映出一个人的真情实感、折射出一个人的精神境界。

2003年，在毛泽东诞辰110周年之际，美籍华人，哈佛大学历史学博士龚忠武发表了题为《毛泽东的精神遗产及其显示意义》的演讲，他将毛泽东的精神遗产归纳为七种气，即骨气、志气、勇气、才气、土气、正气、王气。笔者不才，将其从三个方面"为国、为民、为世界"，概括为"英勇无畏、大公无私、奋斗无止"，恰是上面三个镜头的写照。

主要参考书目

1.《毛泽东选集》，人民出版社，1991年版

2.《毛泽东文集》，人民出版社，1993年版

3. 王守柱、李保华：《毛泽东的魅力 说与写卷》，中央文献出版社，2003

4. 柏桦：《毛泽东口才》，海南出版社，1996

5. 宋一秀、杨梅叶：《毛泽东的人际世界》，中央文献出版社，2000

6. 路浩：《毛泽东楹联、名句、趣事》，解放军文艺出版社，2003

7. 刘光荣：《毛泽东的人际艺术》，中央党校出版社，1992

8. 徐祖范、姚佩莲、胡东：《毛泽东幽默趣谈》，山东人民出版社，1995

9. 唐春元、黄先健：《毛泽东的说服与攻心之道》，湖南人民出版社，2002